上海市马克思主义理论学科研究生人才培养登峰计划资助
东华大学人文社会科学出版基金资助

农村土地集体所有制的历史贡献与中国社会主义现代化

张义凡 ◎ 著

東華大學出版社
·上海·

图书在版编目(CIP)数据

农村土地集体所有制的历史贡献与中国社会主义现代化 / 张义凡著. —上海：东华大学出版社，2023.8
ISBN 978-7-5669-2250-2

Ⅰ.①农… Ⅱ.①张… Ⅲ.①农村—土地所有制—集体所有制—经济史—研究—中国 ②社会主义建设—现代化建设—研究—中国 Ⅳ.①F321.1 ②D61

中国国家版本馆 CIP 数据核字(2023)第 140524 号

农村土地集体所有制的历史贡献与中国社会主义现代化

NONGCUN TUDI JITI SUOYOUZHI DE LISHI GONGXIAN YU ZHONGGUO SHEHUI ZHUYI XIANDAIHUA

张义凡 著

责任编辑 / 李 晔
装帧设计 / 静 斓
出版发行 / 东华大学出版社有限公司
地址：上海市延安西路 1882 号 邮编：200051
电话：021-62193056
网址：http://dhupress.dhu.edu.cn/
印　　刷 / 上海龙腾印务有限公司
开　　本 / 710 毫米×1000 毫米 1/16 开
印　　张 / 18.5
字　　数 / 473 千字
版　　次 / 2023 年 8 月第 1 版
印　　次 / 2023 年 8 月第 1 次印刷

ISBN 978-7-5669-2250-2　　定价：88.00 元

序

近代以来，土地问题贯穿中国革命和建设的始终。在半殖民地半封建社会的中国，土地问题是贯穿农民阶级与地主阶级、农民阶级与资产阶级、地主阶级与资产阶级、中国与列强等众多矛盾的一条主线。新民主主义革命时期土地制度的改革历程可以说是新民主主义革命的一个缩影。农村土地集体所有制的生成、发展和演变，横跨了新民主主义革命时期、社会主义革命和建设时期、改革开放和社会主义现代化建设新时期、中国特色社会主义新时代四个时期。农村土地集体所有制既是党的百年奋斗重大成就的体现，也是党的百年奋斗历史经验的总结。

农村土地集体所有制在中国的社会主义建设进程中为推动农村变革起到了至关重要的作用，但中国变革的历史进程却仍在继续。从中国社会主义现代化的发展历程来看，土地制度改革在新中国成立前为现代化建设奠定了基础，在新中国成立后，土地制度改革的成果为其他方面的现代化建设提供了强劲动力。改革开放后，土地集体所有制在维持广大农民生活稳定的基础上，在为城市建设和经济发展输送大量农民工劳动力方面提供了最有效的制度供给。中国特色社会主义进入新时代之际，当“三农”问题成为制约中国实现全面现代化进程的突出问题时，对它的关注和寻求解决的现实需求，不断推动我们对其进行理论和实践的分析。农村土地集体所有制则是分析“三农”问题的基础和核心。

从百年来中国农村土地制度的实践历程来看，农村土地集体所有制在中国社会主义现代化变革的每一个关键时期都作出了相应的改革，以适应中国社会主义现代化发展的要求。从新时代中国特色社会主义现代化模式所取得的发展成就来看，农村土地集体所有制在其中发挥的作用已经超越了土地制度本身，为整体社会主义现代化的发展作出了重要贡献，为世界各国解决土地问题和提高现代化发展水平提供了经验借鉴。

此书对百年来土地制度变革在中国新民主主义革命时期、社会主义革命和建设时期、改革开放和现代化建设时期的历史功绩进行总结；以土地制度为基础，对比分析了建基于农村土地集体所有制之上的社会主义现代化模式和以土地私有制为基础的资本主义现代化模式，阐明两种模式的本质区别；在厘清农村土地集体所有制社会主义属性的同时，对农村土地集体所有制与社会主义全面现代化进程中面临的现实挑战进行分析，对农村土地集体所有制当下所面临的问题和未来发展进行探究。

总的来看，这是一部具有学术价值的学术专著，相信其中的理论阐释和实践分析能够为有关研究注入新的思考动能，也期待越来越多的研究者参与进来，为中国土地制度发展和农村现代化理论研究与实践发展贡献更多的力量。

曹泳鑫

2022年12月

前言

从人类社会历史发展进程的一般规律来看，社会主义作为资本主义的取代者，必然要在资本主义社会的生产力完全发挥之后才会出现。但是，人类社会发展的偶然性和特殊性，使得社会主义与资本主义有了共存的可能性，在此基础上，现代化也有了新的发展模式。资本主义现代化模式在全球大肆发展之际，社会主义现代化模式却在落后国家开始实践，这有其必然性。认清这种必然性是进行社会主义现代化建设的前提，只有这样，我们才能坚定社会主义现代化建设的信心。社会主义现代化的理论与实践表明，社会主义现代化并不是马克思主义者的“吹嘘”，而是人类社会发展的必然选择，随着资本主义现代化的种种弊端愈发明显，社会主义现代化引领人类社会发展方向的时刻则会愈早到来。

随着世界现代化进程的推进，社会主义现代化与资本主义现代化除却意识形态的差别之外，此前诸多的差别特征逐渐消除，或者说对原有区分特征的定义被试错，二者之间的区分特征被重新定义。世界各国社会主义现代化的共性也在这种不断试错、重新界定区分特征时逐渐被人们所认知。在人们的认知过程中，不难看出，社会主义现代化道路有一个实践基础和共同特点，即土地公有制。而社会主义现代化的中国特色则是农村土地集体所有制。随着世界现代化进程的推进，土地问题在各国现代化中的重要性也越发凸显，无论是发达资本主义国家，还是发展中国家，土地除了用于基本的粮食生产以外，更多地发挥了促进经济发展的作用。中国也不例外，土地问题是中国历史发展进程中的重要问题，农村土地集体所有制在中国具有独特性，是社会主义现代化模式的中国特色。近代以来，中国的土地制度几经变革，最终走向了农村土地集体所有制，这既是历史的选择，也是中国人民共同的选择。

土地问题贯穿中国革命和建设的始终。在半殖民地半封建社会的中国，作为中国革命和建设的根本问题之一的土地问题，在农民阶级与地主阶级、农民阶级与资产阶级、地主阶级与资产阶级、中国与外国等诸多矛盾的交融下，变得越来越复杂，越来越难以解决。在这种特殊背景下，中国共产党人带领中国人民历经艰辛，探索出了一条解决中国土地问题的新制度，即农村土地集体所有制。农村土地集体所有制的形成过程不仅是中国土地问题的解决过程，也是中国革命和建设历程的一种反映。任何事物都不是一成不变的，农村土地集体所有制也在随着中国现代化前进的步伐不断发展变化。但无论怎样变化，具有公有制性质的农村土地集体所有制这一前提是不变的，这也是中国社会主义现代化的标志之一。中国的土地制度在社会主义现代化发展进程中发挥了不可替代的作用，土地制度的变革更是与中国现代化的不同发展阶段密切相关。作为中国社会主义现代化基础的农村土地集体所有制，其演变历程也是中国社会主义和现代化发展历程的一个缩影。

从中国社会主义现代化的发展历程来看，中国土地制度改革在新中国成立之前为现代化建设奠定了基础，中华人民共和国成立后，土地制度的改革成果为其他方面的现代化建设提供了强劲动力。当下，以农村土地集体所有制为基础的农村现代化建设已经成为中国全面现代化建设的短板，定点扶贫、乡村振兴等实践的进行正是为了补齐这一短板。农村现代化事关农业、农村、农民的现代化问题，土地所有制问题则是其基础和核心问题。厘清土地所有制与现代化的关系事关中国社会主义现代化建设的成功与否，也关系到是否能为东方国家的现代化建设开辟出一条崭新道路。

农村土地集体所有制并不是一成不变的，农村土地集体所有制在中国社会主义现代化变革的每一个关键时期都作出了相应的改革，以适应中国社会主义现代化发展的要求。随着中国社会主义现代化建设进入新时代，农村土地集体所有制所面临的现实境遇有了新变化，这既是挑战又是机遇，如何在新时代使农村土地集体所有制焕发出新的生机与活力，成为我国社会主义现代化建设亟须解决的重要问题。在中国全面现代化进程中，如何发挥土地公有制的优越性，带动以土地公有制为基础的农村实现现代化，补齐中国全面现代化建设的短板，成为中国社会主义现代化建设面临的重要课题。从以农村土地集体所有制为基础的社会主义现代化模式所取得的发展成就来看，农村土地集体所有制在其中发挥了重要的基础作用，超越了土地的界限，为整体社会主义现代化的发展作出了重要贡献，为世界各国解决土地问题和现代化发展提供了经验借鉴。

以农村土地集体所有制为基础的社会主义现代化模式的形成，是对世界现代化模式的一种贡献，这种贡献最直观的表现是为世界现代化发展提供了新模式。这种“新”是相对于以其他土地制度为基础的现代化模式尤其是以土地私有制为基础的资本主义现代化模式来说的。

从人类历史发展的一般逻辑出发，对现代化的起源进行分析，我们不难看出现代化与资本主义之间的密切联系。资本主义现代化模式是世界历史进程中第一种现代化模式，在较长一段时间内，也是唯一一种现代化模式。社会主义现代化模式的出现，打破了资本主义现代化等同于现代化的概念，从不同现代化模式的历史发展中可以看出，资本主义现代化和社会主义现代化是两种不同的现代化发展模式。资本主义现代化已经引领了世界数百年的发展方向，在全球化的当下，仍然占据着绝对优势。如何正确认识社会主义现代化模式受资本主义现代化模式的影响程度、社会主义现代化模式与资本主义现代化模式的区别、社会主义现代化模式与资本主义现代化模式在现代化全球扩展的当下与未来的复杂关系等，首先需要对资本主义现代化的历史进程有一个清楚的、客观的认识，其次需要对社会主义现代化的产生背景和现状进行分析。在此基础上我们才能更好地坚持社会主义现代化模式，为世界历史的发展作出应有的贡献。

农村土地集体所有制在社会主义现代化发展进程中除了作出诸多贡献之外，与其相关的，也出现了一些问题，如农业生产的衰落、农村的荒芜、在土地越来越成为稀缺资源的当下，农村土地产生的价值却逐渐降低，等等。这些问题与农村土地集体所有制有着什么样的关系？厘清这些问题，对农村土地集体所有制的未来发展，对农村现代化建设，对社会主义全面现代化建设有着重要意义。

目录

绪　论

一、研究缘起

自中华人民共和国成立以来，现代化就成了国家建设的一个重要方向，从最初的工业化，到当下的全面现代化，这既是我国对社会主义现代化内涵的不断丰富，也是在没有既成参照的情况下，我国对社会主义现代化模式与实践的探索过程。在我国的现代化实践中，出现过诸多关于社会主义和资本主义的争论，这些争论大多有着共同的现实背景。资本主义现代化已经引领了世界数百年的发展方向，在全球化的当下，仍然占据着绝对优势，在其数百年的发展过程中，已经制定了诸多标准，并在全球使用着。资本主义现代化模式在全球大肆发展之际，社会主义现代化模式却在落后国家开始实践，这有其必然性。认清这种必然性是社会主义现代化的基础，只有这样，才能坚定对社会主义现代化建设的信心。但也要认清现实，中国的社会主义现代化一直处于追赶、超越的过程中。在苏联解体之前，苏联的社会主义现代化建设经验可以为中国提供部分参考，苏联解体、东欧剧变之后，中国的社会主义现代化建设只能在摸索中前行。此时，中国的社会主义现代化建设成果远远落后于资本主义国家，从半殖民地半封建社会直接跳跃到社会主义的中国必然要适应资本主义制定的某些标准以便与国际接轨。在这一过程中，中国走出了具有本国特色的社会主义道路，但也受到了资本主义的影响，从工业化到四个现代化，再到全面现代化，中国的社会主义现代化在逐步摆脱资本主义现代化的影响。然而，资本主义现代化也不是一成不变的，如何区分两种模式，在借鉴资本主义现代化优秀发展成果的基础上把握变与不变，更好地坚持并建设社会主义现代化，是在两种现代化模式并存情况下永恒的主题之一。这首先需要对资本主义现代化有一个清楚而客观的认识，其次需要对社会主义现代化产生的背景及现状进行分析，最后才能在此基础上更好地坚持社会主义现代化模式，为世界历史的发展作出应有的贡献。

中国的现代化与社会主义涉及的内容十分庞杂，不仅涉及中国，追本溯源，需要对自现代化产生以来的世界历史进行分析，由于涉及内容过多，笔者试图从土地所有制角度出发进行阐述。以土地所有制为视角的特殊性主要表现在以下四个方面。

首先，从当下中国社会主义建设的实际出发，现代化是中国社会主义发展进程中的一个重大课题，对现代化的实践追根溯源，可以发现，土地制度变革是现代化发展的基础，中国的土地制度变革为社会主义现代化发展作出了不可磨灭的贡献。中国土地制度改革在中华人民共和国成立之前为现代化建设奠定了基础，中华人民共和国成立后，土地制度的改革成果为其他方面的现代化建设提供了强劲动力。当下，以农村土地集体所有制为基础的农村现代化建设已经成为中国全面现代化建设的短板，定点扶贫、乡村振兴等实践的进行正是为了补齐这一短板。土地所有制的变革贯穿于中国社会主义现代化的始终，是中国社会主义现代化建设的重要组成部分。同时，中国庞大的农村人口不能依靠完全城市化来实现现代化，必须依靠特色的农村现代化模式，就地解决农业、农村、农民的现代化问题，这一切的基础则是土地以及由土地延伸出的所有制及其实现形式。

其次，农村现代化问题不仅是中国社会主义现代化建设的问题，也是整个东方社会面临的共同问题。东方国家大多有着庞大的农村人口，资本主义现代化道路依靠城市化消灭农村，从而实现整体现代化的做法，在这些国家基本上不具备实践的可行性。如何进行农村现代化建设是这些国家在现代化建设过程中必须面对的问题，土地所有制问题是农村现代化建设的一个核心问题。厘清土地所有制与现代化的关系事关中国社会主义现代化建设的成功与否，也关系到是否能为东方国家的现代化建设开辟出一条崭新道路。

再次，从资本主义现代化的发展实践来看，最先发生变化的仍然是土地所有制。土地关系变革使大量农村人口成为无产者，这为工业发展提供了足够的劳动力；土地关系变革不仅使部分封建地主转变为资本家，而且使部分商人、工厂主、市民等通过土地获利完成了身份的转变；土地使用方式的转变为资本主义工业化初期的发展提供了大量原材料；人地分离使二者从生产者和生产资料同时转变为资本，为整个社会的资本化奠定了基础。以土地关系变革为基础，带动各个方面的变化，最终使资本主义现代化得以实现。由此，土地所有制问题是资本主义现代化产生过程中的一个核心问题。虽然资本主义现代化进程中基本上消灭了农村和农民，但土地关系变革对资本主义现代化产生的重要作用是不可否认的。从资本主义现代化发展的实践来看，土地关系变革是资本主义现代化产生的关键因素之一。

最后，从现代化理论出发，土地所有制是其理论逻辑的重要组成部分。理论是对实践的经验总结，是对现象的本质描述。现代化理论最初大多从资本主义的现代化实践出发，对资本主义现代化进行总结，并将其当作唯一"真理"向世界传播。随着其他现代化模式的出现，现代化理论的对象有了本质改变。但无论是以世界历史一般发展进程为对象的理论逻辑，还是以资本主义现代化或者是社会主义现代化实践为对象的理论总结，土地关系变革对现代化的产生和发展都起到了重要作用。

中国的社会主义经历了跳跃式发展，中国的社会主义实践有着独特的国内外背景，具有不可复制性。在中国的社会主义现代化产生和发展的过程中，受国际环境和国内国情影响，中国的土地关系经历了繁复的变革，这些变革为中国社会主义现代化的产生和发展作出了不可磨灭的贡献，至今仍发挥着重要作用。尤其是在中国的社会主义现代化建设进入新时代的当下，如何正确认识社会主义与现代化的关系，如何发挥农村土地集体所有制在社会主义现代化建设中的应有作用，是我国社会主义现代化发展进程中亟待解决的重要问题之一。

在对这一问题进行分析时，我们需要把握好以下两点：一是要明确中国的社会主义现代化并不是独立进行的，不能将中国与世界割裂开来，应当将对中国社会主义现代化发展历程的分析与当时的世界整体发展相结合。二是要正确认识资本主义现代化在世界现代化发展进程中的作用和地位，尤其要正确认识资本主义现代化对中国社会主义现代化发展的影响。

从世界历史发展的进程不难看出，现代化并不是只有资本主义现代化一种模式，但是，资本主义现代化模式却是世界历史发展进程中首先出现并在相当长一段时期内引领了世界的发展方向，至今仍在多元的世界现代化发展中占据优势地位。中国的社会主义现代化则是从半殖民地半封建社会跳跃发展而来的，如何处理作为封建社会支柱的土地关系，成为中国社会主义现代化发展面临的重要问题。在中国共产党的领导下，中国的土地制度经历了种种变革，在中国社会主义现代化发展初期，起到了重要的基础推动作用，即使在中国的社会主义现代化飞速发展进程中，以土地制度为依托的农村仍然对现代化发展起着重要的基础稳定作用。随着全球化的加速，发展成为世界的主题之一，不同意识形态之间的交流打破了原先的种种界限，土地公有制则成为社会主义现代化道路的重要特点。在中国全面现代化进程中，如何发挥土地公有制的优越性，带动以土地公有制为基础的农村实现现代化，补齐中国全面现代化建设的短板，成为中国社会主义全面现代化建设面临的重要课题。

二、国内外研究综述

有关社会主义现代化和农村土地集体所有制的研究，国内外有着大量详尽的资料，前人从不同角度进行了研究。综述部分难以将有关著作全部进行列举，在此，只梳理具有代表性的著作和论文，并分为社会主义现代化和农村土地集体所有制两个部分进行论述。

（一）关于社会主义现代化的研究

1. 国内研究

国内资料方面大致可以分为两个部分，即经典文献和不同学者从不同角度对社会主义现代化的研究。

经典文献是本文研究的基础，其中包括已经翻译过来的经典文献，主要有：2013 年新版的《马克思恩格斯选集》（四卷本）①、2009 年出版的《马克思恩格斯文集》（十卷本）②、2015 年出版的《马克思恩格斯论中国》③、2003 年新版的《马克思恩格斯全集》（第 3 卷）④、2013 年新版的《列宁选集》（四卷本）⑤、2017 年新版的《列宁全集》（第 41、42、43 卷）⑥。除此之外，《毛泽东文集》（八卷本）⑦、《毛泽东年谱》（九卷本）⑧、《毛泽东选集》（四卷本）⑨、《毛泽东农村调查文集》⑩、《邓小平

---

① 马克思，恩格斯．马克思恩格斯选集[M]．北京：人民出版社，2013.
② 马克思，恩格斯．马克思恩格斯文集[M]．北京：人民出版社，2009.
③ 马克思，恩格斯．马克思恩格斯论中国[M]．北京：人民出版社，2015.
④ 马克思，恩格斯．马克思恩格斯全集（第 3 卷）[M]．北京：人民出版社，2003.
⑤ 列宁．列宁选集[M]．北京：人民出版社，2013.
⑥ 列宁．列宁全集（第 41—43 卷）[M]．北京：人民出版社，2017.
⑦ 毛泽东．毛泽东文集[M]．北京：人民出版社，1993.
⑧ 毛泽东．毛泽东年谱[M]．北京：中央文献出版社，2013.
⑨ 毛泽东．毛泽东选集[M]．北京：人民出版社，1991.
⑩ 中共中央文献研究室．毛泽东农村调查文集[M]．北京：人民出版社，1982.

文选》(三卷本)①也是本文研究最基础的文献资料。2011 年中央文献出版社新版《建党以来重要文献选编》(1921—1949)(26 册本)②和《建国以来重要文献选编》(1949—1965)(20 册本)③也是本书研究的重要资料。

在社会主义现代化的总体研究方面,国内学界具有代表性的研究著作主要有: 罗荣渠教授的《现代化新论》④,从政治、经济和文化变革等不同角度探讨了中国的现代化进程,把近代中国的变革放到世界历史进程中加以考察,指出了革命在近代中国变革中的历史地位,并对中国的现代化历程进行了阶段性划分,将中国的现代化以新中国成立和改革开放为节点分为三个阶段;张琢研究员的《中国现代化的历程及前瞻》⑤,从经济、政治、社会、文化四个维度,对中国现代化的历史进程和中国发展研究的学术历程进行了回顾,同时以实际数据为基础,对中国和日本的现代化发展进行了比较研究;丰子义教授的《现代化的理论基础: 马克思现代社会发展理论研究》⑥,以世界历史为视角,从现代生产出发,对现代社会发展的原因与条件、结构和运行方式的转变、文化传统与价值取向的调和等展开论述,最终落脚点为人的全面发展;钱乘旦教授主编的《世界现代化历程》(10 卷本)⑦,对世界进行地域划分,对世界各地区的现代化发展进行了分析,总结了世界历史发展模式与道路;意大利学者阿尔伯特·马蒂内利和何传启研究员共同主编的《世界现代化报告: 新时期的现代化和多样性》⑧,对当下现代化研究的国际前沿和热点问题进行了总结,主要包括新时期的现代化与多样性、现代化的动力与路径、多元现代性与文化多样性、生态现代性与绿色发展、地区现代化与消除贫困和不平等、社会现代化与人类发展等内容。

具有长期系统性的研究著作主要有: 自 2002 年开始先由北京大学世界现

---

① 邓小平. 邓小平文选[M]. 北京:人民出版社,1989.

② 中共中央文献研究室,中央档案馆. 建党以来重要文献选编(1921—1949)[M]. 北京:中央文献出版社,2011.

③ 中共中央文献研究室. 建国以来重要文献选编(1949—1965)[M]. 北京:中央文献出版社,2011.

④ 罗荣渠. 现代化新论——中国的现代化之路[M]. 上海:华东师范大学出版社,2013.

⑤ 张琢. 中国现代化的历程及前瞻[M]. 北京:社会科学文献出版社,2017.

⑥ 丰子义. 现代化的理论基础:马克思现代社会发展理论研究[M]. 北京:北京师范大学出版社,2017.

⑦ 钱乘旦. 世界现代化历程[M]. 南京: 江苏人民出版社,2015.

⑧ [意]阿尔伯特·马蒂内利,何传启. 世界现代化报告: 新时期的现代化和多样性[M]. 北京:科学出版社,2017.

代化进程研究中心主编，然后转由南开大学现代化进程研究哲学社会科学创新基地主编的《现代化研究》，以论文集的形式每年将不同学者对现代化研究的最新成果结集出版，不仅有理论上的探讨，而且结合实践对现代化发展作出了具有代表性的个案分析，并对国内的研究动态作了较为详尽的介绍；由中国现代化战略研究课题组和中国科学院中国现代化研究中心共同完成，何传启研究员主编，自 2001 年开始出版的《中国现代化报告》，以世界 131 个国家为研究对象，每年聚焦一个主题，对现代化的最新发展成果进行总结，已经研究的主题主要有现代化评价、现代化理论、现代化进程、世界现代化、地区现代化、经济现代化、社会现代化、生态现代化、国际现代化、文化现代化、现代化科学、农业现代化、城市现代化、工业现代化、服务业现代化、健康现代化和产业结构现代化等。此外，钱学森的《社会主义现代化建设的科学和系统工程》①、胡键的《理解中国的改革——当代中国社会主义现代化理论与实践研究》②、胡鞍钢等著的《2050 全面建设社会主义现代化强国》③、辛向阳的《中国式现代化》④、马洪的《中国社会主义现代化的道路和前景》⑤、张静等著的《现代化新路——马克思主义中国化与中国特色社会主义现代化》⑥、杜艳华和董慧的《中国特色社会主义现代化模式研究》⑦、纪亚光的《现代化视域下中国特色社会主义发展道路研究》⑧等，对社会主义现代化不同时期的总体发展进行了深入研究。

除此之外，还有学者对社会主义现代化的不同方面进行了深入研究。如上海市习近平新时代中国特色社会主义思想研究中心、上海市中国特色社会主义

---

① 钱学森. 社会主义现代化建设的科学和系统工程[M]. 北京：中共中央党校出版社，1987.

② 胡键. 理解中国的改革——当代中国社会主义现代化理论与实践研究[M]. 上海：学林出版社，2015.

③ 胡鞍钢，鄢一龙，唐啸，刘生龙 . 2050 全面建设社会主义现代化强国[M]. 杭州：浙江人民出版社，2018.

④ 辛向阳. 中国式现代化[M]. 南昌：江西教育出版社，2022.

⑤ 马洪. 中国社会主义现代化的道路和前景[M]. 北京：经济管理出版社，2011.

⑥ 张静，等. 现代化新路——马克思主义中国化与中国特色社会主义现代化[M]. 天津：南开大学出版社，2009.

⑦ 杜艳华，董慧. 中国特色社会主义现代化模式研究[M]. 上海：学林出版社，2008.

⑧ 纪亚光. 现代化视域下中国特色社会主义发展道路研究[M]. 上海：学林出版社，2021.

理论体系研究中心编的《多学科视域下的社会主义现代化研究》①，从经济学、管理学、社会学等不同学科视域下，对社会主义现代化进行了分学科的详细论述。如黄娟的《生态文明与中国特色社会主义现代化》②、刘健康的《中国社会主义现代化进程中的生态文明建设研究》③等，从生态的角度出发，对生态现代化进行了详细论述。张晓明的《论中国特色社会主义现代化理论的形成与发展》④、李纳森的《中国特色的社会主义现代化研究》⑤等，对社会主义现代化理论进行了梳理与研究。陈晋文的《对外贸易政策与中国经济现代化》⑥、郭慧志主编的《循环经济与现代化——遵循历史的逻辑》⑦、中国科学院中国现代化研究中心编的《中国经济现代化的战略与路径》⑧等，对社会主义经济现代化进行了深入研究。俞思念的《社会主义现代化与文化创新》⑨、郭兰瑛等著的《新疆哈萨克民族文化现代化研究》⑩、张静等著的《马克思主义中国化与中国文化现代化》⑪等，从少数民族文化、传统文化和文化创新等方面出发，对社会主义文化现代化进行了探索与研究。还有学者从党的现代化和国家治理能力现代化出发，对社会主义现代化进行研究。如李君的《党的现代化与社会主义现代化建设研究》⑫、“名家领读经典”课题组编的《人民公开课：中国共产党与国家治理体系和治理能力现代化》⑬、人民论坛编的《大国治理：国家治理体系和治理能力现代化》⑭，等等。有的学者对

---

① 上海市习近平新时代中国特色社会主义思想研究中心，上海市中国特色社会主义理论体系研究中心.多学科视域下的社会主义现代化研究[M].上海：上海人民出版社，2022.

② 黄娟.生态文明与中国特色社会主义现代化[M].武汉：地质大学出版社，2014.

③ 刘健康.中国社会主义现代化进程中的生态文明建设研究[M].南昌：江西人民出版社，2018.

④ 张晓明.论中国特色社会主义现代化理论的形成与发展[M].北京：中国社会科学出版社，2016.

⑤ 李纳森.中国特色的社会主义现代化研究[M].西安：陕西人民出版社，2000.

⑥ 陈晋文.对外贸易政策与中国经济现代化[M].北京：知识产权出版社，2012.

⑦ 郭慧志.循环经济与现代化——遵循历史的逻辑[M].北京：经济科学出版社，2011.

⑧ 中国科学院中国现代化研究中心.中国经济现代化的战略与路径[M].北京：科学出版社，2010.

⑨ 俞思念.社会主义现代化与文化创新[M].北京：人民出版社，2006.

⑩ 郭兰瑛，张应平，董平.新疆哈萨克民族文化现代化研究[M].北京：知识产权出版社，2012.

⑪ 张静，等.马克思主义中国化与中国文化现代化[M].天津：南开大学出版社，2012.

⑫ 李君.党的现代化与社会主义现代化建设研究[M].北京：中央文献出版社，2008.

⑬ “名家领读经典”课题组.人民公开课：中国共产党与国家治理体系和治理能力现代化[M].杭州：浙江人民出版社，2018.

⑭ 人民论坛.大国治理：国家治理体系和治理能力现代化[M].北京：中国经济出版社，2014.

社会主义教育现代化进行了专项研究，如董纯才的《论中国社会主义现代化教育》①，冯增俊的《教育现代化论》②，佘万斌、杜学元、谭辉旭的《农村教育现代化的理论与实践研究》③，等等。还有学者对少数民族的现代化问题进行了实地调查研究，如李竹青的《民族现代化探索——我国少数民族如何步入社会主义现代化》④、社会科学国家重点项目“云南少数民族前资本主义社会形态与社会主义现代化研究”课题组编的《云南多民族特色的社会主义现代化问题研究》⑤、杨明编著的《藏族游牧部落与社会主义现代化》⑥等。有的学者则从中国的区域现代化出发，对某一单独区域的现代化进行深入调查研究，如王胜利的《关中区域现代化研究》⑦、国家社科基金重大项目课题组编的《区域现代化理论与实践研究》⑧、刘泽武的《社区新论——社会主义现代化进程中的中国社区问题研究》⑨等。

在学术论文方面，国内学者的研究大致可以分为两个部分：一是以社会主义某一方面的现代化建设为研究主题，如以国家治理现代化为主题的有胡鞍钢的《中国国家治理现代化的特征与方向》⑩，薛澜、李宇环的《走向国家治理现代化的政府职能转变：系统思维与改革取向》⑪，韩庆祥的《从哲学视阈理解“国家治理现代化”》⑫，蒋均时、李铮的《中国特色社会主义国家治理体系和治理能力现代化的优势与着力点》⑬，齐卫平的《加强政党协商与推进国家治理现代化》⑭，等

① 董纯才．论中国社会主义现代化教育[M]．长沙：湖南教育出版社，1980．

② 冯增俊．教育现代化论[M]．广州：广东高等教育出版社，2014．

③ 佘万斌，杜学元，谭辉旭．农村教育现代化的理论与实践研究[M]．北京：人民出版社，2015．

④ 李竹青．民族现代化探索——我国少数民族如何步入社会主义现代化[M]．北京：民族出版社，1993．

⑤ 社会科学国家重点项目“云南少数民族前资本主义社会形态与社会主义现代化研究”课题组．云南多民族特色的社会主义现代化问题研究[M]．昆明：云南人民出版社，1986．

⑥ 杨明．藏族游牧部落与社会主义现代化[M]．成都：成都电讯工程学院出版社，1988．

⑦ 王胜利．关中区域现代化研究[M]．北京：中国社会科学出版社，2015．

⑧ 国家社科基金重大项目课题组．区域现代化理论与实践研究[M]．南京：江苏人民出版社，2014．

⑨ 刘泽武．社区新论——社会主义现代化进程中的中国社区问题研究[M]．北京：团结出版社，1999．

⑩ 胡鞍钢．中国国家治理现代化的特征与方向[J]．国家行政学院学报，2014，(3)．

⑪ 薛澜，李宇环．走向国家治理现代化的政府职能转变：系统思维与改革取向[J]．政治学研究，2014，(5)．

⑫ 韩庆祥．从哲学视阈理解“国家治理现代化”[J]．马克思主义与现实，2015，(3)．

⑬ 蒋均时，李铮．中国特色社会主义国家治理体系和治理能力现代化的优势与着力点[J]．毛泽东邓小平理论研究，2014，(7)．

⑭ 齐卫平．加强政党协商与推进国家治理现代化[J]．社会科学，2017，(4)．

等；以文化现代化为主题的有李翔海的《中国文化现代化历程的哲学省思》[①]，黄凯锋的《马克思主义中国化与中国传统文化现代化的互动融合》[②]，张静、纪亚光的《新中国六十年文化现代化的思考》[③]，等等；以经济现代化为主题的有王炜的《论对外开放与中国经济现代化的关系》[④]，何传启的《中国经济现代化的路径图》[⑤]，陈佳贵、黄群慧的《工业发展、国情变化与经济现代化战略——中国成为工业大国的国情分析》[⑥]，龚晓莺、邹宏、周丽丽的《科学发展观下的区域经济现代化及其衡量标准研究》[⑦]等；以生态现代化为主题的有洪大用的《经济增长、环境保护与生态现代化——以环境社会学为视角》[⑧]、吴兴智的《生态现代化：反思与重构——兼论我国生态治理的模式选择》[⑨]、刘钧霆的《中国生态现代化转型的制度模式探析》[⑩]等。二是对社会主义现代化的整体研究，如郝立新、王为民的《把握社会主义现代化建设的本质　促进人的全面发展》[⑪]，范从来、杨继军的《中国特色社会主义现代化：学术源起、实践探索与理论反思》[⑫]，艾四林的《党的十九大与社会主义现代化理论的丰富和发展》[⑬]，胡伟的《从"四个现代化"到"四位一体"——改革开放以来我国现代化的范式演进》[⑭]，胡鞍钢、鄢一龙、唐啸、刘生龙

---

① 李翔海. 中国文化现代化历程的哲学省思[J]. 中国社会科学，2002，(6).

② 黄凯锋. 马克思主义中国化与中国传统文化现代化的互动融合[J]. 毛泽东邓小平理论研究，2010，(8).

③ 张静，纪亚光. 新中国六十年文化现代化的思考[J]. 南开学报(哲学社会科学版)，2009，(5).

④ 王炜. 论对外开放与中国经济现代化的关系[J]. 兰州大学学报，1999，(2).

⑤ 何传启. 中国经济现代化的路径图[J]. 中国科学院院刊，2005，(2).

⑥ 陈佳贵，黄群慧. 工业发展、国情变化与经济现代化战略——中国成为工业大国的国情分析[J]. 中国社会科学，2005，(4).

⑦ 龚晓莺，邹宏，周丽丽. 科学发展观下的区域经济现代化及其衡量标准研究[J]. 毛泽东邓小平理论研究，2014，(3).

⑧ 洪大用. 经济增长、环境保护与生态现代化——以环境社会学为视角[J]. 中国社会科学，2012，(9).

⑨ 吴兴智. 生态现代化：反思与重构——兼论我国生态治理的模式选择[J]. 理论与改革，2010，(5).

⑩ 刘钧霆. 中国生态现代化转型的制度模式探析[J]. 经济问题探索，2011，(10).

⑪ 郝立新，王为民. 把握社会主义现代化建设的本质　促进人的全面发展[J]. 马克思主义研究，2003，(2).

⑫ 范从来，杨继军. 中国特色社会主义现代化：学术源起、实践探索与理论反思[J]. 经济学家，2013，(2).

⑬ 艾四林. 党的十九大与社会主义现代化理论的丰富和发展[J]. 思想理论教育导刊，2017，(12).

⑭ 胡伟. 从"四个现代化"到"四位一体"——改革开放以来我国现代化的范式演进[J]. 上海交通大学学报(哲学社会科学版)，2008，(6).

的《2050中国:以人民为中心的社会主义全面现代化》①,等等。

总体上看,学界对社会主义现代化的研究大多是从世界历史进程的视角出发,将社会主义现代化与理论相联系,从实践发展进行反思,从最初单方面的现代化发展到当下的全面现代化,并且对具体某一方面的现代化进行了深入研究,取得了丰富的研究成果。

2. 国外研究

国外学者的相关研究成果大致可以分为两部分:一是已经译介过来的著作。近年来,影响力较大、研究范围较广的代表性成果是"海外中国研究丛书",该丛书与本文研究主题相关的著作有日本学者韩敏春的《回应革命与改革:皖北李村的社会变迁与延续》②和美国学者吉尔伯特·罗兹曼主编的《中国的现代化》③。并且,国内学界依托不同的研究平台,将国外学者对中国的研究进行了译介和整理,加强了与国外学者沟通的即时性,使得国外学者对中国的研究更加真实、深入、全面,更具针对性。具有代表性的有上海社会科学院世界中国学研究所编辑的《海外中国研究书目提要》和《中国学季刊》,华东师范大学海外中国学研究中心、华东师范大学海外中国学研究创新团队主办的《海外中国学评论》集刊,已经译介过来的由日本人间文化研究机构现代中国区域研究项目编著的《当代日本中国研究》辑刊,等等。这些著作内容包含了国外学者对中国各方面问题的研究,对中国土地问题与现代化发展也有所涉及。除此之外,对本文有用的著作还有美国学者李侃如的《治理中国:从革命到改革》④、美国学者斯塔夫里阿诺斯的《全球通史:从史前史到21世纪》⑤等。

二是尚未译介过来的研究成果,其中国外学者对中国现代化发展的各个方面进行了论述。有的学者从中国现代化发展的总体研究着手,对中国现代化各

① 胡鞍钢,鄢一龙,唐啸,等.2050中国:以人民为中心的社会主义全面现代化[J].国家行政学院学报,2017,(5).

② [日]韩敏春.回应革命与改革:皖北李村的社会变迁与延续[M].南京:江苏人民出版社,2007.

③ [美]吉尔伯特·罗兹曼.中国的现代化[M].国家社会科学基金"比较现代化"课题组,译.南京:江苏人民出版社,2014.

④ [美]李侃如.治理中国:从革命到改革[M].北京:中国社会科学出版社,2010.

⑤ [美]斯塔夫里阿诺斯.全球通史:从史前史到21世纪[M].董书慧,王昶,徐正源,译.北京:北京大学出版社,2005.

个方面的发展进行了论述。如礼萨·哈斯马和詹妮弗·哈伯特编著的《转型时期的中国：理解当代国家和社会行动者》①，该书主要对有关当代中国的现代化问题进行了论述，其中对当代中国土地利用政策的双系统及其相关问题、农民工在中国现代化发展中的作用、中国现代化发展中城市与农村的关系等方面的研究与本书研究相关。弗朗茨·舒尔曼和奥维尔·斯科勒编著的《中国：最后一个王朝的衰落和现代中国的起源，18和19世纪》②，以18世纪、19世纪的中国为研究对象，从中国最后一个封建王朝的衰落开始，论述了中国不同时期、不同方面的变化，对中国现代化的起源进行了详细分析。如中国封建社会的重农思想对社会发展的影响、侵略者的入侵对中国现代化发展的影响、战争对土地生产和人们土地观念的改变等。有的学者对中国现代化发展的某一方面进行了深入研究，如美国学者查尔斯·普莱比拉的《社会主义经济现代化建设中的问题》③，对中国改革开放之前的经济现代化模式和成就进行了分析，并与苏联的经济现代化模式进行对比，对二者存在的问题和未来发展趋势进行了总结和展望。美国国会经济联合委员会主编的《20世纪90年代中国的经济困境：改革、现代化和相互依存的问题》④，对中国改革开放初期的经济现代化模式进行了分析。还有学者从农业、教育等角度对中国的现代化进行了研究，如《中国的农业现代化：社会主义机械化方案》⑤《教育与社会主义现代化：中华人民共和国教育史纪实（1977—1986）》⑥等。

总的看来，国外学者的研究随着中国改革开放取得成就的增加而不断深入，但对中国的社会主义现代化大多并未冠以“社会主义”的前缀，而是以中国模式、

---

① Reza Hasmath, Jennifer Hsu. China in an Era of Transition: Understanding Contemporary State and Society Actors[M]. New York: Palgrave Macmillan, 2008.

② Franz Schurmann, Orville Schell. Imperial China: The Decline of the Last Dynasty and the Origins of Modern China, the 18th and 19th Centuries[M]. New York: Random House, 1967.

③ Jan S, Prybyla. Issues in Socialist Economic Modernization[M]. New York: CBS Educational and Professional Publishing, 1980.

④ Edited by the Joint Economic Committee, Congress of the United States. China's Economic Dilemmas in the 1990s: The Problem of Reforms, Modernization, and Interdependence[M]. Armonk: M. E. Sharpe, 1992.

⑤ Tam, On Kit. China's Agricultural Modernization: The Socialist Mechanization Scheme [M]. London: Routledge, 1985.

⑥ Edited by Shi Ming Hu, Eli Seifman. Education and Socialist Modernization: A Documentary History of Education in the People's Republic of China, 1977—1986[M]. New York: AMS Press, 1987.

中国道路等称谓，对中国现代化发展的研究也大多以资本主义现代化的视角去解构，进而将中国的现代化发展成就归结于资本主义现代化与社会主义现代化中的某些共有因素，而不是归功于社会主义制度。但是，国外学者在对中国现代化某一方面实践发展的研究中，其研究视角和成果相较于国内学者来说更具独特性，具有参考借鉴意义。

（二）关于中国农村土地集体所有制的研究

1. 国内研究

国内关于农村土地集体所有制的著作类研究成果大致可以分为两类：一是对农村土地集体所有制本身的研究，包括农村土地集体所有制的形成背景、历史发展、变革本质、未来展望等。如金雁、秦晖的《农村公社、改革与革命》①，王永华的《土地制度、规模经济与农民贫困问题》②，廖红乐的《中国农村土地制度六十年——回顾与展望》③，贺雪峰、桂华、夏柱智的《地权的逻辑3——为什么说中国土地制度是全世界最先进的》④，贺雪峰的《地权的逻辑——中国农村土地制度向何处去》⑤，贺雪峰的《地权的逻辑Ⅱ：地权变革的真相与谬误》⑥，等等。二是以农村土地集体所有制为基础，对其在实践中的发展进行研究，包括农村、农业、农民的发展、农村与城市的关系、土地集体所有制与农村、农业现代化的关系、农村土地集体所有制与社会主义现代化的关系等。

学界具有代表性的研究著作主要有：陆学艺主编的《中国农村现代化基本问题》，对中国农村现代化的历史背景进行了总结，对以家庭承包责任制为农村土地集体所有制实现形式的新变化进行了探讨，结合基层工作中的理论和现实的重点、热点问题，以案例分析的方式，论述了全面建设农村小康社会对实现我国现代化的重要性⑦；贺雪峰的《乡村治理与农业发展》，从城乡二元关系出发，论

---

① 金雁，秦晖.农村公社、改革与革命[M].北京：东方出版社，2013.

② 王永华.土地制度、规模经济与农民贫困问题[M].北京：经济管理出版社，2018.

③ 廖红乐.中国农村土地制度六十年——回顾与展望[M].北京：中国财政经济出版社，2008.

④ 贺雪峰，桂华，夏柱智.地权的逻辑3——为什么说中国土地制度是全世界最先进的[M].北京：中国政法大学出版社，2018.

⑤ 贺雪峰.地权的逻辑——中国农村土地制度向何处去[M].北京：中国政法大学出版社，2010.

⑥ 贺雪峰.地权的逻辑Ⅱ：地权变革的真相与谬误[M].北京：东方出版社，2013.

⑦ 陆学艺.中国农村现代化基本问题[M].北京：中共中央党校出版社，2004.

述了农业在现代化发展中的重要地位，表明中国农业现代化不可能只是规模经营基础上的农业现代化，而是以小农经营为主的现代化，得出了中国农业将长期保持小农经营格局，农业现代化必须首先回应小农生产与生活需要的结论①；温铁军的《居危思危：国家安全与乡村治理》，在对国内外形势分析的基础上，通过对当下中国国家安全与乡村治理的历史比较、乡村文明复兴与乡村治理模式探讨、中央风险与地方竞争的分析和论证，说明了以农村土地集体所有制为基础的农村在中国现代化发展进程中的稳定性作用②；江泽林的《农业现代化、城镇化与城乡融合发展》，将作者对中国农业现代化、新型城镇化和城乡融合发展的研究分为三个部分，现代农业从农业多功能性，农业产业结构调整，农业与二、三产业融合发展以及农民增收、农村改革等方面进行分析思考，提出发展现代农业的建议对策；新型城镇化以陕西省实践为基础，论述了新型城镇化与农民市民化、公共服务、土地利用、保障性住房建设等之间的关系；城乡融合部分从城乡要素统筹、城乡资源合理配置、城乡融合共荣、统筹城乡基层党建等方面分析了城乡融合发展问题③；何一峰、杨张乔的《潜力与制约——中国、印度农村现代化发展比较研究》，以中国和印度某些地区的农村实际发展状况为基础，对农村社会现代化问题进行了系统的比较研究，提出了两国农村未来发展的制约因素及其破解对策④；王立胜的《中国农村现代化社会基础研究》从优化农村基层基本政治制度供给、发展农村合作组织、优化农村金融环境、重新构建农村社会秩序形成机制、再造农民的观念世界等方面对中国农村现代化社会基础再造问题进行了深入分析讨论，认为中国农村现代化的基础核心问题是市场化背景下农村现代化社会基础的再造，通过农村现代化社会基础的再造，带动乡村治理结构的重构、农村合作组织的创新、农村金融的重构、乡村秩序的重构和农村思想文化的重建⑤。除此之外，有关著作还有孙前进主编的《农村改革与农业现代化建设》⑥，王立胜

① 贺雪峰. 乡村治理与农业发展[M]. 武汉：华中科技大学出版社，2017.

② 温铁军. 居危思危：国家安全与乡村治理[M]. 北京：东方出版社，2016.

③ 江泽林. 农业现代化、城镇化与城乡融合发展[M]. 北京：中国社会科学出版社，2017.

④ 何一峰，杨张乔. 潜力与制约——中国、印度农村现代化发展比较研究[M]. 北京：社会科学文献出版社，2009.

⑤ 王立胜. 中国农村现代化社会基础研究[M]. 济南：济南出版社，2018.

⑥ 孙前进. 农村改革与农业现代化建设[M]. 北京：中国财富出版社，2012.

的《中国农村现代化：思路与出路》[①]，李云才、刘卫平、陈许华的《中国农村现代化研究》[②]，王君柏的《乡土与现代之间》[③]，等等。

在学术论文方面，国内学者的研究大致可以分为三个部分：一是以农村土地集体所有制及其实现方式为主题的研究，如张海鹏、曲婷婷的《农业现代化与农业家庭经营模式创新》[④]，陈美球、廖彩荣、刘桃菊的《乡村振兴、集体经济组织与土地使用制度创新——基于江西黄溪村的实践分析》[⑤]，黄宗智的《"家庭农场"是中国农业的发展出路吗？》[⑥]，吴天龙、刘同山、孔祥智的《农民合作社与农业现代化——基于黑龙江仁发合作社个案研究》[⑦]，顾钰民的《农业现代化与深化农村土地制度改革》[⑧]，王亚新的《"四化同步"下的农村土地经营模式探索——基于广东湛江的实践》[⑨]，朱玲的《中国农业现代化中的制度尝试：国有农场的变迁》[⑩]，等等。二是以农村现代化为主题的研究，如陆学艺的《中国农村现代化的道路》[⑪]，萧洪恩的《城市化之外：中国农村就地现代化道路探析》[⑫]，王立胜的《毛泽东"组织起来"思想与中国农村现代化社会基础之再造》[⑬]，吴海华、王德成的《论社会转型与农村现代化》[⑭]，等等。三是以中外对比的方式或对外国经验进行分析，对农村、农业的社会主义现代化问题进行研究，如黄庆华、姜松、吴卫红、张卫国的《发达国家农业现代化模式选择对重庆的启示——来自美日法三国的经验比较》[⑮]，

---

① 王立胜. 中国农村现代化：思路与出路[M]. 北京：人民出版社，2009.

② 李云才，刘卫平，陈许华. 中国农村现代化研究[M]. 长沙：湖南人民出版社，2004.

③ 王君柏. 乡土与现代之间[M]. 北京：知识产权出版社，2018.

④ 张海鹏，曲婷婷. 农业现代化与农业家庭经营模式创新[J]. 经济学家，2014，(8).

⑤ 陈美球，廖彩荣，刘桃菊. 乡村振兴、集体经济组织与土地使用制度创新——基于江西黄溪村的实践分析[J]. 南京农业大学学报(社会科学版)，2018，(2).

⑥ 黄宗智. "家庭农场"是中国农业的发展出路吗？[J]. 开放时代，2014，(2).

⑦ 吴天龙，刘同山，孔祥智. 农民合作社与农业现代化——基于黑龙江仁发合作社个案研究[J]. 农业现代化研究，2015，(3).

⑧ 顾钰民. 农业现代化与深化农村土地制度改革[J]. 经济纵横，2014，(3).

⑨ 王亚新. "四化同步"下的农村土地经营模式探索——基于广东湛江的实践[J]. 经济地理，2015，(8).

⑩ 朱玲. 中国农业现代化中的制度尝试：国有农场的变迁[J]. 经济学动态，2018，(2).

⑪ 陆学艺. 中国农村现代化的道路[J]. 教学与研究，1995，(5).

⑫ 萧洪恩. 城市化之外：中国农村就地现代化道路探析[J]. 理论月刊，2015，(5).

⑬ 王立胜. 毛泽东"组织起来"思想与中国农村现代化社会基础之再造[J]. 现代哲学，2006，(6).

⑭ 吴海华，王德成. 论社会转型与农村现代化[J]. 农业现代化研究，2004，(6).

⑮ 黄庆华，姜松，吴卫红，等. 发达国家农业现代化模式选择对重庆的启示——来自美日法三国的经验比较[J]. 农业经济问题，2013，(4).

叶前林、何伦志的《美国推进农业现代化发展的做法及启示》①,王文龙的《农业现代化东亚模式对当前中国农业改革的启示》②,李宾、孔祥智的《我国农业生产经营的制度突破：日韩镜鉴与启示》③,黄晶、王敬源的《国外农业现代化进行中土地流转制度对中国的启示》④,等等。

总体来看,学界的研究以农村土地集体所有制实现形式的创新和以农村土地集体所有制为基础的农村现代化发展为主,并结合农村实践对土地集体所有制的实现形式进行探索。学界的研究在土地流转和土地使用方式的创新方面取得了丰富的研究成果,尤其是以乡村振兴为主题的研究,成为当下学界研究的一个热点。

2. 国外研究

国外学者的有关研究成果大致可以分为两个部分。第一部分是已经译介过来的著作,这部分内容可以简要分为两个方面：一是以学者所在国家为背景,以其所在国家土地制度和农村现代化为主要研究对象。如法国学者孟德拉斯的《农民的终结》⑤,以法国的农村现代化为背景,分析了欧洲农村在第二次世界大战之后的社会变迁,并得出“农民的终结”这一结论。美国学者埃弗里特·M.罗吉斯和拉伯尔·J.伯德格的《乡村社会变迁》⑥,从现代化的角度出发,大致梳理了美国以及亚洲、拉丁美洲、非洲发展中国家的农村社会变迁,进而分析了制约农村现代化进程的种种因素。除此之外,对本文有用的相关著作还有美国学者塞缪尔·亨廷顿等人所著的《现代化：理论与历史经验的再探讨》⑦、法国学者施亨利的《十八九世纪欧洲土地制度史纲》⑧、英国学者埃里克·霍布斯鲍姆的《工

① 叶前林,何伦志.美国推进农业现代化发展的做法及启示[J].经济纵横,2014,(4).

② 王文龙.农业现代化东亚模式对当前中国农业改革的启示[J].经济学家,2015,(9).

③ 李宾,孔祥智.我国农业生产经营的制度突破:日韩镜鉴与启示[J].改革,2015,(1).

④ 黄晶,王敬源.国外农业现代化进行中土地流转制度对中国的启示[J].世界农业,2014,(9).

⑤ [法]孟德拉斯.农民的终结[M].李培林,译.北京:社会科学文献出版社,2010.

⑥ [美]埃弗里特·M.罗吉斯,拉伯尔·J.伯德格.乡村社会变迁[M].王晓毅,王地宁,译.杭州:浙江人民出版社,1988.

⑦ [美]塞缪尔·亨廷顿,等.现代化：理论与历史经验的再探讨[M].上海:上海译文出版社,1993.

⑧ [法]施亨利.十八九世纪欧洲土地制度史纲[M].郭汉鸣,编译.上海:上海社会科学院出版社,2016.

业与帝国：英国的现代化历程》①、美国学者布莱克的《现代化的动力——一个比较史的研究》②、韩国学者朴振焕的《韩国新村运动——20 世纪 70 年代韩国农村现代化之路》③，等等。国外学者在对本国的土地问题与现代化进行研究时，受本国历史实践影响，大多得出了农村现代化在资本主义现代化进程中随着农村的消亡而逐渐消解，并助力资本主义现代化发展的结论。在农村尚未完全被消灭的发展中国家，以消灭农村及附着于其上的土地制度，助力城市化发展，仍然是大多数国家的主流现代化发展模式。二是国外学者以中国的土地制度为研究对象，对农村土地集体所有制及其实践发展进行研究。如英国学者林克雷特的《世界土地所有制变迁史》④中，对中国的土地制度变革历程进行了简单梳理。美国学者白苏珊的《乡村中国的权力与财富：制度变迁的政治经济学》⑤，对中华人民共和国成立后农村工业的发展和产权形式的演变进行了分析，从比较政治学的角度出发，强调了制度变迁对社会发展的促进作用。美国学者拉吉·K.萨和约瑟夫·E.斯蒂格利茨的《农民和城市居民：税负和经济发展的负担》⑥，超越了国家的界限，对欠发达国家的经济发展模型进行一般性的论述，着重论述了农村经济与城市经济发展之间的关系以及怎样寻求一个平衡。

第二部分是尚未译介过来的研究成果，大致可以分为著作和论文。在著作方面同样可以分为两个部分：一是国外学者以外国的社会发展为研究对象，如美国学者奥姆斯特德和德怀特·欣克利的《土地流转改革：改进制度的建议》⑦，针对美国农业生产中土地流转效率较低和可操作性不强的现状，提出了加强政府管理、民间自主结合、改革土地流转方式和方法、完善土地流转制度等诸多建议；英国

① [英]埃里克·霍布斯鲍姆.工业与帝国：英国的现代化历程[M].梅俊杰，译.北京：中央编译出版社，2016.

② [美]布莱克.现代化的动力——一个比较史的研究[M].杭州：浙江人民出版社，1989.

③ [韩]朴振焕.韩国新村运动——20 世纪 70 年代韩国农村现代化之路[M].潘伟光，等译.北京：中国农业出版社，2005.

④ [英]林克雷特.世界土地所有制变迁史[M].启蒙编译所，译.上海：上海社会科学院出版社，2016.

⑤ [美]白苏珊.乡村中国的权力与财富：制度变迁的政治经济学[M].郎友兴，方小平，译.杭州：浙江人民出版社，2009.

⑥ [美]拉吉·K.萨，约瑟夫·E.斯蒂格利茨.农民和城市居民：税负和经济发展的负担[M].黄少卿，等译.上海：上海人民出版社，2017.

⑦ Olmstead, Dwight Hinckley. Reforms in Land Transfer: With Suggestions for an Improved System [M]. Charleston: BiblioBazaar, 2012.

学者大卫·费尔德曼和乔恩·劳伦斯主编的《现代英国历史的结构和转变》①，通过对英国在1851年之前的一个世纪的表现、18世纪市民的进步、应对人口快速增长的方法、公地和圈地等激进的历史表现、19世纪体制改革的衰落、1900—1940年的劳工与阶级政治等方面的分析，改变了人们对英国从18世纪晚期到现在的政治和社会历史的许多先入之见，使我们更加清楚地认识了英国的现代化历程。受本书研究主题的限制，对这部分国外学者的研究成果参考借鉴较少，故不再详细论述。二是国外学者以中国的土地制度以及在此基础上的农村发展为研究对象，如威廉·伯德和林青松主编的《中国农村产业：结构、发展和改革》②。

近年来，由于国内学界与国外学界的逐步对接，外国学者对中国问题的研究成果也愈发受国内学界的重视，一些外国学者对有关问题研究的著作大多已经被译介过来，重要的研究论文也大多以论文集的形式出版或者并入了著作中被译介过来。与本书研究相关且未被译介的论文有托达罗的《欠发达国家的劳动力迁移和城市失业模型》③、威廉·阿瑟·刘易斯的《劳动力供应不受限制的经济发展》④、何·皮特的《压力下的中国牧场：宁夏回族自治区草原公地比较研究》⑤等。剩余的相关论文因参考价值不高，且数量种类繁多，不再一一列举。

总的看来，随着中国的崛起，国外学者对与中国相关主题的研究逐渐增多，大体可以分为三类。一是对近代以来，中国的土地制度变革和现代化发展进行研究；二是对中国封建社会某一时期的土地制度进行研究；三是对中国革命与改革对土地制度变革和现代化发展的影响进行研究。与此同时，国外学者在具体研究过程中呈现两种状态：一种是不了解中国农村文化的历史和实际状况，仅

---

① David Feldman, Jon Lawrence. Structures and Transformations in Modern British History[M]. London: Structures and Transformations in Modern British History, 2011.

② Edited by William A. Byrd, Qingsong Lin. China's Rural Industry: Structure, Development, and Reform[M]. New York: Oxford University Press, 1990.

③ Todaro. A Model of Labour Migration and Urban Unemployment in Less Developed Countries[J]. American Economics Review, 1969, (1).

④ W. Arthur Lewis. Economic Development with Unlimited Supplies of Labour[J]. The Manchester School, 1954, Vol. 22 No. 2.

⑤ Ho Peter. China's Rangelands Under Stress: A Comparative Study of Pasture Commons in the Muslim Hui Autonomous Region of Ningxia[J]. Development and Change, Vol. 31, No. 2, pp. 385-412, March, 2000.

仅凭借一部分译介过去的著作和一部分外国媒体的失实报道，就对有关问题进行错误分析，最终的研究结果与实际状况大相径庭。另一种是在对研究背景进行详细分析的基础上，对具体问题的现状进行实地调研，甚至进行长期追踪，并结合翔实的研究资料进行分析，最终得出研究结论。国外学者的这部分研究相较于国内学者的研究来说各有优势。国外学者并没有在中国的文化氛围内长期生活，对于农村土地集体所有制的变革历程和现代化发展对个人、国家的影响具有客观性和相对独立性，而国内学者由于切实经历了种种变革，对于农村土地集体所有制的改革历程和现代化发展或多或少有着各自的理解和定位。这样，在实际研究中，国外学者更容易对土地制度的改革历程和社会主义现代化发展作出相对客观的研究结论。但是，由于中国土地制度和社会主义现代化发展有着深厚的历史渊源、独特的地域性等因素，国外学者并不如国内学者对相关问题有着深刻认识，国外学者这方面的研究也不如国内学者的研究有深度。但国外学者在对相关问题的研究中的某些独特角度、方式、方法对本书的研究有着启发作用。

三、研究思路与研究框架

（一）研究思路

本书以农村土地集体所有制为落脚点，对社会主义现代化进行分析。但现代化并不是一个孤立的概念，现代化与资本主义之间有着密切联系，并且对社会主义现代化的分析要放置在世界历史的发展进程中去考虑。经典理论为社会主义现代化提供了理论依据，社会主义国家的现代化实践印证了其历史必然性。无论是在资本主义现代化还是在社会主义现代化的实践中，土地问题都是其发展进程中的关键问题，而土地公有制则是社会主义国家的共同选择。无论是已经改变自身发展道路的前社会主义国家，还是现存的社会主义国家，土地公有制都是社会主义国家的必然选择。现存社会主义国家的土地公有制受本国国情影响有着细微的差别，但其在各国社会主义现代化发展进程中发挥了重要作用。中国作为当下社会主义现代化发展最快的国家，已经初步形成了独具特色的发展模式，即中国模式。中国的土地制度在社会主义现代化发展进程中发挥了不可替代的作用，土地制度的变革更是与中国社会主义现代化的不同发展阶段密切相关。农村土地集体所有制可以说是中国社会主义现代化的独特标志之一，并且中国社会主义现代化下一步的发展也与农村土地集体所有制密切相关。农村现代化已经成为中国全面现代化进程中的一个短板，数亿农民也是实现共同富裕过程中需要帮扶的重要对象，农村土地集体所有制则是解决问题的关键。全面城市化，与中国的国情不符，农民增收、农村现代化还要依靠自身，实现就地现代化，从土地中寻求发展之路。农村土地集体所有制的原有实现形式已经不能完全适应中国当前的现代化发展速度，这既是挑战也是机遇。如何进行农村土地集体所有制实现形式的变革，成为解决这一问题的关键。对土地流转的探索如是，当下正在进行的乡村振兴战略也是如此，能否探索出一种新型农村土地集体所有制实现形式，关系到全面现代化能否顺利实现，关系到社会主义现代化能否在竞争中实现超越，完成二者地位与形势的转变。

中国是一个传统农业国家，随着现代化的发展，农业在经济发展中占据的份额越来越小，但这并不意味着农业的重要性与其经济份额同比下降，在中国的现代化进程中，其重要性有增无减。数亿农民仍然依靠农业生存，庞大的农业人口数量使得农民无法完全依靠城市化实现身份的转变，实现共同富裕的收入来源大部分也只能就地解决。在中国现代化进程中的历次关键时期，土地制度都率先进行变革，以适应现代化发展的需要。在全面现代化的关键时期，农村土地集体所有制实现形式的改革，对农民增收、农村现代化有着重要的积极作用，对全面现代化有着重要的推动作用，如何实现改革，怎样改革，当下正处于实践探索之中。

以农村土地集体所有制为基础的社会主义现代化模式为世界各国的现代化发展提供了新的经验借鉴，重新诠释了社会主义与现代化的关系。但是，追本溯源，现代化最先和资本主义相联系，其基础则是土地私有制。通过对现代化的起源进行分析，我们不难看出现代化与资本主义之间的密切联系。资本主义现代化模式是世界历史进程中第一种现代化模式，在较长一段时间内，是唯一一种现代化模式。社会主义现代化模式的出现，改变了将资本主义现代化等同于现代化的认识。从不同现代化模式的历史发展中可以看出，资本主义现代化和社会主义现代化是两种不同的现代化发展模式。通过对比可以看到社会主义现代化具有明显的优越性，而这种优越性是社会主义现代化自身的特殊性带来的，或者说是社会主义现代化与资本主义现代化的区别。除却二者领导主体和制度的差别外，二者的区分点在哪里，尤其是在以经济作为重要衡量标准的时期，社会主义现代化是怎样在短时间内从大幅落后到逐渐赶上，再到部分超越的。计划经济曾经是社会主义现代化的标志，随着计划经济在主要社会主义国家转变为市场经济，两条现代化道路失去了一个重要的区分标志，尽管事实证明这一标志是错误的。随后，国家宏观调控成为区分二者的重要标志，然而在资本主义现代化进程中，为了解决周期性的经济危机，资本主义国家宏观调控的规模和范围也越来越大，这一区分标志也不复存在。若说二者除却意识形态和政治制度之外还有什么区分标志的话，则非土地公有制莫属了。在中国，这种区别则是农村土地集体所有制，农村土地集体所有制在社会主义现代化建设中作出了诸多贡献。同时，与其相关也产生了诸多问题，厘清这些问题与农村土地集体所有制的关系，对新时代中国特色社会主义现代化发展进程中土地制度关系的变革有着重要意义。

（二）研究框架

基于上述思路，除导论和结语之外，本书主要分为八章。

第一章从社会主义现代化的历史必然性入手，从理论到实践，对社会主义现代化模式的产生与发展进行分析。在社会主义现代化必然性基础上，通过对当下现存五个社会主义国家的土地制度进行对比分析，论述土地公有制在社会主义现代化发展中的基础性作用，进而对社会主义现代化的中国特色——农村土地集体所有制——进行阐述。

第二章到第四章从中国共产党在中国不同发展阶段的土地制度变化着手，对中国土地制度从封建社会的土地私有制到农村土地集体所有制的演变历程进行详细分析，对土地制度变革在中国新民主主义革命时期、社会主义革命时期和社会主义建设时期的历史功绩进行总结。

第五章对以农村土地集体所有制为基础的社会主义现代化模式的历史意义进行论述，将其与资本主义现代化模式进行对比，从现代化的起源出发，对现代化的理论逻辑的发展和其在世界历史进程中的实践逻辑进行梳理。

第六章和第七章以世界历史进程中现代化模式的发展演变为主线，对资本主义现代化模式、社会主义现代化模式和除二者之外的第三种现代化模式进行论述。第六章着重论述以土地私有制为基础的资本主义现代化模式的发展演变，对资本主义现代化模式的不同发展阶段进行分析，从资本主义现代化的实践、理论、标准出发，分析其对世界现代化的影响，同时对资本主义现代化模式的劣根性进行分析。第七章从社会主义现代化模式和第三种现代化模式两种路径对当代主权国家多元化现代化发展进行阐述，对社会主义现代化模式的优越性进行分析。

第八章从新时代农村土地集体所有制面临的挑战与机遇出发，对农村土地集体所有制在新时代面临的挑战和新的发展进行论述，对以农村土地集体所有制当下面临的问题和未来发展进行探究。

四、研究方法与创新之处

（一）研究方法

第一，马克思主义的研究方法。坚持马克思主义立场，运用辩证唯物主义和历史唯物主义，深入分析农村现状，用辩证、发展的眼光对以农村土地集体所有制为基础的社会主义现代化面临的问题和困境进行分析。

第二，文献研究法。首先，搜集并整理与研究内容相关的文献，对研究所涉及的相关概念进行分析、界定，结合历史史料和党的政策性文件等文献，梳理农村土地集体所有制的发展变迁。然后，对文献进行深入挖掘，结合社会实际，对农村土地集体所有制实现形式的新发展进行深入研究。

第三，比较分析法。社会主义现代化与农村土地集体所有制并不是孤立存在的，它们是世界历史发展进程中的有机组成部分，其发展必然与同时期乃至之前发展时期的不同现代化模式和不同土地制度发生联系。这需要将现代化发展进程中出现的两种发展模式进行对比，以及将农村土地集体所有制与资本主义现代化模式下的土地制度进行对比。不仅是横向对比，还需要将农村土地集体所有制放在中国的历史发展进程中，与中国之前的土地制度进行纵向对比，以及与农村土地集体所有制发展进程中不同的实现形式进行对比分析。

（二）创新之处

从农村土地集体所有制的视角出发去研究社会主义现代化问题，笔者认为有两个方面的积极性。首先，这一研究的理论基础是社会主义现代化，即是基于社会主义生产方式基础上形成的现代化理论，从社会主义的实际出发去研究农村土地集体所有制问题，而不是在以资本主义生产方式基础上形成的现代化理论去研究中国的农村问题。其次，这一研究的角度比较新颖，关于农村土地集体所有制和社会主义现代化的研究，学界已经有了诸多成果，但大多是将这两个主题分开各自进行研究的。农村土地集体所有制在社会主义现代化进程中有着特殊地位，从农村土地集体所有制视角出发对社会主义现代化进行探究是本书的重要创新之处。

第一章

社会主义现代化与农村土地集体所有制

按照人类社会历史发展进程的一般规律来看，社会主义作为资本主义的取代者，必然要在资本主义社会的生产力完全发挥之后才会出现。但是，人类社会发展的偶然性和特殊性，使社会主义与资本主义有了共存的可能，在此基础上，现代化也有了新的发展模式。从马克思和恩格斯提出东方社会理论之后，列宁对其进行了创新发展，结合俄国革命的特殊情况，提出了“一国胜利论”。东方国家在不断创新发展的理论基础上，结合各国的具体国情，开启了本国的社会主义革命。东方国家与西方国家有着迥异的社会、政治、文化、经济状况，当时特殊的国际形势也为东方国家开启社会主义现代化实践提供了支持。在实践过程中，苏联检验了社会主义革命一国胜利论的可行性，率先对社会主义现代化模式展开了探索。中国则从半殖民地半封建社会直接跨越了资本主义阶段，在落后国家完成了跨越式的社会主义革命，并开始了社会主义现代化建设。

一、社会主义现代化实践的理论前提

理论是实践的指南，理论需要在实践中不断完善。马克思、恩格斯晚年提出的东方社会理论，为东方国家进行社会主义革命提供了理论支持。在此基础上，列宁结合俄国的革命实践，进一步发展了东方社会理论，对东方国家的社会主义革命和建设问题进行了详细论述，为东方各国的社会主义革命和现代化建设奠定了理论基础。

（一）马克思、恩格斯的东方社会理论

马克思、恩格斯的东方社会理论主要从俄国、中国和印度等国家的实际出发，联系各国所处的不同的历史发展时期，对其发展前景和发展方式进行论述。马克思、恩格斯对东方国家的态度，从最初的从属于欧洲资本主义国家发展向东方国家根据自身的社会结构特征走出一条不同于西方的发展道路转变。

马克思、恩格斯在《共产党宣言》中表明了对东方社会未来发展的最初态度，“使未开化和半开化的国家从属于文明的国家，使农民的民族从属于资产阶级的民族，使东方从属于西方。”①不仅是东方社会，马克思、恩格斯认为：“较低的经济

① 马克思，恩格斯．马克思恩格斯文集（第2卷）[M]．北京：人民出版社，2009：36．

发展阶段解决只有高得多的发展阶段才产生了的和才能产生的问题和冲突，这在历史上是不可能的。”[①]落后国家必然要经过生产力阶段发展所需经历的社会发展阶段，资本主义则是发展进程中必不可少的一环。随着马克思、恩格斯对中国和印度等东方国家的了解日益深入和对资本主义带来的诸多恶行的批判，马克思、恩格斯改变了之前的判断，更多地强调东方社会的特殊性，以及其在世界历史发展进程中的重要作用。如马克思在《中国革命和欧洲革命》中对中国革命给予了高度评价：“中国革命将把火星抛到现今工业体系这个火药装得足而又足的地雷上，把酝酿已久的普遍危机引爆，这个普遍危机一扩展到国外，紧接而来的将是欧洲大陆的政治革命。”[②]恩格斯在《波斯和中国》中对资本主义的殖民行为进行了批判，对中国革命和中国未来发展进行了分析和预测，中国革命是“‘保卫社稷和家园’的战争，这是一场维护中华民族生存的人民战争”[③]，“过不了多少年，我们就会亲眼看到世界上最古老的帝国的垂死挣扎，看到整个亚洲新纪元的曙光”[④]。

不仅如此，马克思、恩格斯在对东方国家进行深入分析后，发现了东方社会和西方社会在土地所有制方面有着极大差异，尽管同处于封建社会，但土地所有制的实现形式，以及在这一制度之上的政治体制和社会结构特征有着明显区别。马克思、恩格斯将东方社会基于土地所有制的社会生产方式概括为亚细亚式生产方式。印度和中国是典型的亚细亚式社会，俄国则是半亚细亚式社会。关于东方国家的社会主义革命进程，马克思仍然认为必须经历资本主义的发展过程，才能走向社会主义，这是人类社会发展的一般规律。虽然东方国家在以西方国家现有的发展成果为参照，可以避免其发展过程中出现的某些问题，但资本主义的发展经历则必不可少。这是由于马克思、恩格斯坚持生产力发展水平与生产关系相适应的思想，东方国家以其落后的社会生产力水平，只有经过资本主义的生产关系将生产力水平提高上去之后，才能进入社会主义。

19 世纪 70 年代后，随着马克思、恩格斯研究的对象向俄国转移，马克思、恩

① 马克思，恩格斯．马克思恩格斯选集(第 4 卷)[M]．北京：人民出版社，2012：312．

② 马克思，恩格斯．马克思恩格斯文集(第 2 卷)[M]．北京：人民出版社，2009：612．

③ 同上：626．

④ 同上：628．

格斯的东方社会理论产生了新的变化。俄国在当时世界历史发展进程中的特殊性,使马克思、恩格斯提出了俄国跨越“卡夫丁峡谷”的设想。这主要是受两个方面因素影响,“一方面,公有制以及公有制所造成的各种社会联系,使公社基础稳固,同时,房屋的私有、耕地的小块耕种和产品的私人占有又使那种与较原始的公社条件不相容的个性获得发展。”①俄国长期土地公有的历史传统,使得集体劳动成为一种文化,这为俄国的土地制度不经过资本主义土地私有制,从封建社会的土地公有制直接过渡到社会主义的土地公有制,在经济上从小农经济过渡到集体经济成为可能。另一方面,俄国因其独特的地理位置,与西方资本主义国家有着较为密切的联系,“俄国是在全国广大范围内把公社所有制保存下来的欧洲唯一的国家,但同时又生存在现代的历史环境中,同较高的文化同时存在,和资本主义生产所统治的世界市场联系在一起”②。但因其半亚细亚式的社会生产方式,又与西方资本主义国家有着明显区别,这使得俄国有了保持自身独特性,吸收资本主义社会发展成果为其所用的可能性。但是,俄国农村的公社制度,在封建社会与资本主义社会交融之际,已经逐渐瓦解。俄国的现实条件为其跨越“卡夫丁峡谷”提供了可能性,在其革命方向上,马克思、恩格斯指出:“假如俄国革命将成为西方无产阶级革命的信号而双方互相补充的话,那么现今的俄国土地公有制便能成为共产主义发展的起点。”③

19世纪90年代后,恩格斯否定了俄国跨越“卡夫丁峡谷”的设想。俄国的农村公社在过去几百年中,即使在生产力水平略微提高的情况下,也并未有过任何结构形式上的发展,俄国农村公社的发展只能依靠外部力量进行。“可能的改造的首创因素只能来自西方的工业无产阶级,而不是来自公社本身。西欧无产阶级对资产阶级的胜利以及与之俱来的以社会管理的生产代替资本主义生产,这就是俄国公社上升到同样的阶段所必需的先决条件。”④恩格斯认为,西方工业无产阶级的胜利,是俄国,或者说是所有落后国家进行社会主义改造的基础,落后国家生产力水平的提高只能借助于资本主义的发展成果,最可靠的力量无疑是

① 马克思,恩格斯.马克思恩格斯全集(第25卷)[M].北京:人民出版社,2001:460.
② 同上:472.
③ 马克思,恩格斯.马克思恩格斯文集(第2卷)[M].北京:人民出版社,2009:8.
④ 马克思,恩格斯.马克思恩格斯选集(第4卷)[M].北京:人民出版社,2012:311.

工业无产阶级,“目前的俄国无论是在公社的基础上还是在资本主义的基础上,都不可能达到社会主义的改造”①。

由于马克思、恩格斯先后逝世,其东方社会理论也未能进一步完善,但落后国家跨越“卡夫丁峡谷”的设想为东方国家进行社会主义革命奠定了初步的理论基础。

(二)列宁的东方社会理论

马克思、恩格斯逝世后,东方各国的国内形势和国际形势有了较大变化,针对这些变化,列宁在马克思、恩格斯东方社会理论的合理性基础上,结合当时俄国的国情和国际形势,进一步发展了东方社会理论,并在理论的指导下,建立了世界上第一个社会主义国家。之后,列宁还对东方国家的社会主义建设进行了初步探讨。

1. 东方国家的社会主义革命思想

列宁面对资本主义发展到帝国主义阶段和俄国国内资本主义有了新发展,革命热情高涨的情况,对东方国家的社会主义革命必然性和特殊性有了新的认识,进一步发展了东方社会理论,尤其是东方国家的社会主义革命思想,并付诸实践。

东方国家由于资本主义与封建主义并行,无产阶级并未受到像西方国家那样的压制,工人运动有着良好的群众基础和社会环境,东方国家的革命热情并未被打消。列宁认为,东方国家是“帝国主义国际政治的客体,它们的存在只是为了给资本主义文化和文明当肥料”,“帝国主义战争也唤醒了东方,把东方各族人民卷入了国际政治生活”。② 列宁将东方各国反殖民侵略的斗争与资产阶级民主革命相联系,东方国家实际上已经处于资产阶级民主革命时期。

东方国家进行社会主义革命,离不开西方无产阶级的支持,在西方国家暂时无力进行社会主义革命的情况下,世界社会主义革命的中心将转向东方。“一些最老的国家,在获得第一次世界大战的胜利后,能够向本国被压迫阶级作一些不

---

① 马克思,恩格斯.马克思恩格斯选集(第2卷)[M].北京:人民出版社,2012:321.

② 韦建桦.列宁专题文集:论无产阶级政党[M].北京:人民出版社,2009:231.

大的让步，这些毕竟在推迟这些国家的革命运动，造成某些类似和平的局面。”①在这种情况下，西方无产阶级革命的骨干力量将会向东方转移。西方国家由于资产阶级的稳固统治，无产阶级被分化、瓦解，东方国家则处于矛盾的中心位置，随着帝国主义大战的爆发，西方国家加强了对殖民地的掠夺，这加剧了东方人民和帝国主义的矛盾。与此同时，东方国家内部农民阶级、工人阶级与地主阶级、官僚资产阶级之间的矛盾也日益加深。种种矛盾的交织，使得东方国家革命的可能性远超西方国家。列宁指出：“现在的形势与马克思和恩格斯所预料的不同了，它把国际社会主义革命先锋队的光荣使命交给了我们——俄国的被剥削劳动阶级。”②东西方革命环境的不同，使得马克思、恩格斯之前提出的社会主义“同时胜利论”难以实现。第一次世界大战后，列宁在对当时的国内外环境进行详细分析的基础上提出了社会主义“一国胜利论”，“社会主义不能在所有国家内同时获得胜利。它将首先在一个或几个国家内获得胜利，而其余的国家在一段时期内将仍然是资产阶级的或资产阶级以前的国家”③。在此基础上，列宁又提出了“二次革命论”，即从资产阶级民主革命过渡到社会主义革命。列宁表示：“我们比谁都更彻底地进行了资产阶级民主革命。我们完全是自觉地、坚定地和一往直前地向着社会主义革命迈进，我们知道社会主义革命和资产阶级民主革命之间并没有隔着一道万里长城。”④俄国的社会主义革命实践也践行了列宁的“二次革命论”，俄国在资产阶级民主革命时期，尽可能地扩展了资产阶级民主所能影响的范围。在革命过程中，因为俄国长期受到专制政府的高压统治，俄国的工人阶级并未像西方国家的工人阶级那样，在工会的领导下进行联合斗争，以罢工等方式使资本家让步。俄国工人在没有足够的斗争和领导经验的情况下，必须依靠专政带领工人阶级进行斗争以取得革命胜利。俄国革命实践了列宁的社会主义“一国胜利论”，在完成资产阶级民主革命之后，顺利过渡到了社会主义。

列宁在俄国完成社会主义革命后，对其他东方国家的社会主义革命进行了分析：“在东方那些人口众多、社会无比复杂的国家里，今后的革命无疑会比俄国

① 韦建桦．列宁专题文集：论社会主义[M]．北京：人民出版社，2009：337.
② 列宁．列宁选集(第3卷)[M]．北京：人民出版社，2012：416-417.
③ 列宁．列宁选集(第2卷)[M]．北京：人民出版社，2012：722.
④ 列宁．列宁选集(第4卷)[M]．北京：人民出版社，2012：563-564.

革命带有更多的特殊性。”①印度和中国正是如此，尤其是两国的政治经济发展远比同时期的俄国落后。对于落后国家，列宁表示：“在先进国家无产阶级的帮助下，落后国家可以不经过资本主义发展阶段而过渡到苏维埃制度，然后经过一定的发展阶段过渡到共产主义。”②

2. 东方国家的社会主义建设思想

关于落后国家的社会主义建设问题，列宁首先确定了其合理性，“世界历史发展的一般规律，不仅丝毫不排斥个别发展阶段在发展的形式或顺序上表现出特殊性，反而是以此为前提的。”③俄国的社会主义建设在实践中采取了以“新经济政策”向社会主义过渡的方式。同时，列宁也表示，落后国家的社会主义建设必然要比按照世界历史发展进程自然演进到的社会主义更为艰难、曲折，在社会主义建设过程中要认识到实践形势的艰巨性、困难性和复杂性，必须采用特殊方式进行社会主义建设，要做好社会主义建设的迂回曲折性准备。对于落后国家社会主义建设的前景问题，列宁表示：“我们已经开始了这一事业。至于哪一个国家的无产者在什么时候、在什么期间把这一事业进行到底，这个问题并不重要。重要的是，坚冰已经打破，航路已经开通，道路已经指明。”④

尽管在东方国家已经开始了社会主义建设实践，但需要正视资本主义仍将长期存在的事实，如何协调处理好社会主义建设中的资本主义问题，关系到落后国家跨越式发展的社会主义能否长期存在、能否以在特殊形势下建立的社会主义最终取代资本主义的问题。列宁指出：“同社会主义比较，资本主义是祸害。但同中世纪制度、同小生产、同小生产者涣散性引起的官僚主义比较，资本主义则是幸福。既然我们还不能实现从小生产到社会主义的直接过渡，所以作为小生产和交换的自发产物的资本主义，在一定程度上是不可避免的，所以我们应该利用资本主义（特别是要把它纳入国家资本主义的轨道）作为小生产和社会主义之间的中间环节，作为提高生产力的手段、途径、方法和方式。”⑤资本主义与以往

① 韦建桦. 列宁专题文集：论社会主义[M]. 北京：人民出版社，2009：359.
② 列宁. 列宁选集（第4卷）[M]. 北京：人民出版社，2012：279.
③ 同上：776.
④ 同上：568-569.
⑤ 同上：510.

相比，其先进性切实可见，极大地促进了生产力发展。落后国家的社会主义建设不能把资本主义建设的先进成果拒之门外，尤其是在生产力水平仍然落后于资本主义的情况下，必须利用、吸收其先进成果以发展社会主义。“社会主义能否实现，就取决于我们把苏维埃政权和苏维埃管理组织同资本主义最新的进步的东西结合得好坏。”①

在俄国的社会主义建设中，列宁强调，“党是直接执政的无产阶级先锋队，是领导者”。“在我国，国家政权的一切政治经济工作都由工人阶级觉悟的先锋队共产党领导。”②但是，仅仅依靠共产党员来进行社会主义建设是不切实际的，经济建设是社会主义建设的重要任务，脱离了人民群众无法进行社会主义建设，共产党的执政地位也有倾覆的危险，社会主义制度也难以维系。“只靠共产党员的双手来建立共产主义社会，这是幼稚的、十分幼稚的想法。共产党员不过是沧海一粟，不过是人民大海中的一粟而已。”③要保持共产党同群众的密切联系，不仅要加强党的建设，而且要调动人民群众参与社会主义建设的积极性，经济上如此，政治上也是如此。“胜利了的社会主义如果不实行充分的民主，就不能保持它所取得的胜利，并且引导人类走向国家的消亡。”④同时，列宁还提出了要进行社会主义文化建设和文化革命。但是，由于列宁的逝世，列宁并未完成对落后国家进行社会主义建设思想的完整论述，已经提出的建设内容也未完全付诸实践。但从已有的建设成果来看，列宁提出的诸多建设思想切实支持了俄国的社会主义建设，为后来国家的社会主义建设提供了理论和经验支持。

二、社会主义现代化的多样性实践及其历史必然性

（一）苏联现代化模式影响下的社会主义现代化实践

苏联是世界上第一个社会主义国家，苏联在社会主义现代化建设初期取得的诸多成就和在第二次世界大战中作出的重大贡献，使苏联对世界各国的社会

① 列宁.列宁选集(第3卷)[M].北京：人民出版社，2012：492.
② 列宁.列宁选集(第4卷)[M].北京：人民出版社，2012：423，624.
③ 同上：682.
④ 列宁.列宁选集(第2卷)[M].北京：人民出版社，2012：782.

主义现代化建设有着莫大影响。苏联现代化模式对世界社会主义现代化实践的影响大致可以分为四个时期。

第一个时期是苏联现代化模式的确立和世界各社会主义国家的主动效仿。苏联现代化模式在历史的特定时期内被称为斯大林模式，世界各社会主义国家学习和借鉴的对象大多是自斯大林模式确立及其后续有所发展改变的苏联现代化模式。但是，苏联现代化模式的奠基者列宁，他对社会主义国家的现代化建设模式提出了种种设想，并初步进行了实践，由于列宁执政时期苏联长时间陷入战争，以及列宁的早逝，使其并未对苏联现代化模式进行系统论述和完整的实践检验。斯大林执政后，并未沿着列宁提出的新经济政策、政治体制改革设想等对社会主义现代化模式进行实践探索，而是重新开辟了新的社会主义现代化模式，即斯大林模式：政治上实行一党制的高度集权；经济上实行全部生产资料的公有和高度的指令性计划；工业上以重工业为主。以此为特点的社会主义现代化模式确立，标志着苏联现代化模式的初步形成。与此同时，苏联作为世界上第一个社会主义国家，以及其在战争和建设上的成功，成为新兴社会主义国家进行现代化建设效仿的对象。受区位因素影响，欧洲各社会主义国家纷纷开始效仿苏联的社会主义现代化建设经验，在苏联的帮助下对苏联现代化模式进行复制。

第二个时期是斯大林将苏联现代化模式视为社会主义现代化建设的唯一模式，在世界各社会主义国家强行推广。第二次世界大战结束后，苏联实际上成为世界社会主义国家的领袖，斯大林也将苏联现代化模式看作社会主义现代化建设的唯一模式。1936 年，苏联官方就宣布已经建成了社会主义，推翻了列宁的“五段论”。“1947 年，在苏联共产党的主导作用下，欧洲 9 国共产党和工人党情报局通过的决议中，把十月革命的道路和苏联模式绝对化、神圣化，要求各国共产党都要无条件地学习苏联，推行苏联的模式。”[①]同时，苏联将是否效仿苏联模式上升到了是否坚持社会主义的高度。这种做法严重干扰了各国对本国社会主义现代化建设模式的探索。南斯拉夫因抵制苏联模式，主张从本国实际出发，进行社会主义现代化建设，于 1948 年被开除出欧洲共产党和工人党情报局。除南

① 韩荣璋.从以俄为师到以苏为鉴——探索有中国特色社会主义建设道路的历史起点[J].党史研究与教学，1997(4).

斯拉夫外，世界各社会主义国家由于缺乏足够的社会主义现代化建设经验，纷纷开始了以俄为师之路。在建设初期，由于建设起点较低、苏联现代化模式对各国社会主义现代化建设促进作用的某些共性、苏联的大量援助等因素，各国取得了较好的经济成就。

第三个时期是世界各社会主义国家将苏联现代化模式在本国进行实践之后，对本国社会主义现代化模式的自主探索。各社会主义国家在对本国社会主义现代化建设积累了初步的经验后，大多开始偏离僵化的苏联现代化模式，纷纷开始探索适合本国国情的现代化建设模式，这引起了苏联的种种干涉。1956 年的匈牙利事件和 1968 年的布拉格之春，正是苏联武力干涉欧洲社会主义国家现代化发展模式的典型例证。对偏离苏联现代化模式的社会主义国家，苏联采取了两种方式：一种是上述以武力方式强行终止他国的社会主义现代化探索，强制推行苏联现代化模式；另一种是终止对他国的援助，中断两国合作。1960 年中苏两国关系的破裂正源于此。中国通过对社会主义现代化建设最初几年经验的总结，发现了苏联现代化模式的弊端，如苏联对重工业的过度投入严重影响了农业和轻工业的发展。斯大林去世后，苏联国内对斯大林个人评价的转变也促使中国反思苏联现代化模式。毛泽东表示："我们除了科学以外，什么都不要相信，就是说，不要迷信。中国人也好，外国人也好，死人也好，活人也好，对的就是对的，不对的就是不对的，不然就叫做迷信。要破除迷信，不论古代的也好，现代的也好，正确的就信，不正确的就不信，不仅不信而且还要批评。这才是科学的态度。"①此后，中国以苏为鉴，开始探索适合中国国情的社会主义现代化模式。从世界各社会主义国家这一时期的现代化建设实践看，除一开始坚持独立自主发展的南斯拉夫之外，只有中国脱离了苏联现代化模式的束缚，其他国家的探索在苏联的干涉下，均以失败告终。

第四个时期是东欧剧变和苏联解体，苏联现代化模式的终止对世界各社会主义国家现代化实践的冲击。苏联受世界两极对抗形势的影响，过度发展以军事为主的重工业，国家现代化建设向军事、国防的倾斜，在一定时期内维持了苏联的国际地位，但僵化的现代化模式和不均衡发展，以及苏联共产党对社会主义

---

① 毛泽东. 建国以来毛泽东文稿(第 4 册)[M]. 北京：中央文献出版社，1990：506-507.

建设的错误认识，最终影响了世界社会主义的发展。1967 年勃列日涅夫在十月革命 50 周年纪念时表示，苏联已经建成了“发达的社会主义”，1971 年苏共二十四大宣布，苏联已建成“发达社会主义”。苏联对社会主义的错误认识影响了苏联的现代化建设，也影响了以苏联现代化模式为代表的世界各社会主义国家的现代化建设。僵化的苏联现代化模式越来越不适应各国现代化发展的需要，在苏联对他国强行推行苏联现代化模式与各国追求自身现代化发展模式冲突愈发剧烈时，受资本主义现代化模式影响，东欧各社会主义国家纷纷改变了本国的现代化模式，与苏联分道扬镳。此后不久，苏联解体也宣告了苏联现代化模式的终止。东欧剧变、苏联解体，对世界社会主义现代化实践造成了巨大冲击，使世界上大部分实行以苏联现代化模式为代表的各社会主义国家，纷纷改变了本国的现代化模式，直接转变为资本主义现代化模式，仅有少数国家仍坚持社会主义，探索适合本国国情的社会主义现代化模式。

（二）东欧剧变后各社会主义国家的多样性现代化实践

东欧剧变后，世界社会主义运动陷入低潮，仅有少数国家仍然坚持社会主义道路。东欧剧变打破了苏联现代化模式的神圣光环，在失去了社会主义现代化模式标志性的指引后，现存各社会主义国家或主动或被迫地开始探索适合本国国情的社会主义现代化模式。自此，各社会主义国家开启了多样性的现代化实践。

中国最先脱离苏联现代化模式束缚，开始探索本国的现代化模式。早在 1956 年，中国就开始转变现代化发展模式，从“以俄为师”转变为“以苏为鉴”。在党的八大召开前夕，毛泽东明确提出“以苏为鉴”，并指出：“过去我们就是鉴于他们的一些缺点和错误，少走了一些弯路，现在当然要更引以为戒。”[①]党的八大更是将“四个现代化”列入党章。由于受当时国内外环境影响和对马克思主义认识的不足，我国社会主义现代化建设的重心逐渐偏移，对适合中国国情的现代化模式的探索并未成功。改革开放后，党中央拨乱反正，继续“以苏为鉴”，邓小平在党的十二大上提出：“走自己的道路，建设有中国特色的社会主义。”党的十三大

---

① 毛泽东. 毛泽东文集(第 7 卷)[M]. 北京：人民出版社，1996：23.

提出了社会主义初级阶段论，在此基础上，邓小平于 1980 年提出“以经济建设为中心”。邓小平关于经济的经典论述也为社会主义市场经济体制的确立奠定了基础。“计划经济不等于社会主义，资本主义也有计划；市场经济不等于资本主义，社会主义也有市场。计划和市场都是经济手段。”①此后，以江泽民同志为核心的党的第三代中央领导集体、以胡锦涛同志为总书记的党中央和以习近平同志为核心的党中央，带领全党全国各族人民继承、发展改革开放的伟大事业，将社会主义现代化建设从最开始的“两手抓”到“三位一体”“四位一体”，再到“五位一体”，形成了中国模式，即适合中国国情的社会主义现代化模式。

朝鲜、越南、老挝、古巴等社会主义国家深受苏联现代化模式影响，不仅在本国的现代化实践之初仿照其模式，在现代化进程中也依赖苏联的诸多援助。

朝鲜在苏联解体后，并未完全抛弃苏联现代化模式。1994 年金正日执政后，继续坚持“主体思想”，维持原有的高度集中的计划体制不变。1995 年提出了“先军政治”理论，为对抗美国和韩国的军事压力，朝鲜制定了“全民武装化，全国要塞化，全军干部化，全军现代化”的四大军事路线，经济建设服从于军事建设。同时，朝鲜也以经济特区为试点，开始探索现代化改革之路。1991 年，朝鲜设立罗先经济贸易区。1996 年，朝鲜将罗津市和先锋郡合并为罗先市，并升格为直辖市。21 世纪，朝鲜的改革在坚持“先军政治”下，略微偏移向经济发展。在外资短缺的情况下，加强与中国的合作，以促进经济发展。从 2013 年开始，朝鲜增加了 19 个特别经济区，同时缓和与邻国的关系，韩国与朝鲜计划共同开发朝鲜半岛的三大经济带。在朝鲜劳动党七大上，朝鲜制定了自 20 世纪 80 年代之后的第一个国家经济发展五年计划，即《2016—2020 年国家经济发展五年规划战略》。朝鲜的社会主义现代化模式仍然处于初步探索之中，从现阶段发展来看，仍然需要依靠外部援助，但在其经济特区中，已经初现现代化改革成果。

越南于 1979 年开始调整计划经济体制，将市场作为新经济因素引入计划经济体制中。1982 年，将仿照苏联的以重工业为主的发展模式，调整为以农业和日用消费品生产为主。1986 年，越南开始进行“革新开放”，探索有越南特色的社会主义现代化模式。越南的改革参考、借鉴、吸收了中国改革开放的经验、西方发

---

① 邓小平. 邓小平文选(第 3 卷)[M]. 北京：人民出版社，1993：373.

达国家的经济发展模式、东亚国家的政府主导模式，与越南国情相结合，逐步形成了有越南特色的社会主义现代化模式。越南的社会主义现代化实践主要呈现出三个方面的特点：政治上，实行越南共产党一党执政，强化民主集中制，推进政治现代化；经济上，坚持市场经济，强化政府管理，推行外向型经济发展模式；社会文化上，以大量受国家控制的社团对社会成员进行约束和引导，文化多元发展，以文化发展带动经济增长。

老挝和古巴直到苏联解体后，才开始对本国的现代化模式进行调整。老挝对本国现代化模式实践探索的开端可以追溯到 1986 年老挝人民革命党（以下简称“老党”）的第四次代表大会。老党四大提出了改革开放，并将经济方面作为重点。苏联解体促使老党将以经济为重点的改革开放之路落实并完善。老党五大、六大都强调了老挝国内多种所有制并存的经济结构，国家经济是在市场经济和国家调节的双重作用下运行的。自 1991 年开始，老挝确立了市场经济管理体制。在失去苏联援助后，老挝国内开始土地改革，将城市周边土地分配给干部和知识分子，以解决其生活问题；对国外实行开放，吸引外资，以促进国内经济发展。由于老挝地处内陆，受地形、自然资源、人口、经济基础等诸多方面的限制，虽然常年保持较高的经济增长，但现代化整体发展进程较慢。

古巴自 1962 年开始，长时间受到美国的经济、贸易和金融封锁，其现代化发展过度依赖苏联援助。苏联解体后，古巴共产党召开四大，决定坚持社会主义道路，开启了现代化模式的改革之路：在党的指导思想上，增加了何塞·马蒂思想；在党员基础上，扩大到了宗教信仰者；在发展目标上，将之前的社会主义工业化改为短期内自力更生保证生存。1992 年，古巴第三届全国人大对 1976 年宪法进行修改，实行全国范围内的人大代表直接选举。在经济上，虽然并未转变为市场经济，但在新的经济体制中开放了民营和个体经营部分，同时将国营企业、农场改建为合作社性质的经营单位。古巴自 1991 年开始的改革，虽然对现代化模式进行了调整，但并未完全摆脱苏联现代化模式的影响。其生产生活体制僵化，国有经济体量庞大，但效率低下，如最基层的理发店和杂货店坚持国营、大量商品凭票供应、食品配给制等。2006 年，劳尔·卡斯特罗执政后，古巴开始了新一轮改革。2010 年以来，古巴对原有的现代化模式进行了调整，如对凭票供应商品范围的减少、微小国营商店的承包、土地承包权的开放、食品配给制的取消等。2011年，古共六大对古巴的经济模式进行了大幅调整：在坚持社会主义制度的前提下，以生产资料公有制为主，兼顾个体经济；分配制度上，以按能力和劳动为分配原则；市场与计划关系上，即计划经济为主，注重市场的作用；坚持覆盖全民的免费医疗和教育。① 随着改革进程的深入，古巴逐步放松了对外资的限制。但由于古巴经济体量较小，受国际金融环境影响较大，且国内长期困顿于僵化的发展模式，束缚了人们的思想。古巴此次对现代化模式的探索是否成功，还有待时间检验。

（三）社会主义现代化的历史必然性

历史必然性通过人们实践活动的实践必然性来影响人类历史的发展，但人们在实践过程中受到诸多因素的影响，在阶段性发展过程中会出现偶然性。社会主义现代化的历史必然性既表现在人类历史的整体发展趋势上，又表现在人类历史阶段性发展的偶然性上。

马克思对人类历史的整体发展进程有过经典的“五段论”表述，社会主义代替资本主义是人类历史发展的必然规律。同样，社会主义现代化则是社会生产力发展到一定程度之后的必然选择。“作为社会历史观的范畴，必然王国是指人们受着盲目必然性的支配，特别是受着自己所创造的社会关系的奴役这样一种社会状态；自由王国是指人们摆脱了盲目必然性的奴役，成为自己社会关系的主人，从而也成为自然界的主人，成为自己本身的主人这样一种社会状态。”②从必然王国向自由王国的飞跃，是人类社会发展的必然趋势。随着生产力的不断发展，人们对自然的认识逐渐全面、整体，人们的社会化程度逐渐提高，人们的认识逐渐深化和富于理性，主观能动性得到更加充分的发挥，最终发展到自由王国。这一发展过程也是阶级社会更替的过程。资本主义现代化的发展就是必然王国的发展。随着人类历史的前进，社会主义现代化必将由人类社会的发展趋势成为现实。但这仅仅是理论的表述，当前人类历史并未在整体上发展到这一阶段，资本主义现代化仍然

---

① 徐世澄.古巴共产党六大中心报告的23条要点[J].党政干部参考，2011，(8).

② 李秀林，王于，李淮春.辩证唯物主义和历史唯物主义原理(修订本)[M].北京：中国人民大学出版社，1984：434.

是当前时代的主流。然而,历史的偶然性和曲折性,使得社会主义现代化提前应用于实践,社会主义现代化在实践中展现出来的先进性,侧面印证了其历史必然性。

“历史事件似乎总的说来同样是由偶然性支配着的。但是,表面上看是偶然性在起作用的地方,这种偶然性始终是受内部的隐蔽着的规律支配的,而问题只是在于发现这些规律。”①当下社会主义现代化的实践也可以被视为这种偶然性在起作用。无论是苏联还是中国的社会主义现代化实践,在偶然性中都蕴含着某种必然性。马克思主义起源于欧洲,在欧洲的实践失败后,较为完整地传入俄国。在恩格斯对东方国家进行社会主义革命的可能性进行探索的同时,俄国的社会主义革命者也开始了探索。列宁在恩格斯理论的基础上进一步提出了东方社会革命理论。俄国当时所处的国内外情况,使得社会主义革命有了实践的可能。历史的偶然性使社会主义现代化在资本主义现代化尚未发展到极致时提前出现了。理论超越了实践,使人们提前认识到了人类社会未来的发展趋势。超前的理论使人们认识到人类社会不同发展阶段之间跨越的方式,人们如何从自由王国走向必然王国。历史的偶然性除了苏联之外,也在中国表现出来了。中国从半殖民地半封建社会跨越发展到社会主义社会,并且在极短时间内走完了资本主义现代化数百年的历程,甚至在某些方面有所超越。历史的这种偶然性实践,使社会主义现代化在诸多不利条件下仍然展现出了种种优越性。

社会主义现代化在实践中的优秀表现,有力地证明了经典理论中对人类社会未来发展趋势的论述,坚定了人们对马克思主义的信心。同时,当下的社会主义现代化也刺激了资本主义现代化的发展,带动和提高了人类社会的整体发展水平,为人类社会整体进入下一历史发展阶段发挥了重要作用。社会主义现代化的理论与实践表明,社会主义现代化并不是马克思主义者的“吹嘘”,而是人类社会发展的必然选择,随着资本主义现代化的种种弊端愈发明显,社会主义现代化引领人类社会发展方向的时刻则会愈早到来。

三、现存社会主义国家的共同坚持：土地公有制

现存社会主义国家在对本国现代化模式探索与实践的过程中,不约而同地

---

① 马克思,恩格斯.马克思恩格斯选集(第4卷)[M].北京:人民出版社,2012:254.

实行了土地公有制，虽然各国土地公有制的实践形式有所差别，但都对本国的社会主义现代化建设作出了贡献。通过对中国、越南、朝鲜、老挝、古巴的土地制度及其实现形式进行对比分析可以看出，土地公有制是社会主义现代化的实践基础，以土地为基础的多元化经营也是社会主义现代化发展的必然趋势。

（一）中国、越南、朝鲜、老挝、古巴的土地制度发展历程及特点

20 世纪 40—50 年代，中国、越南、朝鲜、老挝、古巴先后取得了国家独立，并开始了社会主义现代化建设。值得一提的是，这些国家最先进行的都是关于土地方面的改革，社会主义现代化建设的全面展开也是在相应的土地制度在全国实施并稳固之后进行的。可以说，土地制度的确立和完善为其国家的社会主义现代化建设奠定了基础。

1. 中国的农村土地集体所有制

中国农村土地集体所有制的确立，在较短时间内经历了复杂的变革历程，从封建的地主土地私有制，经历了土地公有、土地农有、土地公有与农有并存、地主土地私有制与社会主义土地公有制并存和农民的土地所有制等阶段，随着农业合作化进程的发展，自然过渡到了农村土地集体所有制。农村土地集体所有制的发展可以分为三个阶段。

第一阶段是农村土地集体所有制的初步确立和实行。在全国土地改革尚未完成时，中共中央已经开始对农业生产领域的集体化进行探索。根据已完成土地改革地区的农村农业实际发展状况，中共中央于 1951 年年底提出了《中共中央关于农业生产互助合作的决议（草案）》。该文件提出了三种不同形式的互助合作方案："第一种形式是简单的劳动互助，这是最初级的，主要是临时性的，季节性的"；"第二种形式是常年的互助组"；"第三种形式是以土地入股为特点的农业生产合作社，因此或称为土地合作社"。[①] 1956 年 6 月 30 日，基于全国各地已出现大量高级农业生产合作社，第一届全国人民代表大会第三次会议通过了《高级农业生产合作社示范章程》，对合作社内土地的集体所有制进行了详细规定。

---

① 中共中央文献研究室. 建国以来重要文献选编（1949—1965）（第二册）[M]. 北京：中央文献出版社，2011：452-453.

"入社的农民必须把私有的土地和耕畜、大型农具等主要生产资料转为合作社集体所有。"①同时,《高级农业生产合作社示范章程》也详细规定了社员的退社办法。1961 年,中共中央在《农村人民公社工作条例(修正草案)》中进一步明确了农村土地集体所有制,"以生产大队的集体所有制为基础的三级集体所有制,是现阶段人民公社的根本制度"②。实际上形成了以生产大队的集体所有制为主,部分生产队保留了少数土地所有权的农村土地集体所有制。

第二阶段是人民公社的结束和家庭承包责任制的形成。实行政社合一制度的人民公社,在经过 20 多年的实践之后,受多方面因素影响,弊端愈发明显,已经严重地影响到了农民生活和农业生产。农民在实际生产过程中开始探索避免集体生产的形式,党的十一届三中全会也对人民公社的集体生产制度进行调整,以满足农民的需求,促进农业的发展。1983 年,中共中央发布的 1 号文件正式提出了政社分设的要求③,1984 年中共中央 1 号文件再次强调:"政社分设以后,农村经济组织应根据生产发展的需要,在群众自愿的基础上设置,形式与规模可以多种多样,不要自上而下强制推行某一种模式。"④这为政社分设以后,以家庭为单位的农村合作形式的多样化提供了指导。在坚持农村土地集体所有制的前提下,全国各地纷纷开始了对土地使用权除集体经营之外的探索。1991 年 11 月,十三届八中全会通过的《中共中央关于进一步加强农业和农村工作的决定》提出,"把以家庭联产承包为主的责任制、统分结合的双层经营体制作为我国乡村集体经济组织的一项基本制度长期稳定下来"⑤。至此,建立在农村土地集体所有制基础上的关于农村土地使用制度的探索有了结果,家庭联产承包责任制既作为农村土地的使用制度,又作为农村的基本经济制度被确定下来。

第三阶段是"三权分置":农村土地经营方式的新变化。随着中国经济的迅速发展,农业生产力的提高,家庭承包责任制的分散经营模式已经远远落后于现

---

① 中共中央文献研究室.建国以来重要文献选编(1949—1965)(第八册)[M].北京:中央文献出版社,2011:349.

② 中共中央文献研究室.建国以来重要文献选编(1949—1965)(第十四册)[M].北京:中央文献出版社,2011:355.

③ 中共中央国务院关于"三农"工作的一号文件汇编(1982—2014)[M].北京:人民出版社,2014:26.

④ 同上:43.

⑤ 中共中央关于进一步加强农业和农村工作的决定[N].人民日报,1991-12-26.

代化前进的速度。以土地集中经营为目的的土地流转也开始焕发生机与活力。从 2016 年起实施的农村土地所有权、承包权、经营权分置(以下简称“三权分置”)极大地促进了土地流转的发展进程。“三权分置”并不是单独为加快土地流转实行的,它是农村基本经营制度的自我完善,符合生产关系适应生产力发展的客观规律,展现了农村基本经营制度的持久活力,有利于明确土地产权关系,更好地维护农民集体、承包农户、经营主体的权益;有利于促进土地资源合理利用,构建新型农业经营体系,发展多种形式适度规模经营,提高土地产出率、劳动生产率和资源利用率,推动现代农业发展。① 当然,土地流转并不是现代土地经营方式的最终选择,仅仅是“三权分置”的一种具体实现形式,与中国当下现代化发展水平相适应的土地经营方式仍处于探索之中。

2. 越南的土地国有制

越南全国性的土地改革进程起始于 1945 年。第二次世界大战后,越南取得了国家独立,但由于帝国主义国家的干涉,越南实际上处于南北分裂的状态,越南民主共和国在越南北部率先开始了消灭封建土地所有制的进程。这一时期,越南北部的土地改革进程与中国相仿。首先,限制封建土地剥削;其次,以农民的土地所有制取代封建土地所有制;最后,通过互助组、初级社、高级社等方式实现了土地集体所有制。1976 年,越南宣布南北统一,改名为越南社会主义共和国,同时废除所有土地制度,对土地制度实行全面改革。1979 年,越共四届六中全会提出推行家庭承包制,但并未付诸实践。1980 年,越南修改宪法,规定土地属于全体人民共同所有,实行土地国有制。1987 年,越南制定了第一部《土地法》,确立了土地全民所有、政府统一管理的制度,并允许土地使用权转让。1988 年,越南开始实行农业生产承包制,土地的管理权限被下放到合作社,农民可以以个人为单位向合作社承包土地,自主经营。这一改革使越南开始向市场经济转轨。

1993 年,越南制定了第二部《土地法》,明确提出了土地国有制,并对农民土地使用权进行了详细规定,主要有:在土地使用期限内,农民可以进行交换、转

---

① 关于完善农村土地所有权承包权经营权分置办法的意见[N]. 农民日报,2016-10-31.

让、出租、抵押、继承;从法律上保障农民的土地使用权,使用期限延长至 20～50 年,并办理土地使用权证;国家对土地规定基准价,以便个人与个人、集体、国家之间进行土地使用权的交换、转让、出租、抵押和征收;对土地的租用人群不作限定,国内外个人和组织均可租用;农村居民免费租用土地,城镇居民需要按照规定价格有偿租用土地;等等。① 此后,越南对第二部《土地法》进行了两次修订,1998 年的修订将土地使用期限延长至 70 年,增加了以土地作为资本要素的合作权利;2001 年的修订将土地基准价的定价权下放至省级政府,增加了农民对土地使用权的赠与权,扩大了外国机构和个人对土地租用的权限范围。②

2003 年,越南制定了第三部《土地法》,对原有规定进行了大幅度修改,主要有:对农业用地进行了详细的用途分类,严禁擅自变更农业用地的用途;对水稻种植专用地进行了单独规定;对申请分配土地的流程,以及清查、收回土地的流程进行了详细规定;实行四级管理制度,强化国家对土地的管理;等等。③ 2014 年的新版《土地法》增加了对土地回收、征地和土地价格等方面的规定。

越南的土地公有制自确立伊始,便将土地的所有权明确为国家所有,国家对土地进行整体规划,以国家为核心形成自上而下的土地管理体系,这与越南实行土地改革之初的国情密不可分。第二次世界大战后,越南民主共和国成立,开始消灭封建土地所有制。受外部侵略影响,越南实际上形成了南北两部分的对立。同时,越南北部与中国接壤,拥有相对安全、稳定的国际环境,社会主义阵营的援助也是越南改革的一大助力。越南南北实现统一时,越南北部已经完成了土地性质的转变,土地改革的成效和社会主义的性质使得越南在进行全国土地改革时有条件确立土地国有制。在土地使用权方面,为了提高农民的劳动积极性,土地使用权的期限不断延长,最长达到 70 年,但是,关于土地使用权继承权的规定,实际上使农民的土地使用权期限近乎终身所有,甚至当作某种物质财富的存在可以被继承。同时,国家对土地的详细分类和基准价的规定,以及土地广泛租用、二次转租的规定,使得土地使用权更多地脱离了使用权本身,更多地具有拥

---

① 王小权.越南颁布新土地法[J].东南亚南亚信息,1994,(2).

② 越南土地政策有关情况[EB/OL].http://www.mofcom.gov.cn/aarticle/i/dxfw/cj/200710/20071005164155.html.

③ 越南社会主义共和国土地法[EB/OL].http://asean.zwbk.org/news/7408.html.

有物的属性，成为某种可见的生产资料。对土地使用权经营范围的不断扩大，使土地使用权在某种意义上成为有限度的土地所有权，这也使得越南农民更多地将土地视为私有。

3. 朝鲜的土地国家、合作社所有制

朝鲜在李氏王朝时期实行封建土地国有制，在土地国有制废弛与土地私有化加速的过程中，朝鲜沦为殖民地。殖民统治完全废除了封建土地国有制，确立了现代私有财产制度。第二次世界大战后，朝鲜独立后建立了社会主义国家。1946 年朝鲜半岛北部开始土地改革，主要措施有：没收日本国家、团体和个人的土地；没收民族叛徒的土地；没收朝鲜解放时离开自己土地的人的土地；没收超过规定面积土地的地主的土地；没收转租给佃农的地主的土地；没收的土地无偿分配给无地、少地农民；等等。① 在此基础上，朝鲜制定了土地改革法令，但并未明确国家土地性质。1953 年 7 月，朝鲜已经初步完成土地改革的朝鲜开始了对农业合作化的探索。

1954 年，朝鲜劳动党中央委员会提出了农业合作化的三种实施形式：不改变土地、牲畜、农具等生产资料的私有性质，实行集体耕种（劳动力互助型即初级社）；土地入股，按入股土地和劳动量分配（半社会主义型即中级社）；所有生产资料归合作社所有，按劳动量分配（集体农庄型即高级社）。② 1958 年，朝鲜宣布完成了农村的社会主义改造，实际上形成了土地国家、合作社所有制，但并未在法律中明确规定。直到 1977 年出台的第一部《土地法》明确规定，“朝鲜民主主义人民共和国的土地属于国家和合作社所有”③，全体国民拥有国家土地的所有权，农民实际上依托合作社对土地行使使用权。

1991 年，罗先经济贸易区对外资开放土地使用权。1992 年颁布的《外国人投资法》，明确了土地使用权的法律界定，外国人和外资企业享有对土地使用权的投资权利，租期最长为 50 年。1993 年颁布的《土地租赁法》，对土地使用权的适用范围和规则进行了详细规定。1994 年，朝鲜国务院制定了《土地租赁法实施

① ［日］小此木政夫. 北朝鲜手册［M］. 东京：讲谈社，1997：98-99.
② ［日］和田春树. 北朝鲜现代史［M］. 东京：岩波书店，2012：95.
③ ［朝鲜］朝鲜民主主义人民共和国土地法［M］. 平壤：外国文出版社，1977：4.

条例》，对土地使用权的具体内容进行补充。1995 年制定的《自由经济贸易区建筑物转让及抵押条例》，对土地使用权的流转进行规定。《土地租赁法》规定的土地使用权适用范围为朝鲜全境，但实际上仅限于罗先经济贸易区。后来设立的新义州特别行政区、金刚山观光区和开城工业区对土地使用权都是另外立法进行规定的，《土地租赁法》仅作为该地区土地使用权的补充法。此外，《土地租赁法》明确规定朝鲜个人不得拥有土地使用权。朝鲜的土地国家、合作社所有制将土地所有权与使用权绑定，农业活动基本依托合作社进行，阻碍了农业生产的发展。这一状况直到 21 世纪才得到改变。“2012 年，朝鲜首先在部分农场试点‘圃田担当制’，2015 年在全国农村以家庭为单位普及实验。政府允许农作物按 7∶3的比例分配，七成由国家收购，三成以工分购买方式进行实物分配，且允许农民自由出售交易。”①

朝鲜自确立土地国家、合作者所有制之后，以合作农场为最低土地所有单位，实行严格的计划生产制，土地所有权与使用权并未分离。虽然最新的土地改革政策仍未使农民个人获得土地使用权，也未获得单独劳动的权利，但新的改革已经极大降低了最低劳动集体的单位人数，切实提高了农业生产效率，为大幅提高粮食产量发挥了重要作用。

4. 老挝的土地国有制

老挝的土地公有制与其传统土地制度有着密切关系。老挝在封建社会时期一直实行土地国有制，即全国土地归属于国王所有。老挝封建社会时期的所有制度都与土地密切相关。国王将土地分封给领主，但领主只拥有土地的领有权和占有权，领主将大部分的土地占有权下放给村社，依托村社管理农民，农民享有所有土地的使用权。正如马克思对当时亚洲封建国家土地制度的描述：“在这里，国家就是最高的地主。在这里，主权就是在全国范围内集中的土地所有权。但因此在这种情况下也就没有私有土地的所有权，虽然存在着对土地的私人的和共同的占有权和用益权。”②并且，这一时期的官员没有工资，而是根据级别高低占有大小不等的土地，依靠地租收入获取工资。由于老挝独特的地理环境，人

① 范凌志. 八天探访揭开朝鲜的神秘一角[N]. 环球时报，2018-09-19.
② 马克思，恩格斯. 马克思恩格斯文集（第 7 卷）[M]. 北京：人民出版社，2009：894.

口与土地的矛盾并不尖锐，以村社为单位形成了一种原始的具有封建性质的平均主义。领主以村社为单位下放土地使用权，村社则将土地使用权平均分配给村社农民，农民则履行相应的缴租、服役等义务。作为国教的佛教，则同国家行政体系一样，依托土地建立了自上而下的管理体系，各个寺庙则同领主一样对土地拥有占有权，农民获取使用权，履行相应的义务。由于老挝独特的地形，帝国主义国家的殖民行为并未对这种土地制度造成根本性的冲击，封建王权的解体也只是将国王的土地所有权转移到了各个领主手中，农民对土地使用权的占有并未改变。1975 年，老挝人民民主共和国成立，宣布土地为国家所有，农民享有土地使用权。实际上，农民对土地使用权的占有延续了之前的实际情况，即农民从领主手中获取的土地多少按照原有情况延续下来，因殖民、战争等因素影响出现的少地、失地农民并没有分配到额外的土地。“1980 年代之前，老挝大部分耕种者没有正式的土地占有文件，因为这些文件在战后 1975 年都被销毁了。”①老挝建国初期进行的农业集体化运动致力于以合作社的方式将农民手中的土地集中再分配，由于农业集体化运动采取自愿方式，以合作社为单位的农业生产并未收到应有的效果，有地农民也不愿分割自己的土地，最终导致农业集体化运动的失败。

1990 年，老挝政府决定取消农业生产合作社、解散国营农场，将国有土地的使用权无偿分配给少地、无地农民，对所有农民颁发土地证。自此，老挝实现了全部农民享有土地使用权的土地分配。1997 年，老挝第一部《土地法》颁布，从法律层面上明确了老挝的土地制度，对土地细则进行了详细规定，主要有：土地所有权归国家所有，农民依法享有土地保障权、使用权、收益权、转让权和继承权；个人或组织不能用土地作商品交易；土地使用权的出租和国外机构、个人租用土地的期限最长为 30 年；国家直接所有的土地禁止作股、担保；等等。② 上述种种规定使得老挝的土地国有制更多意义上是象征性的，农民获取的土地使用权是无限期的，可以当作某种物质财富传承下去，虽然规定了土地不能作为商品交

① 彼得·范德吉斯特，黄觉. 耕者有其田：老挝的发展及其引发的迁移[J]. 国际社会科学杂志（中文版），2004，(1).

② 老挝人民民主共和国土地法[J]. 东南亚南亚信息，1993，(19).

易，但土地证可以作股、抵押、担保。农民在获取土地使用权的同时，在一定程度上也获取了土地的部分所有权。2003 年，老挝制定了新的《土地法》，将全国土地划分为 8 种类型，但没有进行具体的二级、三级分类；规定土地属于国家所有，但实践中存在农民和农村集体永久使用两种类型，并且使用权没有年限限制。这使得人们在思想上认为存在国有、集体和私有三种土地产权类型。① 随着现代化进程的发展，老挝的土地政策也在逐渐放开，但宪法规定的土地国家所有权制度是唯一的国家土地制度不会改变，更多的是对土地所有权的二次出租和土地开发利用方面的改革。

5. 古巴的土地国家、合作社、小农所有制

社会主义性质的古巴共和国成立于 1959 年，其土地改革开始于 20 世纪 50 年代末，1960 年是古巴的“土地改革年”。土地改革之前，古巴实行的是大庄园制，这是古巴长时间被殖民的产物，19 世纪末古巴取得独立后，这种状况并没有改变，受帝国主义国家控制的独裁政府无意改变这种状况，美国的大庄园主成为古巴土地的实际所有者。“根据 1946 年古巴农业普查，古巴农户总数约十六万，共拥有土地六十七万六千四百卡瓦耶里亚（1 卡瓦耶里亚约等于 13.43 公顷）。只占农户总数 0.5%的八百九十四个大地主就占有二十四万三千卡瓦耶里亚土地，即占全国农户所有土地总数的 36%。”②土地改革是古巴革命的一个重要方面，1958 年，卡斯特罗在游击战时发布了关于土地改革的第 3 号法令，该法令规定将国有土地分配给无地、少地农民，以 2 卡瓦耶里亚为标准，同时对拥有 5 卡瓦耶里亚以下土地的农民进行保护。革命胜利后，1959 年，古巴革命政府颁布了《土地改革法》，明确废除大庄园制，禁止外国人占有土地，将没收的私人土地和国有土地按照标准分配给合作社和个人，对于分配给个人所有的 2 卡瓦耶里亚土地明确为无偿转归私人所有，对于土地改革中分配的土地规定为不得转让、出租、伙种或抵押，可以作为遗产传给后代。为了帮助农民发展，农业合作社和国营农场被大量建立起来，相应的土地也被划拨，并明确归其所有。这实际上确立了土地制度在整体上为国有制，在实际经营生产中为合作社所有制，在小块土地

① 石长胜编译. 老挝经济法规选编[M]. 昆明：云南人民出版社，2006：73-80.

② 吴壬林. 古巴颁布和实施新土地改革法[J]. 国际问题研究，1959，(3).

上以2卡瓦耶里亚为标准的小农所有制。但是，由于土地改革中个人最高可以拥有100卡瓦耶里亚土地的规定，使得农民所有的土地占到了全国总耕地的一半以上，占有过量土地的农民在实际生产经营中违背了土地改革的初衷。1963年，古巴进行了第二次土地改革，对于超过5卡瓦耶里亚的土地全部收归国有，土地改革完成后，小农所有的土地仅占全国总耕地的30%。1976年制定的古巴宪法也明确规定了国家承认小农户对其土地的合法所有权，承认生产合作社的所有权，认为这是社会主义所有权的一种形式。随着经济的发展，农业生产在国民经济中的比重逐渐下降，并且农业生产多以经济作物为主，大量耕地被闲置。1994年9月，古巴开始了将国营农场或农业企业转为合作社性质的"合作生产基层组织"改革。2007年7月，古巴党和政府最高领导人劳尔·卡斯特罗提出"急需回到土地"的口号。从2008年开始，古巴开始试行土地承包制，将国有闲置土地承包给合作社或个人耕种。土地承包制的实行是所有权与使用权的分离，虽然二者的分离并未进行明确的法律规定，但在具体政策中已经显现。2010年，古巴宣布将国有土地的使用期限从50年延长至99年，"该措施旨在为外国投资古巴房地产业提供更大安全和保障，为外商扩大对古旅游设施投资建设提供便利，以促进古巴国家经济可持续发展"①。古巴为吸引外资，在土地使用权的期限上，对外资显得尤为宽松。2017年，古巴政府进一步扩大了延长土地使用期限的适用范围，个人使用土地的期限由10年提高到20年，企业法人的使用期限由目前的25年改为永久使用。② 2018年，古巴新任国务委员会主席迪亚斯-卡内尔表示，在古巴的下一轮改革中，要加速古巴的经济结构转型，完善农业发展的有关条例，以提升农业产量。在古巴仍然存在大量国有闲置土地和国有土地农业效率低下的情况下，国有土地所有权与使用权分离的适用范围将进一步扩大。

古巴的土地所有制经过两次改革之后，最终形成了以国家、合作社、小农三部分分别所有的土地所有制，其中国家所有的土地占据总数的绝大部分。随着现代化进程的推进，以传统农业为主的古巴也开始了发展的转型，土地产出不再

---

① 邹志鹏. 古巴大幅延长土地使用年限[N]. 西部时报，2010-09-14.

② 古巴调整国有土地供应政策[EB/OL]. http://cu.mofcom.gov.cn/article/jmxw/201708/20170802627998.shtml.

是国家经济发展的唯一支柱，相对于现代工业、金融业等，从农业中获取的收益也越来越少，土地抛荒现象严重。为此，古巴在坚持原有土地所有制不变的情况下，将国有土地的所有权与使用权分离，以提高土地使用率，同时将国有土地使用权对外资开放，以促进本国经济发展。

（二）中国、越南、朝鲜、老挝、古巴的土地制度比较

1. 五国的土地所有权比较

中国、越南、朝鲜、老挝、古巴由于各自国情的不同，虽然都实行土地公有制，但公有制的形式各不相同。根据所有权主体的不同，我们可以把它们大致分为三类：一是土地所有权完全归国家所有，如越南和老挝的土地国有制；二是土地所有权部分归国家所有，如中国在社会主义全民所有制基础上实行的农村土地集体所有制和朝鲜“土地属于国家和合作社所有”①；三是土地所有权的混合所有制，如古巴的土地国家、合作社、小农所有制。需要说明的是，古巴土地所有制中的所有权归小农所有的部分仅占极少数，每户小农拥有所有权的土地最高不超过 5 卡瓦耶里亚。“古巴生产资料所有制的主要形式是社会主义全民所有制，同时还存在合作所有制、混合所有制和私有制等其他所有制形式。”②

虽然上述五国的土地所有权都是公有，但五国所有权主体实际的权力效力各有不同，大致可以分为四类：一是具有绝对权力，如朝鲜。朝鲜的土地所有权归国家和合作社所有，并且朝鲜法律中规定国家、合作社拥有对土地进行全面规划和管理的权力，基本上在实际生活中将个人与土地的关系摒除在外③，使朝鲜国家和合作社拥有土地所有权的绝对权力。二是法律规定与实践部分脱离，如中国。社会主义全民所有制是土地集体所有制的基础，土地集体所有在实施初期展现了强大的影响力。随着实践的发展，尤其是随着土地使用期限的延长，农民对于土地国家所有、集体所有的概念逐渐淡薄，长时间的分散经营使农民与集体的联系逐渐减少。农民受传统封建思想的影响，逐渐将土地使用权与土地所有权等同。但在少数情况下农民仍然对土地所有权有着集体概念，如对集体土

① [朝鲜]朝鲜民主主义人民共和国土地法[M]. 平壤：外国文出版社，1977：4。
② 徐世澄. 古巴国家新领导人迪亚斯-卡内尔主席的历史使命[J]. 当代世界，2018，(6).
③ [朝鲜]朝鲜民主主义人民共和国土地法[M]. 平壤：外国文出版社，1977：1-24.

地的开发和经营以及之后的获利和分红；个人土地使用权的变更需要土地所有权的主体批准等。这实际上形成了中国当下土地所有权的法律规定与个人认知部分脱离的状况。三是法律规定与实践完全脱离，如越南和老挝。越南和老挝虽然规定土地所有权归属于国家，但除了完全直属于国家经营、管理的土地之外，在其他方面无法实行，也无法体现这一特性。两国在将土地分配给个人之后，超长的土地使用期限和土地继承性，使土地在实际上完全归个人所有，极大地削弱了国家所有的性质。同时，在传统思想尚未完全扭转的情况下，这些规定也导致人们在思想上对土地国家所有概念的淡薄，实际上形成了土地所有权的法律规定与实践的完全脱离。四是土地所有权的法律规定与实践基本一致，如古巴。小农对小块土地的所有权与国家、合作社对土地的所有权，这种土地所有权的分类归属已经在人们的思想上形成了清楚的认识。国家对集体土地的强化管理和长时间的集体耕种也强化了人们的集体所有权观念。即使是 21 世纪古巴土地所有权与使用权的分离，也未能动摇集体所有权的权力效力。

2. 五国的土地使用权比较

中国、越南、朝鲜、老挝、古巴对于土地使用权的开放程度不等，根据开放范围，我们可以把它们大致分为几类：一是对土地使用权的完全封闭，如朝鲜。朝鲜禁止本国人民获取土地使用权，只对外国人和外资企业在经济特区开放对土地使用权的获取。二是对土地使用权的半开放，如古巴。虽然古巴实行的是土地国家、合作社、小农所有制，农民在拥有少量土地所有权的同时，自动获得了这部分土地的使用权，但对属于国家、合作社所有的土地坚持所有权和使用权的统一。直到 2008 年，古巴开始试行土地承包制，国家和合作社所有的土地才开始进行所有权与使用权的分离。对外承包的土地在面积、期限、用途上有着严格规定，并且仅仅将部分闲置土地对外出租。三是对土地使用权的完全开放，如中国、越南和老挝。中国的农村土地集体所有制以集体为单位将大部分土地的使用权分配给农民，各集体仅保留少量土地用于集体经营。越南的土地改革借鉴了中国的改革经验，虽然明确为土地国有制，但实际上实行的是土地集体所有制，土地使用权也完全分配给农民。老挝则是由于在取得国家独立时，默认了原有小农的土地分配格局，农业集体化运动失败后，老挝政府取消了农业生产合作社，解散了国营农场，将国有土地的使用权无偿分配给少地、无地农民，实现了全民对土地使用权的共同占有。

3. 五国的土地经营方式比较

中国、越南、朝鲜、老挝、古巴由于土地所有权和使用权的不同，进而导致了土地经营方式的不同。根据主要经营方式的划分，我们可以把它们大致分为两类：一是以单一的集体经营为主，如朝鲜和古巴。朝鲜是完全的集体经营，以国营农场和合作化农场为集体经营单位，国内不允许个人获得土地使用权，没有分散经营的制度基础。在古巴，虽然小农拥有少量土地，但仍然是以农业合作社和国有农场为集体经营单位，除农民个人所有土地之外，不允许其他的分散经营出现。同时，朝鲜和古巴都是在长期坚持这种集体经营方式之后，在改革中逐步放开对经营方式的限制。不同的是，朝鲜仅仅针对外国人和外资企业在限定范围内开放了对土地使用权的获取与转让，并对经营年限有着严格的规定。而古巴不仅对外国人和外资企业开放了对国内土地的投资，与朝鲜相比，开放范围更大、经营时间更长、经营方式更加多样化，而且对本国个人也开放了对土地使用权的获取，虽然在获取土地使用权的面积和经营年限上仍然有着严格规定。这使得古巴已经在土地集体经营之外，逐步向土地分散经营发展。二是以分散经营为基础的多元化土地经营方式，如中国、越南和老挝。中国的家庭承包责任制奠定了分散经营的基础，之前集体经营暴露出的问题使分散经营以外的方式并未受到重视，国家政策也是以稳固分散经营为主。随着社会主义现代化的发展，原有的土地分散经营方式在农村人口和劳动力大量转移、农民收入与城市相比增长较慢，农村开始了对土地经营方式的多元化探索。土地使用权的出租与转让为土地的多元化经营创造了条件。当下，除分散经营外，中国还出现了以村集体、企业、合作社为单位的土地集体经营和以个人为单位通过使用权的出租与转让实现的规模经营等。越南的土地改革以中国为参照对象，由于开始时间较晚、改革速度较快，土地经营方式虽然在分散经营的基础上实行多元化，但实践中出现的问题较多，为此越南政府自 1986 年改革开始，已制定了四部《土地法》。然而，由于基础服务的缺失，农民在多元化的土地经营方式中并没有得到切实利益。如农村与城市地价超过百倍的差距使农民依靠出卖土地使用权获利成为幻想;在自然灾害中受损的土地和偏远地区的土地没有个人和企业愿意购买土地使用权进行规模经营;已经出让使用权的土地大多被改变土地性质用于其他方面的建设,处于弱势群体的农民在出让土地使用权到期后无法收回土地;等等。老挝受地理环境影响,国内多山林地,随着现代化的发展,农村人口大多向城市集中,分散经营的土地制度受到严重冲击。在本国资本缺乏的情况下,老挝的土地规模经营主体大多为外国人或外资企业。为了吸引外来资本,老挝政府对于原来被限定的土地经营种类也开始批准外来资本特殊使用。[①] 受区位、交通等因素影响,老挝的农村土地仍存在大量抛荒现象,多元化经营发展进程较慢。

总的来看,中国、越南、朝鲜、老挝、古巴的土地所有权虽然归属的主体有所不同,不同主体对所有权的权力效力也有所分别,但都是坚持所有权归国家或集体所有。从对这五个国家土地所有权与使用权的分析来看,土地所有权和使用权的分离是现代化发展进程中的必然趋势。中国、越南和老挝在改革之初就确立了二者的分离,即使土地制度最严格的朝鲜,也在经济特区针对外国人和外资企业在土地使用权方面进行了限定。从五国的土地经营方式来看,中国和越南经历了从分散经营到集体经营再到分散经营,最终形成了以分散经营为基础的多元化经营方式。而老挝虽然也有类似经历,但其集体经营的改革并未成功,实际上是从分散经营直接转变为多元化经营。古巴的经营方式则更有特点,从传统的分散经营转变为以集体经营为主、分散经营为辅,当下的农业改革则将这一特点转变为分散经营为主、集体经营为辅。朝鲜仍然处于集体经营阶段。从各国的发展历程来看,最初的分散经营基本上是在国家成立初期,时间较短,经过集体化运动迅速转为集体经营。集体经营在为本国的现代化建设提供基础支撑之后,由于与市场经济的迅速发展相背离,又重新转为分散经营,这是与市场经济初步发展相适应的必然选择。在市场经济进入高速发展阶段之后,简单的分散经营已经不能满足农民需求,为提升土地的整体收益,多元化的经营方式将成为社会主义五国土地经营方式的发展趋势。

---

① 中国商人获得土地特许用于橡胶树种植[EB/OL]. http://www.360laos.com/?action-viewnews-itemid-4538.

（三）社会主义现代化的经济基础：土地公有制

纵观中国、越南、朝鲜、老挝、古巴的土地制度特点和改革历程，不管是社会主义现代化发展到哪一个阶段，土地公有制都是社会主义现代化的经济基础，上述社会主义五国的土地公有制均支持了各国的社会主义现代化建设，在社会主义现代化发展中发挥了重要作用。

第一，土地公有制的伊始——土地的第一次分散经营时期。如前所述，虽然中国、越南、朝鲜、老挝、古巴取得国家独立的时间并不一致，但在国家独立后都不约而同地选择了土地分散经营方式，而且中国、越南、朝鲜、古巴在为争取国家独立的革命斗争中，率先对土地制度进行改革，以土地制度变革带动整体社会革命。五国最初的土地分散经营对稳定经历了长期动荡的社会起到了重要的作用，也打破了农村长期以来的不平等状态，实现了以土地为核心的财富的相对平均分配。这些国家提升了农民劳动的积极性，为整体经济的复苏奠定了基础，保障了国家基本的粮食生产。与国家成立之初相比，在土地分散经营时期，五国的粮食产量迅速提升，为各国的社会主义现代化发展提供了基本的农业生产保障。

第二，土地公有制的形成——土地的集体经营时期。中国、越南和朝鲜通过农业生产合作社运动完成了土地性质的改变，这三个国家的土地改革的完成也被视为农业社会主义改造的完成。这三个国家的土地经营分为两个阶段：第一阶段，土地的集体经营在初期切实提高了劳动生产效率，达到了“人多力量大”的效果。以集体经营为基础的农业生产也为社会主义工业化初期的发展提供了重要支持。这一时期，中国、越南在计划分配制度下的农业生产，除了保证农民基本需要之外，大部分农业收入被用于支援工业建设，并且以土地的集体经营为基础，也在农村建立了技术含量较低、大小不等的集体工业产业，提升了农业的生产水平，进一步促进了农业生产的发展。第二阶段，僵化的计划分配模式和集体经营的弊端开始显现，在与世界逐渐接轨的过程中，土地的集体经营不仅没有促进社会主义现代化的发展，反而阻碍了社会主义现代化前进的步伐。自此，中国、越南与朝鲜在土地经营上采取了两种不同的方式。中国实行了改革开放，转变了土地的经营方式。越南紧随其后，借鉴中国的改革经验，也从集体经营转变为分散经营。朝鲜则坚持了土地的集体经营和计划分配制度。这使得朝鲜的农业生产在经历了短暂的高涨之后，速度迅速降低，粮食产量长期不能满足国内需求，社会主义现代化发展速度变慢。虽然朝鲜此时的土地经营方式未能对社会主义现代化的发展起到明显的促进作用，但这种经营方式在其他产业的现代化发展对劳动力的需求不高时，容纳并稳定了大量劳动力，对社会安定起到了重要作用。朝鲜的这种土地经营方式与计划分配制度相结合，对全国的农业资源实现了统一的调配，提高了资源利用率。老挝虽然进行了土地集体经营的改革，但由于诸多因素的影响，改革以失败告终。然而，未能取得成功的集体经营改革仍然使部分土地实现了国家集体经营，为此后进一步的土地再分配奠定了基础。古巴由于国家独立时间较晚，受世界社会主义发展的整体形势和具体国情影响，并未按部就班地进行阶段性的集体化改革，而是直接从土地的分散经营转变为集体经营。古巴的集体经营与朝鲜类似，除了农民对属于自己的小块土地进行分散经营外，其余土地全部以国有农场和合作社农场的方式进行集体经营。这种以集体经营为主、分散经营为辅的土地经营方式，对古巴的社会主义现代化发展起到了重要作用。集体经营再分配与小块土地的分散经营保证了农民的基本需求，也促进了农产品的多样化发展，经济作物产量的提高增加了农民的农业收入，为工业化发展提供了支持。但集体经营在短时间内促进农业发展后，在逐步僵化的计划体制、庞大臃肿的政治体系和全民保障制度的影响下，逐渐濒临崩溃，农民劳动积极性不强，大量土地抛荒，农作物产量逐步降低，粮食需求依赖进口。直到 21 世纪初，古巴才开始将土地的集体经营向分散经营与集中经营转变。

第三，以土地公有制为基础的土地使用方式的大变革——第二次分散经营时期。随着社会主义现代化的发展，中国率先进行了土地使用方式的变革，从集体经营全面转为分散经营。越南也紧随其后，迅速实现了土地经营方式的转变。不同的是，中国的第二次分散经营与整体社会主义现代化发展进程相适应。分散经营提高了农民生产的积极性，随着农业生产水平的提高，解放了大量农村劳动力；与此同时，社会主义工业化发展也增加了对劳动力的需求。由此，形成了一个良性循环。在生产力不断发展的基础上，分散经营提升了粮食产量，保证了国家的粮食需求，满足了工业化发展对劳动力的需求，同时工业化发展提升了劳动力的收入水平，农村劳动力将大部分收入带回农村消费，促进了农村现代化的发展。越南的改革进程则稍显滞后。1976 年越南实现南北统一，但仅在越南北部实行了土地制度的改革，并且是以土地集体经营为主，此后进行的全国性的土地改革也是以此为核心。直到 1988 年，越南才开始在全国范围内实行农业生产承包制，即土地的分散经营。土地分散经营方式切实促进了越南的农业生产发展，为其他方面的现代化发展提供了一定支持。随着整体现代化的发展，也形成了类似中国的现代化发展循环，但由于整体现代化发展水平较低，且农民向市民转化比较彻底，导致农村现代化发展速度较慢。但不可否认的是，以土地公有制为基础的分散经营在越南社会主义现代化发展中发挥了非常重要的作用。老挝在土地集体经营改革失败后，迅速转为分散经营，且将土地使用权与土地所有权的部分权力下放给农民，提高了农民的生产积极性，以农业发展带动工业发展。由于老挝的整体发展水平较低，并未形成完整的现代工业生产体系，工农业之间的相互促进作用较小，整体生产力水平较低。分散经营吸纳了社会多余的劳动力，保障了基本的农业生产，满足了国内的粮食需求，为整体现代化的平稳发展作出了重要贡献。此外，以土地公有制为基础的分散经营，在社会主义现代化发展进程中还有着另一个重要作用，随着全球化进程的发展，各社会主义国家与全球经济的联系愈发紧密，受资本主义国家经济危机的影响也愈加严重。当全球受经济危机影响陷入大萧条时，社会主义国家的现代化发展受到的影响最小，走出危机的时间也最快。其中重要的原因之一就在于以土地公有制为基础的分散经营。社会主义现代化蓬勃发展时，农村劳动力向城市寻求发展机会，当现代化建设受挫时，大量劳动力返回农村，依靠土地的分散经营能够保障其基本生活，不需要国家的额外救济，对社会有序发展起到了“稳定器”的作用。

第四，多元化经营时期的土地公有制。随着贫富差距和城乡差距不断扩大，如何依靠土地增加农民收入成为社会主义五国必须面对的重要问题。多元化的土地经营方式是探索解决这一问题的实践路径，中国、越南和老挝这些逐步融入全球化进程且已经具备实施土地经营方式转变条件的国家在此方面率先迈出了第一步。中国自 1987 年开始，地方上就率先对土地使用权有偿出租或转让的方式、方法进行了探索。此后，中国围绕土地的多元化经营出台了数十种法律规章制度，在实践中形成了丰信农业服务模式、乡村振兴社员网模式等适应不同地域情况的经营方式。1987 年，越南制定的第一部《土地法》就明确表示土地使用权可以转让。在之后进行的历次法律修订中，越南对土地使用权的转让、抵押、出租、回收、土地价格等进行了详细规定，这本身就在促使土地的多元化经营。老挝因整体现代化水平较低，导致农业生产、农产品加工业经营方式落后和农业机械化水平低。在缺少资金投入的情况下，老挝不断颁布新政策以吸引外资，依托其农业污染面少和地理气候优势，引进外资开发无公害农业产业。利用其原生态优势，开发农业生态旅游。同时，老挝在城市化进程中，对自然村进行整体搬迁，以实现大面积机械化农业生产。在社会主义现代化发展进程中，农民依靠分散经营土地和务工收入，已经跟不上现代化前进的步伐。单纯地依赖其他方面的现代化发展来带动农业、农村、农民的现代化发展，不仅在实践中难以完全实现，甚至还会拖累整个社会现代化的前进步伐。农民回归农村，向土地寻求新的现代化发展之路，是促进社会主义全面现代化进程的极佳选择。土地的多元化经营在保证农民分散经营权利的同时，将无力、无心耕作的农民从土地中完全解放出来，这些农民可以全身心地投入其他工作中，遏制了愈演愈烈的土地抛荒现象。此外，土地的多元化经营也为土地的集中经营和向先进的大型机械化生产方式转换创造了条件，对进一步提高农作物产量和振兴农村起到了重要作用。虽然中国、越南和老挝已经开始对土地的多元化经营进行了实践探索，但这几个国家的实践表明，土地的多元化经营并不是一种固定的模式，不同国家的国情不同，发展的侧重点也有所不同。中国农村的土地多元化经营是以土地使用权的转移、交换、联合等方式对土地进行合理利用，以此为基础发展农村产业，进而实现农民收入的快速增长，促进农村现代化的发展。越南的整体现代化发展较慢，农村的土地多元化经营对外资依赖严重。老挝受区位、地理、交通等诸多因素影响，常规的土地多元化经营难以进行，但其结合农村独特的地理和文化环境，与土地多元化经营相结合，开发出的旅游产业也独具特色。近些年来，古巴也开启了土地集体经营向以土地分散经营为基础的多元化经营转变的探索之路。

虽然中国、越南、朝鲜、老挝、古巴的社会主义现代化发展进程并不一致，以公有制为基础的土地经营方式也不尽相同，但通过对五国在不同时期的土地经营方式在社会主义现代化建设中发挥的作用进行分析，以及五国的土地公有制发展历程和制度对比，我们不难看出，土地公有制在社会主义现代化发展中起到了重要作用。追根溯源，土地公有制孕育了社会主义现代化发展的土壤，土地公有制对社会主义现代化不同时期的发展都起到了基础保障作用。社会主义国家在社会主义现代化建设中应当重视土地公有制的基础作用，创新以土地公有制为基础的土地经营方式，弥补农村社会主义现代化建设的短板。

四、社会主义现代化的中国特色：农村土地集体所有制

随着世界现代化进程的推进，社会主义现代化与资本主义现代化除却意识形态的差别之外，此前的诸多差别特征逐渐消除，或者说对原有区分特征的定义被试错，二者之间的区分特征被重新定义。世界各国社会主义现代化的共性也在这种不断试错、重新界定区分特征时逐渐被人们认知。在人们的认知过程中，不难看出，农村土地集体所有制是社会主义现代化的重要中国特色。

（一）社会主义现代化特征的历史变化与公有制共性

社会主义现代化与资本主义现代化除了意识形态的区别外，在其历史发展进程中，被赋予了诸多标志性特征，随着社会主义现代化进程的推进，这些特征历经多次改变，这种改变是社会主义现代化的自我完善。

首先是计划经济。苏联的现代化模式给社会主义现代化赋予了第一个特征，这一特征在当时不仅被社会主义国家所接受，用来衡量其是不是纯正的社会主义现代化，而且被资本主义国家所认同，资本主义现代化秉持着绝对的自由市场理念，政府对市场的任何干预都被视为对资本主义道路的背离。随着两种现代化模式的发展，人们改变了对计划经济的错误认识。资本主义现代化进程中愈演愈烈的经济危机，迫使其寻找有效的应对方法。政府干预，对市场经济的发展进行调控，成为资本主义国家摆脱危机的有效手段。资本主义现代化率先破除了计划经济的束缚。但资本主义现代化中最初的国家调控仅仅是在解决危机时的特殊手段，并且这种调控并不具有绝对意义上的计划性。真正打破人们计划经济认识误区的是中国的社会主义现代化实践。中国的改革开放，改变了以往僵化的计划经济，在实行市场经济的同时，强化政府干预，实行“两条腿走路”。

中国改革开放的成功经验也证明了这一制度的有效性。同时，对计划经济的认识的改变并未改变中国的社会主义性质。由此，计划经济不再是社会主义现代化的标志。

其次是高度的集体、国有化。苏联社会主义现代化进程中，以高度的集体、国有化整合了国家资源，与计划经济相匹配，在一定时期内切实提高了社会生产力水平。苏联的现代化模式影响了世界各社会主义国家，世界各国在社会主义改造过程中，纷纷以高度的集体、国有化为标准，统合国家资源，作为社会主义现代化发展的基础。这与资本主义现代化进程中的个体、私有化形成鲜明对比。国家的集体、国有化程度成为人们衡量社会主义现代化的又一个标准。社会主义现代化的发展，改变了之前的单一制经济，转变为多种所有制经济共同发展。以集体、国有经济占据总体经济绝大多数比例的时期不复存在，对集体、国有经济是否占据总体经济的50%，成为另一个争论点。随着这一比例的不断降低，社会主义市场经济的平稳运行，以及集体、国有经济的主导地位并未动摇，这种争论也失去了立论根基。

关于社会主义现代化标准界定的争议远未结束，现存社会主义国家的现代化模式各有其特点，有的仍然坚持计划经济和高度的集体、国有化；有的转变为市场经济，实行多种所有制共同发展；有的在坚持计划经济的同时，改变了单一的所有制体系。社会主义现代化实践的多样化，使得这种界定愈发困难。社会主义现代化发展历经艰难曲折，随着社会主义现代化发展进程的推进，其标志性特征不断变化，但始终未变的是公有制。无论是已经改变现代化模式的苏联，还是现存社会主义国家，公有制都是社会主义现代化的共同选择。虽然当下各社会主义国家公有制的覆盖范围有所不同，但公有制的主导地位并未改变。率先进行改革开放的中国，确立以公有制为主体的多种所有制共同发展的基本经济制度。越南紧随其后，确立了以全民性质的公有制和集体性质的合作制为主体的多种所有制共同发展的基本经济制度。老挝当前的所有制是公有制和集体制占据绝对优势地位，其他形式的所有制并未在法律或政策上得到发展保障。但老挝政府正在积极进行改革探索，2018 年 2 月，老挝总理通伦宣布政府将实施“三个开放”政策，其中就包括所有制的多元化。朝鲜仍然坚持全民所有的公有制形式，其宪法明确规定："只许国家和合作社占有生产资料。国家所有制是全民所有制。"①1998 年，朝鲜修改宪法，将生产资料占有的主体扩大为"国家和社会团体与合作社"，全民所有的公有制形式并未改变。在此后的 5 次宪法修改中，朝鲜并未添加其他所有制形式。尽管在经济特区中已经允许其他所有制形式存在并发展，但公有制仍是其宪法规定的唯一所有制形式。2011 年，古共六大之后，古巴也从单一的公有制转变为在保证公有制主导地位的情况下，多种所有制共同发展。虽然各国的具体实现形式有所区别，但坚持公有制，坚持公有制的主导地位，仍然是各国发展社会主义现代化的共同基础。

（二）以农村土地集体所有制为基础的中国社会主义现代化

中国在 20 世纪 70 年代就已经开始探索有别于苏联现代化模式的发展之路，历经几十年的艰辛探索，走出了一条有别于苏联现代化模式的新型社会主义现代化模式。正是中国对社会主义现代化模式作出的诸多探索，打破了苏联现代化模式对社会主义国家的束缚，改变了社会主义国家对现代化模式的认识，也改变了世界对社会主义现代化的认识，同时也影响了资本主义现代化的发展。中国的现代化发展历程消除了人们长期以来对社会主义现代化的诸多错误认识，为世界社会主义现代化发展提供了可以借鉴的成功经验。中国在社会主义现代化探索中，虽然在诸多方面有了历史性的创新，但大多具有可复制性，并不能视为中国特色。如中国对市场经济的创造性运用，已经被越南等社会主义国家有选择地借鉴、应用于实践，同时也为资本主义现代化市场经济的发展提供了经验借鉴。

如前所述，中国在社会主义现代化进程中有着诸多创新，澄清了世界对社会主义现代化模式的诸多错误认识，但这些创新并不完全适用于代表中国特色。如社会主义市场经济体制，虽然中国在现代化进程中首创了这一体制，但其他社会主义国家在现代化进程中也仿照中国进行了市场经济体制改革，市场经济并不是中国独有的。中国社会主义现代化的独特性还要从中国长期的革命与建设中去找寻。

---

① ［朝鲜］朝鲜民主主义人民共和国社会主义宪法［M］. 平壤：朝鲜外文出版社，1993：3.

伴随着中国社会主义现代化始终，乃至于贯穿中国革命与建设的根本问题之一是土地问题。无论是革命时期还是社会主义现代化建设时期，中国土地问题的复杂情况是世界上绝无仅有的。正是对土地问题的妥善解决，中国才有了社会主义现代化的蓬勃发展。

农民的土地所有制的实施，真正实现了“耕者有其田”，但数亿农民和有限耕地使得人地紧张的关系难以完全消除。在无法提高人均耕地面积的情况下，提高单位面积粮食产量、提高生产力水平，成为解决这一问题的关键。土地集体所有制应运而生。农业社会主义改造基本上实现了土地的集体经营，粮食产量也有明显增幅，在保证农民基本生存需求之后，农业生产还能支援城市化、工业化建设。在我国工业化艰难困苦的初期，农业出口成为外汇获取的重要途径。

如果说中华人民共和国成立初期的农业社会主义改造、人民公社制度的实施，是受苏联集体农庄制度的影响，并不能算作中国解决土地问题的制度创新，并且这一制度后期暴露出来的种种弊端，也影响了中国社会主义现代化的发展，那么中国对农村土地集体所有制实现形式的创新则是史无前例的，家庭承包责任制既坚持了土地的集体所有，又满足了农民对于土地的渴望，在不具备集体机械化生产条件、多余劳动力难以被安置的情况下，分散经营、精耕细作，成为当时解决土地问题的最佳方式。

以家庭承包责任制为农村土地集体所有制实现形式的创新，是社会主义现代化进程中具有浓厚中国特色的制度创新。其中国特色体现在以下四个方面：一是在坚持社会主义公有制的前提下，将土地所有权与使用权分离，与中国人多地少的实际状况相结合，在社会主义生产力水平较低的情况下，实行分散经营，提高了农民的生产积极性，部分抵消了生产力水平低下带来的影响。在生产力水平不高、集体劳动积极性不强的情况下，集体生产制度难以满足现代化发展的要求。如何在坚持公有制的前提下，解决数亿农民的吃饭问题，同时兼顾现代化建设，成为中国亟待解决的问题。这一问题是中国现代化发展进程中独有的问题，没有任何可以参考的对象。家庭承包责任制的确立有着浓厚的中国因素。二是实行家庭承包责任制之后，农业产量得到了切实提高，在社会主义现代化发展初期，对工业发展提供了重要帮助。在工业发展到一定水平后，中国开始了

“工业反哺农业”。这种发展方式具有鲜明的中国特色。与资本主义现代化模式不同，资本主义现代化进程中是以消灭农业的方式来支持工业发展，农业仅仅是作为工业的附属物随着工业的发展而发展的。对于小国来说，较小的农业经济体量产生的盈余不足以支撑工业发展；对于大国来说，缺乏足够的人口和特定的农业生产环境，不足以产生基本的分散经营条件。三是在社会主义现代化发展到一定水平后，这种集体所有制的实现方式已经稍显落后，但并没有成为不稳定因素，反而对社会主义现代化其他方面的建设起到了前所未有的稳定作用。这种稳定是其他国家所没有的。西方国家在经济平稳运行时期，其社会中的流浪汉、低收入者、贫民等，是破坏社会稳定的重要影响因素。当失业潮来临时，社会更是处于极端不稳定状态。此起彼伏的罢工更是严重影响了现代化发展。但中国在现代化进程中并未出现上述状况，归根结底是农村土地集体所有制发挥了重要的稳定作用。即使其实现形式已经不能满足当下中国现代化发展的需要，但仍然发挥着稳定作用。四是在社会主义全面现代化的当下，农村现代化已成为发展短板，要加快农村现代化发展速度，必须落脚于农村土地集体所有制，当下正在实施的乡村振兴战略正是如此。农村土地集体所有制在中国社会主义现代化发展的前一阶段发挥了不可替代的作用，在加快农村现代化进程中也是不可或缺的。

从中国共产党的革命历程和中国的社会主义现代化建设历程来看，土地问题都是其核心问题之一，农村土地集体所有制是对这一问题解决的制度创新。土地集体所有制是社会主义现代化进程中重要的、不可或缺的中国特色。

第二章

近代中国的土地状况与中国共产党根据地土地政策的变革历程

在半殖民地半封建社会的中国，作为中国革命和建设的根本问题之一的土地问题，在农民阶级与地主阶级、农民阶级与资产阶级、地主阶级与资产阶级、中国与外国等诸多矛盾的交融下，变得越来越复杂，越来越难以解决。在这种特殊背景下，中国共产党人带领中国人民历经艰辛，探索出了一条解决中国土地问题的新制度，即农村土地集体所有制。农村土地集体所有制的形成过程不仅是中国土地问题的解决过程，也是中国革命和建设历程的一种反映。任何事物都不是一成不变的，农村土地集体所有制也在随着中国现代化前进的步伐不断发展变化，但无论怎样变化，具有公有制性质的农村土地集体所有制这一前提是不变的，这也是中国社会主义现代化的标志之一。作为中国社会主义现代化基础的农村土地集体所有制，其演变历程也是中国社会主义和现代化发展历程的一个缩影。

一、中国土地问题的历史背景特殊性

（一）农民对土地的特殊情感

中华民族的文明形态是一种典型的农耕文明，土地是人们赖以生存的根本。在中国传统社会的历史进程中，形成了井田制、屯田制、均田制和限田制等土地制度。井田制是中国最早有记载的土地制度。“八家而九顷，共为一井，故曰井田。”“一夫一妇，受田百亩，以养父母妻子，五口为一家。”（《公羊》宣十五年何注）“百亩之田，勿夺其时，数口之家，可以无饥矣。”（《孟子·梁惠王上》）以上是中国古代人民对井田制的描述，但井田制只是封建社会之前的原始平均主义的产物。随着社会的进步，封建社会的土地制度虽然仍旧采用井田制的某些规定，但土地的私有制已经确立。在封建社会的某些特殊历史时期，为了解决不同的社会问题，出现了屯田制、均田制和限田制。“均田制与魏晋南北朝时期的民族大迁移、大融合相关，既是中原既有生产关系与少数民族新型社会形态相结合的产物，也与民族迁徙而引发的农牧结构大调整和农牧技术的大发展密切相关。”①均田制主要针对的是人少地多的特殊情况。魏晋时期出现的屯田制也是如此。而自西

① 樊志民.中古均田制度的农史观察[J].西北农林科技大学学报(社会科学版),2006,(6).

汉产生的限田制，则是为了缓解土地高度集中的情况。中国封建社会王朝的更迭，也大多是由土地制度的崩坏引起的。从封建王朝初期的土地相对平均分配，到土地逐渐被兼并集中，越来越严重的土地兼并导致绝大多数农民失去赖以生存的土地，仅靠租种土地的收获完全不能满足其基本生存需要，最终导致农民起义爆发，新的封建王朝建立。在中国封建社会几千年的类似模式的循环中，在土地私有制的主导下，农民对土地拥有着特殊的归属感。以土地私有制为基础的封建社会，无法解决因私有化而产生的土地兼并引发的一系列问题，最终只能陷入不断循环的怪圈之中。而这也不断加剧农民对土地的渴望。中国的封建王朝为遏制土地过度兼并，也实行过不同形式的土地公有制，如西汉末年的王田制、东汉末年的屯田制、西晋初期的占田制、北魏至唐朝初期的均田制、明朝的皇庄等。这些制度虽然起到了一定的积极作用，但未能解决根本问题。以地主阶级为基础的封建社会，在生产力不够发达的情况下，不可避免地会出现土地兼并，即使在一定时期内实行的土地公有制，在土地兼并的过程中也会逐渐瓦解，重新回归封建土地私有制。在封建社会土地私有制下的土地兼并使农民从未真正拥有过土地，几千年农耕文化的传承与生存的本能使农民对土地有着异常的渴望。

封建社会实行的赋税制度则进一步缩短了农民拥有土地的时间，即加速了土地兼并。封建社会的贵族阶级依靠特权逃避赋税，被逃避的赋税则增加到了自耕农身上，逐渐增加的赋税以及天灾人祸等使部分自耕农出卖了土地，有的自耕农为了逃避赋税则将土地投献给贵族阶级。这些都加剧了土地兼并的速度。大量农民不得不长期租田，同时，逐渐增加的人口与总量相对固定的耕地形成了鲜明的冲突，田地的租金随着人口的增加而不断提高，在单位农作物产量没有增加的前提下，逐渐减少的农作物收获不足以保障农民的基本生存，封建王朝的更替也就由此开始。耕种自己拥有的土地以获得足够的农作物来满足家庭的基本生存成为中国农民的追求，土地被兼并、佃租不断增加、租田的不稳定性加剧了农民对土地的渴望。其本质是对满足生存需要的稳定生活的渴望。

（二）封建社会对土地制度的创新：永佃制和押租制

清代实行的土地制度是公有制和私有制并行，属于公有制性质的各种官田、公田占到了全国总耕地面积的40%左右。[①] 1852年,即咸丰二年,清政府取消了对旗地买卖的限制,光绪年间开始公开出售屯田。清朝末年,公有制的土地逐渐被私有化。清代的土地制度是封建社会为了延长土地重构循环的周期而作出的创新,也是封建社会中后期历代王朝的共同选择。但无论是实行单一的土地私有制,还是公有制和私有制并行,都无法挣脱土地的重构循环。为了尽可能地延长土地循环的周期,土地所有权与使用权相分离的永佃制出现了。

永佃制将土地的所有权和使用权分别规定为田底权和田面权,二者可以分开流通转让,永佃制规定田面权即土地的使用权归属于佃户永久所有。永佃制是封建社会土地私有化进程中的一种制度创新。在土地兼并和私有化不可避免的封建社会,永佃制对农民和地主都有着积极意义,这也是永佃制自产生以后便迅速发展的原因。对农民来说,永佃制保障了农民对租种土地使用权的长期稳定性,还变相地扩大了耕地面积。永佃制最初是针对开垦荒地进行的,大量荒地所有者无力开荒,对开荒农民许诺永佃权以鼓励开荒,大量荒地被开垦,佃农有了长期稳定的土地耕作,地主增加了收入。此后,永佃制扩展到了土地私有化的其他方面,如自耕农迫于生计出卖土地所有权而保留使用权,农民向贵族阶级投献土地所有权而保留使用权等。对于地主来说,永佃制加速了土地私有化的进程。土地兼并一般是从零散、小块土地的交易开始的。地主兼并土地的大小、位置具有不确定性,这给土地的出租、管理造成了困难。永佃制则使地主可以大量兼并土地,不再担心土地的出租与管理。同时,永佃制在保证地主利益不受损害的情况下,方便了佃户之间进行土地的交换,有利于土地的整合。永佃制是封建土地私有制下土地交易的一种创新,但这种交易是以封建王朝的权力为担保,在封建王朝的末期,这种担保的效力逐渐降低,永佃制也从全国的统一制度缩减为具有地方效力、以道德标准为依托的土地租种制度。

押租制则是在永佃制盛行后产生的一种资本化的土地交易方式。与永佃制的土地永久使用权不同,在封建社会当时的生产力状况下,土地开发到极限,永佃制产生的几种类型潜力消耗殆尽,为了保证农民的生产积极性,押租制应运而生。押租制是土地使用权的一种购买方式,农民通过向地主交付一定的押金获

---

① 钱俊瑞.中国现阶段的土地问题[J].中山文化教育馆季刊,1934,(第8卷),(3).

取规定年限的土地使用权，租约到期后，地主退还农民租金或继续续约。一般情况下，押租制大多采用押多租少的方式，地主在土地租期内利用高额的租金进行投资，以获取远超地租的收益。

永佃制和押租制的产生，与封建社会中后期商品经济的逐渐发展密切相关，永佃制和押租制的主动权在地主阶级，地主阶级需要大量的货币以进行商品贸易，永佃制和押租制将土地所有权与使用权进行分割，在不损害地主利益的前提下，将土地进行二次交易，从农民手中获取资金。永佃制和押租制加速了土地兼并和私有化的进程，但同时也保证了农民在失去土地所有权之后，仍然长期拥有土地使用权。这对封建社会的土地矛盾有一定的缓解作用。

（三）国民党统治时期偏向地主和资产阶级的土地政策

中华民国成立之后，随即开始了全面土地私有化进程。对清朝留存的公有制土地（包括皇庄、公田、屯田、陵地等）接收之后，全部出卖给私人，对于已经被佃租的庄田和旗田则出卖给租种的农民。虽然将租种土地出卖给承租农民，从而将土地再次分配给大量农民，但这仅仅占公有制土地的极少部分，并且对原本归属地主的私有土地予以承认。由此，中华民国时期展开了土地最为迅速的集中私有化。“自 1905 至 1929 年，二十四年之间，黑龙江的百分之九十五的土地，皆归私人所有，大部（分）转入大地主之手。”①

同时，中华民国废止了具有缓和土地矛盾作用的佃租制，将土地所有权与使用权合二归一。土地所有权与使用权的分离，对于稳定人地关系有着积极作用，但中华民国具有资本主义性质，资本主义最初的发展是以工业为主，工业的发展必然会侵占耕地，佃租制的存在不利于土地用途的变更，拥有土地使用权的农民必然不允许改变耕地的用途，只有将农民从土地上彻底赶出去，才能为资本主义在土地开发上铺平道路。为此，中华民国政府先后出台了相关规定：“永佃权人虽不欠租，然地主实欲自种，或因其他必要情形，亦许收地，唯佃户因收地所受之损失，非给以相当之补偿不可。”②“永佃权人不可将田皮转租给他人”，“永佃权人

---

① 陈瀚笙.现代中国的土地问题[J].中国经济月刊，1933，(4).

② 郭卫.大理院解释例全文[M].上海：上海会文堂，1931：950.

积欠地租达二年之总额者”，地主即可收地。① 在中华民国政府的种种限定下，佃租制逐渐被废止。

“耕者有其田”是孙中山提出的民生主义的主张，“我们要解决农民的痛苦，归结是要耕者有其田”。“民生主义真是达到目的，农民问题真是完全解决，是要‘耕者有其田’，那才算是我们对于农民问题的最终结果。”②但因国民党成分的复杂性，其代表的是大地主、大资产阶级，“耕者有其田”的主张与其阶级利益是完全违背的，注定无法实现。由于国民党政府从始至终都未取得对全国的实质上的统一，对土地的改革最初也是进行温和的改良。自 1924 年孙中山签署“二五减租令”开始，国民党中央政府及地方政府实行了花样繁多的土地制度改革，但都局限在减租的范围内，并未触及土地问题的核心，并且关于土地制度的改革基本呈现倒退趋势。“二五减租”即在农民原有佃租的基础上减少 25%，这一政策随着中华民国实际统治区域的扩大，在部分地区逐渐落实。此后国民党中央政府又制定了“三七五减租”，即地租不超过耕地正产物收获总额的 375‰，这一规定比“二五减租”进一步降低了农民的地租，但由于地主阶级和资产阶级的反对，并未真正实施。1945 年，国民党中央政府依照“平均地权”和“耕者有其田”的原则，制定了限制土地兼并、扶助农民的土地政策，但同之前的土地改革政策一样，没有真正实施。然而，土地制度改革政策中有利于地主阶级和资产阶级的政策却被完整地落实了。总的看来，“二五减租”既是中华民国土地制度改革的开始，也是改革取得的最佳成绩。

国民党政府始终未能解决土地问题，甚至加剧了土地问题的恶化，这给其统治带来了极大的不稳定性，并且由于其代表的阶级不同，无力解决当时中国面临的问题，无法真正代表中华民族。从国民党政府实行的政策来看，无论是短期政策还是长期政策，都不是为了大多数人的利益制定的，这决定了其最终必然失败的命运。

（四）近代中国土地问题的复杂状况

近代中国长期处于半殖民地半封建社会，这是近代中国最基本的国情。在

① 中华民国民法，1929。

② 广东省社会科学院历史研究室. 孙中山全集(第 9 卷)[M]. 北京：中华书局，1983：399，400.

近代中国半殖民地半封建社会的形成过程中，整体上形成了以帝国主义、封建主义、官僚资本主义为主的压迫势力，落实到具体实际中，则是各帝国主义国家在殖民掠夺中国的前提下互相倾轧，与各地方封建主义和官僚资本主义互相勾结，形成了为数众多的地方军阀，劳苦大众成为他们剥削压迫的对象。以土地为生的农民更是陷入了前所未有的窘境。

当时中国的土地问题状况大致可以分为以下几类：第一类是在政治、经济、文化、交通运输、矿产中心城市周边的农村。这类地区是帝国主义侵略的主要区域，工业化最先在这些地区开展，工业发展与土地和农民的矛盾开始出现。工业发展需要侵占土地，工业生产需要大量工人，同时，在封建皇权消失的情况下，地主阶级和官僚资本主义等势力失去了上层约束，依仗帝国主义的支持，开始无节制地侵占土地，大量失地农民或沦为佃户，或进入工厂成为工人。第二类是在帝国主义势力尚未直接控制的偏远城市和城镇周边的农村。这类地区尚未直接受到外来势力的冲击，虽然地主阶级延续以往千年的传统不断侵占普通农民的土地，剥削、压榨农民，但地主阶级仍然受到一定的封建宗族、传统思想的影响。同时，永佃制和押租制尚未被完全破坏，农民仍然可以依靠土地艰难生存。第三类是偏远地区的农村。这类地区在封建社会就长期远离皇权的统治，基本依赖地主阶级的间接管理，皇权的消失和帝国主义列强的侵略并未对其造成巨大影响。但由于封闭的地理因素和各种资源的短缺，这类地区农民的生活一直以来都十分艰苦，地主阶级本能的剥削和压迫在帝国主义和官僚资本主义的帮扶下逐渐加重，农民的生存环境进一步恶化，人地矛盾加剧。第四类是中国全部的农村地区。受军阀混战的影响，处于交战区域的农田被损坏，为躲避战争，大量农村人口无序迁移，大量耕地被闲置。同时，由于兵源的匮乏，大量农村青壮年劳动力被迫入伍，农村劳动力不足，进一步加重了耕地的撂荒现象。农村家庭主要劳动力的缺乏导致家庭收入锐减，大量农村家庭濒临破产，甚至已经破产。

从中国长期的历史来看，土地对农民有着极为重要的作用，但这种重要性随着封建王朝周期性的更替，在农民的潜意识中成为一种生存习惯，即王朝初立，分发土地—王朝中期，土地兼并，拓荒租种—王朝末期，土地集中，食不果腹，等待新一轮的土地重新分配。尤其是佃租制和押租制的实行，将农民对土地的渴望的期待值或者说心理下限降到了最低。然而资本主义的入侵完全打破了农民对土地的常规认识。农民在多重压力下，对土地产生了前所未有的渴望，即是土地集体所有制面对的特殊国情。其一，在当时的生产力条件下，土地的开发利用基本上达到了极限，农作物的产量也基本固定，当土地矛盾达到极限时便会形成王朝更替，打破原有的土地集中，重新分配土地。但在农民看来，清朝的接替者——中华民国——并未像新生王朝那样重新分配土地，稳定农民，稳固统治，反而延续土地集中、兼并，实施有利于地主阶级的政策，这加剧了农民对土地的渴望。其二，以前土地的集中和分散过程，不会造成土地的流失，反而会因为技术的进步和人地关系的紧张而逐渐增加耕地总面积。但资本主义工业的发展侵占了大量耕地，这种不可还原的侵占加剧了农民的恐惧，耕地总面积迅速减少。同时，资本主义工商业在中国的迅速发展，极大增加了经济作物的种植，可食用农作物的种植面积进一步减少。这进一步加深了农民对土地的渴望，不仅因为土地变得愈发珍贵，还因为除了耕作土地农民没有其他谋生手段，无法适应社会环境的急剧变化，维持相对熟悉、稳定的生产和生活方式成为他们的首选。其三，在传统的土地循环周期内，虽然地主阶级与农民阶级有着矛盾冲突，但两个阶级又以土地为纽带相互依存，尽管农民在这个相互依存关系中处于弱势地位。但无论土地怎样集中，实际的耕种者都是农民。然而资本主义的工商业运转模式能够更快地攫取财富，地主阶级为了更快地积累、攫取财富，迅速向资本主义靠拢，这打破地主阶级与农民阶级的相互依存关系。当资本主义工商业的发展侵占耕地时，地主阶级放弃了对土地的保护，反而加速了这一进程，农民依靠地主阶级保护土地，从而获得土地使用权的幻想也破灭了。人地关系出现了前所未有的紧张，农民对土地的渴望也超越了以往任何历史时期。

二、中华人民共和国成立前，中国共产党人对土地制度的探索

在当时以小农经济为主的中国，土地问题与中国的前途命运息息相关。在人地关系极度紧张的状况下，中国共产党为解决土地问题开始了艰辛的探索，中国共产党的土地政策也在不断调整中趋向成熟、稳定。中国的土地制度也从封建的地主土地私有制中脱胎而来，经历了土地公有、土地农有、土地公有与农有

并存、地主土地私有制与社会主义土地公有制并存等阶段，在中华人民共和国成立之后，最终确立并实现了农民的土地所有制。

土地问题是中国革命和建设过程中的一个重要问题，在中国共产党建立前，党的先驱就开始研究中国的土地问题。在中华人民共和国成立前，中国共产党的土地政策从无到有，始终站在最广大人民的立场上，以“耕者有其田”和平均主义为解决土地问题的基本原则，为消灭封建的地主土地私有制打下了坚实的基础。

（一）中国共产党成立初期和大革命时期的土地政策

党的一大通过的《中国共产党第一个纲领》，并未涉及土地问题及解决方法，仅仅从消灭私有制的角度对土地问题有所涉及。“消灭资本家私有制，没收机器、土地、厂房和半成品等生产资料，归社会公有。”①但中国共产党人已经在地方上开始发动群众进行土地斗争的实践。如 1921 年，沈玄庐在浙江萧山成立衙前农民协会，组织农民进行减租斗争并取得胜利。1922 年，《中国共产党对于目前实际问题之计划》对解决土地问题提出了具体的政策措施，如限田运动、限制租额运动、开垦荒地、改良水利等。② 1923 年，共产国际对党的三大草案进行指导，明确提出土地改革的内容：“没收地主土地，没收寺庙土地并将其无偿分给农民；歉收年不收地租；废除现行征税制度；建立农民自治机构，并由此机构负责分配没收的土地。”③1923 年也是中国共产党领导的农民运动兴起的一年，全国各地开始围绕土地问题展开斗争。如澎湃在海陆丰地区领导成立了海丰总农会，湖南水口山和安源建立了农民团体，衡山县成立了岳北农公会等，这些农民团体的成立大多围绕着党提出的关于减租减息的政策展开斗争。1923 年，陈独秀在《中国国民革命与社会各阶级》中，对当时农民的心理，尤其是农民对土地的态度进行了详细描述：“农民私有观念极其坚固，在中国，约占农民半数之自耕农，都是中小资产阶级，不用说共产的社会革命是和他们的利益根本冲突，即无地之佃

① 中共中央文献研究室，中央档案馆. 建党以来重要文献选编（1921—1949）（第一册）[M]. 北京：中央文献出版社，2011：1.

② 同上：199.

③ 中共中央党史研究室第一研究部. 共产国际、联共（布）与中国革命档案资料丛书（1）[M]. 北京：北京图书馆出版社，1997：254-255.

农，也只是半无产阶级，他们反对地主，不能超过转移地主之私有权为他们自己的私有权的心理以上；雇工虽属无产阶级，然人数少而不集中。”[①]这为中国共产党后来的农村土地政策的制定提供了一定的帮助。1924 年，国共第一次合作之后，广东各地的农民运动蓬勃发展，并于 1925 年成立了全省农民协会。1925 年 9 月，第二次中央执委会扩大会议提出了农民土地问题，基本主张是：没收地主土地，实行耕地农有；结成巩固的工农联盟；在农村中巩固党的组织。[②]

总的来看，中国共产党成立初期的土地政策并不十分明确，从土地公有到“耕地农有”，在土地所有权的归属上没有明确，更没有提出以土地问题为核心的革命纲领。这主要是受当时的社会历史条件与党的认识水平的影响。当时，中国共产党虽然看到了中国存在的土地问题，但由于缺乏实际革命和建设经验、对土地问题的重要性认识不足，因而没有提出解决土地问题的纲领性文件。虽然共产国际明确提出了土地改革的内容，但当时的中国共产党并没有取得中国革命的主导权，以及受国共合作的影响，并不具备全面实施这些改革内容的历史环境，也并未在此基础上进一步提出明确的土地政策。同时，这一时期党对马克思主义理论的掌握还不够全面，也没有完全认识和把握中国的国情，并未看到土地问题对中国的巨大影响。

（二）土地革命战争时期的土地政策

1927 年的“四·一二”反革命政变之后，中国共产党开始重视农民、重视土地革命的重要性，土地革命由此开始。

1927 年，“八七会议”确定了土地革命和武装斗争的总方针，并通过了《最近农民斗争的决议案》，明确了土地政策，主要有：没收大、中地主的土地和一切所谓公产的祠族庙宇的土地，分给佃农及无地农民；对小田主实行减租；取消债务苛刻的租约与苛约；武装农民，解除地主武装；对军阀的苛捐杂税实行抗纳抗租；农民运动以贫民为主力。[③] 这一政策成为之后一段时间内土地革命的指导政策，但由于对

---

① 陈独秀. 陈独秀文章选编（中）[M]. 上海：上海三联书店，1984：367.

② 中央档案馆，中共中央文献研究室. 中共中央文件选集（第一册）（1921—1925）[M]. 北京：中共中央党校出版社，1982：435-437.

③ 中共中央文献研究室，中央档案馆. 建党以来重要文献选编（1921—1949）（第四册）[M]. 北京：中央文献出版社，2011：442-443.

某些具体方面没有规定，在具体实施过程中实行"一刀切"，导致了后来出现的一些错误行为以及"左"倾问题。1927 年 11 月召开的中共中央临时政治局扩大会议提出的《关于土地问题党纲草案的决议》则进一步深化了"左"的思潮，形成了"左"倾盲动主义。如将"八七会议"规定的没收大、中地主的土地，暂不没收小地主土地，实行减租的政策，改为"完全没收一切地主的土地，由农民代表会议自己支配给农民耕种，耕者有其田，完全取消租田制度"。①《关于土地问题党纲草案的决议》还提出"对于豪绅工贼及一切反革命派，应采取毫无顾惜的歼灭政策"。

1928 年 7 月，党的六大通过的《土地问题决议案》，对土地政策进行了新的规定，改变了之前土地政策的部分不合理之处，主要有：明确了土地革命的领导力量是工人阶级和党的领导；没收地主阶级的一切土地，耕地归农；分析了富农、中农、雇农的阶级性质，提出中立富农、团结中农雇农的主张；实施"平分土地"时要注意环境，不能影响团结中农雇农的主张。②

由于地理、通信、革命环境的影响，党的六大通过的一系列决议的实施具有延迟性。这也导致 1928 年 12 月，毛泽东在总结前一个时期土地革命的教训和经验的基础上，主持制定的《井冈山土地法》的某些具体细则与党的六大关于土地政策的某些规定产生冲突。如《井冈山土地法》规定"没收一切土地归苏维埃政府所有"，与党的六大规定的"没收地主阶级的一切土地，耕地归农"，产生了明显差异。但在具体政策上，《井冈山土地法》则更为精细：在土地分配上，以乡为单位，"以人口为标准，男女老幼平均分配"。针对特殊的地方，以劳动力为分配标准；在土地税方面，制定了详细的税率，并对特殊情况予以说明，土地税为 15%，遇特殊情形，经苏维埃政府批准也可适用 10%或 5%；如遇天灾等特殊情形时，经高级苏维埃核准，免纳土地税。③ 在劳动上，则规定"分配土地之后，除老幼疾病没有耕种能力及服务公众勤务者以外，其余的人均须强制劳动"。其目的是保证生产，但却挫伤了农民的生产积极性。虽然《井冈山土地法》受到共产国际在中国土地革命政策上的部分错误指导和中国共产党当时"左"倾错误的影

---

① 中共中央文献研究室，中央档案馆. 建党以来重要文献选编(1921—1949)(第四册)[M]. 北京：中央文献出版社，2011：664-665.

② 中国共产党第六次大会土地问题决议案[J]. 布尔塞维克，1931，(2).

③ 井冈山土地法[N]. 新华每日电讯，2011-05-12.

响，以及当时中国共产党人认识上的欠缺，导致《井冈山土地法》存在不足，但其作为中国历史上的第一部以法律形式对中国土地问题作出规定的土地法，具有重要的历史和现实意义。毛泽东后来说："这个土地法有几个错误：(一)没收一切土地而不是只没收地主土地；(二)土地所有权属政府而不是属农民，农民只有使用权；(三)禁止土地买卖。这些都是原则错误，后来都改正了。"①这一阶段的土地政策关于土地所有权归属政府的规定，一定程度上打击了农民生产的积极性，也影响了党在农村工作的开展。1929 年制定的《兴国县土地法》，在党的六大关于土地问题的规定上，以《井冈山土地法》为基础进行了调整，再次强调了"没收一切公共土地及地主阶级的土地"②，但仍未对土地的所有权进行调整，同时禁止土地买卖。1929 年 6 月，《中共六届二中全会关于土地问题的报告》对党的土地政纲进行了新的规定，"完成土地革命，必须首先解决政权问题"，"去武装农民"。"现在土地国有这一口号在农民中还不能懂得，同时在目前也不应提出这一口号，但我们必须在农民中宣传这一口号。""平分土地不是社会主义……因为他是彻底破坏封建势力的。所以我们不应反对平分土地，而且应当领导帮助他们斗争。"③

以上都是各根据地根据当地的情况结合中央的规定制定的具有地方特点的土地法，具有全国意义的土地法直到 1930 年才制定颁布，即《苏维埃土地法》。《苏维埃土地法》的规定有四个鲜明特点：一是土地没收之后的所有权归苏维埃政府公有；二是分配土地时不以劳动力为标准，而是以人口数量平均分配；三是没收土地的对象涵盖了富农；四是对豪绅地主和反动派的家属也予以分田，以保证其基本生活。④ 这四个特点满足了中国农民长期以来的平均主义思想，在对豪绅地主和反动派进行革命的同时，又对其家属进行改造。该土地法虽然没有对土地是否可以买卖进行规定，但其"凡乡中死亡、改业和外出的，将他所分得的田

---

① 中共中央文献研究室. 毛泽东农村调查文集[M]. 北京：人民出版社，1982：37.

② 中共中央文献研究室，中央档案馆. 建党以来重要文献选编(1921—1949)(第六册)[M]. 北京：中央文献出版社，2011：184.

③ 同上：303-304.

④ 中共中央文献研究室，中央档案馆. 建党以来重要文献选编(1921—1949)(第七册)[M]. 北京：中央文献出版社，2011：759-761.

地，收归苏维埃再行分配”的规定表明，土地买卖仍然是禁止的。同时，在土地的所有权上虽然规定为政府公有，但在具体实践中则坚持耕地农有，没收的土地经过政府的过渡又重新分配给了农民，农民完全享有对土地的所有权。1931 年，《中共苏区中央局关于土地问题的决议案》和《中共中央关于土地问题给苏区中央的信》，对《苏维埃土地法》中的部分政策进行了调整，不再实行对豪绅地主和反动派家属分田的政策，“彻底消灭地主阶级及其封建剥削关系，绝对不能再容许地主阶级及其家属在其土地被无偿还地没收以后，又重新与土地关系结合起来”①。对富农标准的划分更加严格，对富农的政策也更加严厉。在此基础上苏维埃政府制定颁布的《中华苏维埃共和国土地法令》规定：“所有封建地主、豪绅、军阀、官僚以及其他大私有主的土地，无论自己经营或出租，一概无任何代价地实行没收。被没收的土地，经过苏维埃由贫农与中农实行分配。被没收的旧土地所有者，不得有任何分配土地的权限。”“没收地主豪绅的财产及土地，同时必须消灭口头的及书面的一切佃租契约，取消农民对这些财产与土地的义务与债务，并宣布一切高利贷债务无效。”坚持实行平均分配一切土地的政策，“大多数中农不愿意时，他们可不参加平分”。在分配方式上，“选择最有利于贫农、中农的原则来分配土地”。按照劳动力和人口混合标准进行分配。② 这些规定赢得了广大贫下中农的拥护，调动了最底层人民的革命积极性，但也将地主阶级完全推向了对立面。“中国富农的特性是兼地主或高利贷者，对于他们的土地应该没收。”③这一规定为之后一段时期斗争的“左”倾化埋下了伏笔。而对土地与水利国有，不禁止土地出租与买卖的规定，则考虑到了农民长期以来对土地的认识问题大多还局限于封建社会的私有制，不适合直接跨越到社会主义的公有制。因此，中国共产党在坚持土地公有制宣传的同时，实际上将土地分配给农民，并允许土地买卖，政府只是作为管理机构，起到过渡、分配作用，在农民对政策没有达到一定程度的认识水平之前，这一规定更加符合当时农民对土地占有的心理，缓和了政府与农民在土地问题上的矛盾。

---

① 中共中央文献研究室，中央档案馆. 建党以来重要文献选编(1921—1949)(第八册)[M]. 北京：中央文献出版社，2011：664.

② 同上：730-733.

③ 同上：731.

此后一段时间内，中央和地方陆续颁布的一些土地政策、法令，大多是建立在《中华苏维埃共和国土地法令》基础上的。如 1932 年，中共苏区中央局宣传部编的《土地问题》，对土地国有问题进行了解释："土地国有可以彻底消灭农村中一切封建关系，并且使农村经济更加迅速地发展。可是实行这种办法，只是必须在中国重要区域土地革命胜利与基本群众拥护国有条件之下，才有可能。在目前革命阶段上土地国有只是宣传的口号。"①1932 年制定颁布的《江西省苏维埃政府对于没收和分配土地的条例》第一次对土地的继承问题进行了规定："土地分配后，实行家人承继。生的不补，死的不退。但死者无家属的，其土地由政府收回。"②1933 年，毛泽东在《怎样分析农村阶级》中，对地主、富农、中农、贫农、工人的概念进行了论述，以便在实际工作中进行阶级成分划分。《中华苏维埃共和国中央政府关于土地斗争中一些问题的决定》在毛泽东对农村阶级成分划分的基础上，对富裕中农、反动富农、破产地主、知识分子、地主富农兼商人等的划分标准进行了更加详细的规定，相关的政策也予以了明确。③ 土地革命时期，削弱富农的政策一直到 1935 年才进行调整。《中共中央关于改变对付富农策略的决定》指出，"目前党的中心任务，是在尽量扩大革命运动的范围，吸收各种不同的社会阶层，建立全国人民的统一战线"，"使富农对苏维埃政府采取善意中立的态度"。④

总的来看，土地革命战争时期的土地政策，虽然没有落实土地公有制，但经过长期宣传，以及有关土地政策的配合，人民群众对土地公有制有了基本的了解与认识。随着土地革命进程的发展，对地主阶级土地实行没收的相关政策也逐步地得到细化。同时，中国共产党对中小地主、富农等也进行了区分，不再将其简单地归为地主或农民，在政策上实行"一刀切"，而是根据革命形势的变化，对这类人的相关政策不断调整，以更好地促进革命。对土地的再分配也从平均分

① 中共中央文献研究室，中央档案馆. 建党以来重要文献选编(1921—1949)(第九册)[M]. 北京：中央文献出版社，2011：520.

② 同上：611.

③ 中共中央文献研究室，中央档案馆. 建党以来重要文献选编(1921—1949)(第十册)[M]. 北京：中央文献出版社，2011：549-564.

④ 中共中央文献研究室，中央档案馆. 建党以来重要文献选编(1921—1949)(第十二册)[M]. 北京：中央文献出版社，2011：500-501、502.

配转变为以平均分配和劳动力分配相结合的方式进行。

（三）抗日战争时期根据地的土地政策

随着国内形势的变化，国内的主要矛盾也转变为中华民族和帝国主义的矛盾。中国共产党的土地政策也由土地革命时期的与地主阶级完全对立转向减租减息的政策，以缓和矛盾，团结开明地主阶级和亲英美的资产阶级共同抗日。减租减息政策也成为这一时期土地政策的主导方针。减租减息政策是特殊时期的产物，它完全改变了之前一贯坚持的土地政策，回到了具有封建性质的土地私有制状态。在具体实施的过程中，中国共产党对已经进行重新分配的土地保持不变，对还未进行土地改革的地区实行减租减息，各根据地出现了耕地农有和地主私有并存的状况，这在联合各阶级的同时，也为党的土地工作带来了难度。

1937 年 8 月，洛川会议通过的《抗日救国十大纲领》中的第七条“改良人民生活”中，明确提出了减租减息。由于当时各根据地的发展状况不同，党中央并未制定统一的减租减息政策，而是由各根据地根据具体情况制定当地小范围实行的减租减息政策。1940 年《中共中央书记处关于在敌后地区没收大汉奸土地财产问题的指示》，表明了中央对这一政策的坚持，只没收罪大恶极的大汉奸的土地，对一般的反共分子、伪军、普通汉奸和普通地主，其土地由政府代管，低租租给农民，其返回重新抗日时，全部予以返回。[①] 减租减息政策与之前一贯坚持的土地国有、平均分配相冲突，尤其是在老根据地，难以完全贯彻执行。此外，减租减息政策的具体细则也并未制定。直到 1942 年年初，中共中央政治局通过的《中共中央关于抗日根据地土地政策的决定》，确立了减租减息三条基本原则：“（一）承认农民（雇农包括在内）是抗日和生产的基本力量，故党的政策是扶助农民，实行减租减息；（二）承认地主的大多数是有抗日要求的，一部分开明绅士并是赞成民主改革的，实行减租减息之后，又须实行交租交息；（三）承认资本主义生产方式是中国现时比较进步的生产方式，而资产阶级，特别是小资产阶级与民族资产阶级，是中国现时比较进步的社会成分与政治力量，富农是农村中的资产

---

① 中共中央文献研究室，中央档案馆. 建党以来重要文献选编（1921—1949）（第十七册）[M]. 北京：中央文献出版社，2011：407-408.

阶级，故党的政策，奖励富农生产与联合富农。”①其附件中也规定了不同地区的减租标准和减息额度。如前所述，政策的突然转变，不仅让农民难以接受，在党的内部也有反对意见，这最直观地表现在根据地对政策的执行上。各根据地难以接受政策的突然转变，尚未进行土地分配地区的农民更是难以接受，这为党的土地政策的落实带来了极大困难。对于减租减息政策实施中遇到的特殊情况，中央也提出了明确的解决方法：“减租是减今后的，不是减过去的，减息则是减过去的，不是减今后的。”②对此，许多人难以理解，减租具有时效性，但从剥削的角度讲，减息更应当减今后的，以减少地主对农民的剥削，以前的利息是固定的，以后的利息则会随着借贷量的增加而越积越多。就此，中央明确解释说：“抗战以后，是借不到钱的问题，不是限制息额的问题。各根据地，都未认清这个道理。”③1943 年，毛泽东在《切实执行十大政策》中指出了减租减息政策的根本立场：“如果国共关系破裂了，我们还是实行减租减息，不实行土地革命。”④这表明了中国共产党联合各阶级组建统一战线的决心。

这一时期的减租减息政策是在特殊时期的调和政策，为了团结一切力量集中抗日，减租减息政策改变了之前的土地公有制和“耕地农有”，承认地主土地所有制，也停止了“耕地农有”政策，同时还放宽了对富农的政策。减租减息运动中农民思想观念的变迁，为抗日战争和解放战争的胜利打下了坚实的思想基础。⑤减租减息政策对之前实行的有“左”的倾向的土地政策作出了缓冲，对农民传统的关于土地的封建思想观念予以纠正。减租减息政策的实施，为后来的土地改革打下了思想基础，有别于之前的政策命令式的全部收归公有，以致和农民产生矛盾。此外，随着大开荒和开明地主的配合，土地公有制和“耕地农有”也在一定范围内实施。同时，减租减息政策还成功改造了部分地主和富农，为以后的改造工作积累了经验。

---

① 中共中央文献研究室，中央档案馆. 建党以来重要文献选编（1921—1949）（第十九册）[M]. 北京：中央文献出版社，2011：20.

② 同上：53.

③ 同上：53.

④ 中共中央文献研究室，中央档案馆. 建党以来重要文献选编（1921—1949）（第二十册）[M]. 北京：中央文献出版社，2011：606-607.

⑤ 徐建国. 抗战时期晋冀鲁豫边区减租减息运动中农民的思想变迁[J]. 党的文献，2008，(5).

（四）解放战争时期的土地政策

由于国内形势的变化，这一时期的土地政策从减租减息又逐步回到之前的土地公有制。1946 年 5 月 4 日，中共中央发布了《关于土地问题的指示》，即“五四指示”。“五四指示”明确指出：“在广大群众要求下，我党应坚决拥护群众在反奸、清算、减租、减息、退租、退息等斗争中，从地主手中获得土地，实现‘耕者有其田’。”[①]解决土地问题的方式有：“（甲）没收分配大汉奸土地。（乙）减租之后，地主自愿出卖土地，佃农以优先权买得此种土地。（丙）由于在减租后保障了农民的佃权，地主乃自愿给农民七成或八成土地，求得抽回三成或二成土地自耕。（丁）在清算租息、清算霸占、清算负担及其他无理剥削中，地主出卖土地给农民来清偿负欠。”[②]此时的政策不仅对地主进行了区分，而且对地主土地也不再是以前的无偿没收，同时，该政策还对富农与地主进行区分，以保护中农、富农为主，并对中小地主的生活进行照顾。“五四指示”是解放战争初期对土地改革的一个过渡性政策，由于国共关系尚未破裂，国民党政府及其所代表的阶级仍是需要团结的对象。因此，“五四指示”并未对土地性质予以界定，仍以模糊的“耕者有其田”为主要原则，对土地所有权的归属没有明确。这一时期，土地改革和减租减息并行。

1947 年 9 月 10 日，叶剑英在《全国土地会议上的报告》中指出，今后土地革命的一个重点就是彻底平分土地，“土地问题，是农民的基本问题，也是中国革命的基本问题”。[③] 1947 年 10 月 10 日颁布实施的《中国土地法大纲》，明确废除了具有剥削性质的土地所有制，并在实际政策的制定中纠正了以前“左”的错误，对于地主家庭成员和敌方人员的家属在乡村未参与犯罪行为的，均分配土地，这表明了我国土地政策越来越趋向客观公正。虽然没有确定土地的所有权，但允许土地自由经营和买卖，在农村传统观念看来，土地的所有权已经归农民所有。《中国土地法大纲》对土地制度问题的重要性也进行了论述：“中国的土地制度极

① 中国共产党中央委员会关于清算减租及土地问题的指示[J]. 山东党史资料，1988，(2).

② 中共中央文献研究室，中央档案馆. 建党以来重要文献选编（1921—1949）（第二十三册）[M]. 北京：中央文献出版社，2011：248.

③ 叶剑英. 在全国土地会议上的报告[J]. 军史资料，1986，(2).

不合理……这种严重情况，是我们民族被侵略、被压迫，穷困及落后的根源；是我们国家民主化、工业化、独立、统一及富强的基本障碍。"①土地制度的基础性作用可见一斑，这也是关于土地所有制与中国现代化关系的最早论述。1948 年 1 月，任弼时在《土地改革中的几个问题》中，对《中国土地法大纲》实行后实际工作中出现的问题进行了总结，主要有农村阶级划分的标准、对待中农的政策、对地主富农斗争的方法、工商业政策、知识分子和开明绅士政策、打人杀人等问题。② 针对这些问题，中共中央起草了《中共中央关于土地改革中各社会阶级的划分及其待遇的规定（草案）》，这一规定作为《中国土地法大纲》的补充政策，减少了土地改革中出现的"左"倾冒险主义问题。1948 年 2 月，毛泽东指出，应当在不同地区采取不同的策略实施土地法。③ 同年 4 月，毛泽东在晋绥干部会议上的讲话中，提出了新民主主义革命时期土地改革的总路线："依靠贫农，团结中农，有步骤地、有分别地消灭封建剥削制度，发展农业生产。"④这既是对以《中国土地法大纲》为土地革命纲领的路线指导，又拉开了中华人民共和国成立初期土地改革运动的序幕。

总的来看，中国共产党在土地革命时期的土地政策基本上以土地公有制为前提，受各方面因素影响，如中国共产党在革命初期对土地问题的认识不足、共产国际的指导、革命根据地的分散及变动等，使土地政策不断变动、调整，各根据地的土地政策不尽相同，土地政策的落实进度也不一致。随着革命形势的变化，土地政策也逐渐趋向完善，各根据地的政策落实也逐步一致。虽然抗日战争时期的土地政策改变了中国共产党一贯坚持的土地公有制，但这种改变只是面对国家存亡危急时刻的特殊调整。为了团结地主阶级和资产阶级联合抗日而不得不实行的土地私有制，也在极力减少农民承受的剥削。同时，在小范围内仍然实行着土地公有制，如部队开荒获取的耕地、没收罪大恶极的大汉奸的土地等，公

---

① 中共中央文献研究室，中央档案馆. 建党以来重要文献选编（1921—1949）（第二十四册）[M]. 北京：中央文献出版社，2011：416.

② 中共中央文献研究室，中央档案馆. 建党以来重要文献选编（1921—1949）（第二十五册）[M]. 北京：中央文献出版社，2011：13-34.

③ 同上：86.

④ 同上：250.

有制的土地政策在不影响组建统一战线的某些方面仍然实行着，在不影响地主阶级和资产阶级自身利益的情况下，土地公有制从未中断过实践，这也是抗日战争胜利、国共合作完全破裂后，土地公有制政策能够被迅速恢复和落实的原因之一。解放战争时期，中国共产党迅速地夺取了全国政权，实现了中华民族的解放，这也给土地政策的实施带来了极大难度。抗日战争结束时，中国共产党领导下的革命根据地总面积约为100万平方千米，通过四年的解放战争，实现了960多万平方千米的解放，迅速扩大的土地面积带来了一系列问题，如政工干部极度缺乏、新增地区的人民大多数对土地政策完全不了解、新增地区的反动派和封建残余势力有较大遗留等，这些为全部农村地区实行土地公有制增加了难度。

三、中华人民共和国成立前，中国共产党人对土地制度探索实践的历史功绩

新中国成立前，中国共产党人对土地制度探索实践的历史功绩集中体现在理论和实践两个方面：一方面，它改造了农民传统的思想观念，同时也促进了中国化马克思主义理论建设；另一方面，它为农村土地集体所有制的最终形成进行了实践积累，创造了必要条件，也为中国共产党人带领中国人民取得革命胜利打下了坚实基础。

（一）改造了农民传统的思想观念

新中国成立前，中国共产党人对如何解决中国的土地问题进行了一系列探索与实践。在探索与实践的过程中，中国共产党的土地政策也在不断调整变化。这一调整变化过程，也是农民传统思想观念被逐步改造的过程。这一时期，党的政策在实践过程中体现出对土地所有权的归属上，经历了土地公有—耕地农有—土地国有—私有、国有、农有并行—所有权模糊等阶段。这是党针对中国革命不同历史时期的具体国情作出的阶段性调整，同时这些调整也使农民逐步从几千年的封建土地所有制思想的束缚中解脱出来。

中国共产党成立初期，坚持土地公有制，但由于革命力量薄弱，在实践中大多以减租减息等方式展开斗争。在实践过程中，中国共产党人对中国土地问题有了更加深刻的认识，不仅要在实践中消灭封建土地所有制，而且要从人们的思

想中彻底消除其影响。这一目标的解决，首先要调动农民的积极性，使农民在与地主的斗争中改变土地问题现状。对此，毛泽东在《湖南农民运动考察报告》中指出："在第二时期内，必须建立农民的绝对权力。""必须把一切绅权都打倒，把士绅打在地下，甚至用脚踏上。"①只有将地主的权力无限地压缩，才能进一步进行土地斗争，依靠实践的成果带动农民思想的进步。"所有一切封建的宗法的思想和制度，都随着农民权力的升涨而动摇。"②对于调动农民积极性的问题，最直接有效的办法就是满足农民几千年来对土地的渴望，党的土地政策也从土地公有转为耕地农有。这一政策在实践过程中产生的诸多问题，为农民对土地公有制的认同埋下了伏笔。如对地主阶级的土地进行没收之后的分配问题、对农民阶级中的中农和贫农如何分配土地以及富农是否分配土地问题、地主阶级的阻挠问题等，使得农民对自己能否保护自己的土地产生了怀疑。长久的封建压迫，也使农民对自己、对革命产生怀疑，"贫农因长期地被摧残及感觉革命胜利无保障，往往接受中间阶级的意见，不敢积极行动"③。革命根据地的建立，为土地政策的落实提供了保障，党对土地政策的进一步细化，也加快了根据地的土改进程。耕地农有政策实施的同时，对土地公有制的宣传也并未放松，农民在思想上消除对封建土地的僵化认识之后，也对土地公有制有了一定了解。同时，农民思想上的转变不仅仅是对土地关系的认识，而是以对土地关系认识的改变为基础，农民阶级对整个封建社会思想有了较为清楚的认识，并在思想上对其进行批判和清除。抗日战争时期，为了建立抗日民主统一战线，中国共产党不得不中止了以前的土地政策，对尚未进行土地改革的地区实行以承认封建地主土地私有制为前提的减租减息政策。这一时期，虽然根本性的土地性质改革没有继续进行，但为之前有"左"的倾向的土地政策对农民思想上造成的错误观念进行了及时纠正。解放战争时期，对农民思想解放的主体范围进一步扩大，不再局限于中农和贫农，逐步扩大到了富农和地主阶级。

（二）促进了中国化马克思主义理论建设

党的土地政策的变化反映了中国共产党人对马克思主义理论理解的逐步深

---

① 毛泽东. 毛泽东选集(第1卷)[M]. 北京：人民出版社，1991：17.

② 同上：32.

③ 同上：69.

化和马克思主义中国化的进程。新中国成立前，中国共产党人在对土地政策的探索与实践中，将马克思主义理论与中国具体实际相结合，具体问题具体分析，真正做到了与时俱进，同时还促进了中国共产党人对马克思主义理论的理解与应用。党的土地政策从最初的土地公有到耕地农有，从减租减息到分田到户，各个地区提出了不同的土地政策，中央也并未提出完整、统一的土地革命纲领。这表明党对马克思主义的认识并不深入，对当时的中国国情也没有完全把握，更没有将马克思主义与中国具体国情相结合。随着革命形势的不断变化和党对马克思主义认识的深入，农民和土地问题的重要性被发现，中国共产党制定了相应的政策和革命纲领。在革命过程中，中国共产党人开始反思革命经验与教训，运用马克思主义解决中国问题，这也是马克思主义中国化的开端。实践是检验真理的唯一标准。中国共产党最初土地政策的制定并没有任何具体参照，在实践过程中难免会出现问题。随着土地政策实践的深入，出现了越来越多的问题，土地政策的规定也从之前的粗略化逐渐调整为精细化，对各方面的规定更加细致、具体。这表明中国共产党人对当时中国国情的认识更加深刻，马克思主义对中国革命的指导也更加具体。同时，各根据地在落实土地政策的过程中，也反映出一些特殊问题，如多山地区地少人多，土地分配不能满足需要；少数民族地区耕作与生活方式的特殊性；由于地质问题，不同地区的耕地判断标准不一致问题，等等。党的政策也从最初的"一刀切"转变为具体问题具体分析，特殊情况特殊对待。马克思主义在土地政策的调整中被灵活地运用。中国共产党人本着实事求是的原则，勇于承认错误，吸取经验、教训，一切从实际出发，理论联系实际，根据革命形势不断调整土地政策，与时俱进。例如，关于《井冈山土地法》存在的问题，毛泽东后来说："这个土地法有几个错误：(一)没收一切土地而不是只没收地主土地；(二)土地所有权属政府而不是属农民，农民只有使用权；(三)禁止土地买卖。这些都是原则错误，后来都改正了。"①在革命进程中，党的内部对马克思主义一直存在两种态度，一种是教条主义，一种是实事求是。由于未能完全理解马克思主义，"左"和右的错误便反复出现，这深刻地反映到了土地政策的变化之中。"左"的错误是由于部分中国共产党人将马克思主义理解为包治百病的教

① 中共中央文献研究室.毛泽东农村调查文集[M].北京：人民出版社，1982：37.

条，无视中国革命与建设的实际，将马克思主义经典著作中具有特殊情景的规定话语当作标准，没有将马克思主义同我国具体国情相结合；右的错误则是错误理解马克思主义的共产党人在思想上滑向了马克思批判的“资产阶级的社会主义”，在这些人影响下制定的政策，是为了“消除社会的弊病，以保障资产阶级社会的生存”。① 土地政策的实践将这些错误最直观地映现出来，使党能够及时地纠正错误，加深对马克思主义的理解，更好地指导中国的革命与建设。

随着党的土地政策实践范围的扩大，进一步提升了马克思主义与中国具体实际相结合的水平。面对当时中国的整体国情，无论是整个社会形态的变化还是土地制度的变革，都不足以完成直接的跨越，即在社会形态上不能直接从半殖民地半封建的中国进入社会主义，在土地制度上不能从封建土地私有制直接跨入土地公有制，必须先完成新民主主义革命，再过渡到社会主义。具体到土地政策上，中国共产党人并未教条式地坚持土地公有制，而是结合中国土地问题的实际情况，将土地问题的解决方式与孙中山三民主义中的“耕者有其田”相结合，既达到了消灭封建土地私有制的目的，又结合中国实际，使农民切实得到了实惠，助力新民主主义革命。同时，在无法立即实现土地公有制的情况下，中国共产党人一方面落实耕者有其田，一方面在土地政策的制定中强调土地公有制，加强其在农民阶级中的宣传工作，为后来土地制度向集体所有制过渡奠定了思想基础。抗日战争时期，党对土地政策的调整，充分反映了中国共产党人对马克思主义与中国具体实际相结合的灵活运用。面对主要矛盾的变化，中国共产党人在对当时中国国情充分把握的基础上，在部分党内干部和大量群众不能理解和接受时，果断改变了长期坚持的土地政策，为民族统一战线的建立作出了重要贡献。

（三）为农村土地集体所有制的形成积累了实践经验并创造了必要条件

1. 中国共产党人对土地制度探索积累了丰富的实践经验

在中国共产党成立初期，中国共产党人为如何消灭封建土地私有制展开了探索与实践。在 20 多年的探索与实践过程中，中国共产党积累了丰富的经验，这具有极其重要的意义。第一，这些实践经验为以后土地政策的制定与实施提

① 马克思，恩格斯. 马克思恩格斯选集(第 1 卷)[M]. 北京：人民出版社，2012：429.

供了依据。中国共产党带领中国人民取得国家独立之后，拥有960多万平方千米的庞大国土面积，以及复杂的地理、民族情况，如何制定出适合中国国情的土地制度成为一个难题。新中国成立前，中国共产党人对土地政策的探索与实践，积累了在不同民族、不同地理环境、不同社会情况下如何制定并实施土地政策的丰富经验。第二，为中华人民共和国成立之后进行的土地改革运动培养了大批专业人才。中国共产党人在新中国成立之前的主要任务是带领中国人民取得民族独立、国家独立，必须依靠武装革命。相应地，其他方面必然会受到影响。对土地工作队伍的培养也是如此。与其他方面不同，中国的土地问题具有浓厚的中国特点，培养的人才也必须熟悉中国土地问题的具体情况及相应政策，不能像技术人才的培养那样可以到国外进行。中国共产党人在对土地政策的不断探索与实践中，培养了大批土地工作人才，为之后迅速进行土改运动奠定了坚实的基础。第三，为土地集体所有制的形成提供了实践依据。中国土地集体所有制的实施，并无前人经验可循，是中国共产党人在解决中国土地问题时，在马克思主义理论的指导下，结合中国国情所摸索出的特殊制度。前期丰富的实践经验积累，为土地集体所有制的最终形成，提供了直接的实践依据。

中国共产党人在解决土地问题的具体实践过程中，遇到的主要阻力来自以下几个方面：一是封建地主阶级的反对。中国土地问题的解决首先就是要消灭现存的封建土地私有制，主要对象便是地主阶级。以地主阶级为中心，还形成了来自各个方面的阻挠。二是与地主阶级在某些方面具有相近性的富农，以及完全依赖地主阶级生存的雇农等，在革命初期，对革命胜利持怀疑态度，对党的土地政策的实施持消极不配合态度。三是代表大地主、大资产阶级利益的国民党政府极力反对中国共产党的土地政策。不仅在军事上要打击、消灭中国共产党，而且在土地政策的制定与实施中，以保护地主阶级利益为主。由于前期革命根据地的不稳定性，使得国民党政府对原有革命根据地实施的土地政策全部推翻，甚至变本加厉地掠夺农民土地。四是各帝国主义国家的阻挠。各帝国主义国家为了维护自己在中国的不正当利益，以各种形式援助国民党政府和地方军阀，以达到其目的。

破除这些阻力，进一步推进土地制度改革，体现在以下几个方面：第一，坚持实事求是的思想路线，正确认识中国的国情。当时中国问题的真正解决必须依靠广大农民，“因为封建地主阶级是帝国主义统治中国的主要社会基础，而农民则是中国革命的主力军，如果不帮助农民推翻封建地主阶级，就不能组成中国革命的强大的队伍而推翻帝国主义的统治”①。中国共产党人自身对这一问题有着清醒的认识，必须消灭封建土地私有制，解放广大农民，使其投身革命。第二，在实行土地政策的过程中，解放农民的思想，使其从封建思想的束缚中解脱出来，自觉、自愿地投身革命。第三，“相当力量的正式红军的存在，是红色政权存在的必要条件”②。土地制度改革的继续进行也是以此为前提，不断壮大的革命队伍为土地制度改革的深入提供了保障。

2. 基本消灭了封建土地私有制，为农村土地集体所有制的形成创造了必要条件

中国共产党在革命初期建立的各革命根据地中实行的土地政策，基本上结束了地主阶级对土地的占有，实现了耕者有其田，在根据地范围内废除了封建土地私有制。虽然受革命形势的影响，多数早期建立的革命根据地被国民党政府重新占领，恢复了封建土地所有制，但是广大人民群众已经受到了新思想的洗礼，从思想上脱离了封建制度的束缚。同时，“十年内战前期和中期所采取的、也分配给地主一份和农民同样的土地、使他们从事耕种、以免流离失所或上山为匪破坏社会秩序，这样的正确的政策”③，也在一定程度上改造了地主阶级。这些为解放战争时期土地政策的重新实施奠定了良好基础，快速实现了当地封建土地私有制的废除。在抗日战争时期实行的地主减租减息、农民交租交息政策，以及在保护地主基本权益基础上多元化提高农民生活水平的补充政策，在一定程度上缓解了与原有革命根据地已经实现的耕者有其田的矛盾。随着革命形势的变化，党的土地政策也在不断调整，抗日战争胜利后，土地政策由减租减息改为没收地主阶级的土地分配给农民，并强调土地改革的任务是消灭封建性和半封建

① 毛泽东. 毛泽东选集(第2卷)[M]. 北京：人民出版社，1991：637.
② 毛泽东. 毛泽东选集(第1卷)[M]. 北京：人民出版社，1991：50.
③ 毛泽东. 毛泽东选集(第3卷)[M]. 北京：人民出版社，1991：792.

性剥削的土地制度，实行耕者有其田的土地制度，分配原则是按人口平均分配土地。[①] 随着中华民族取得独立步伐的加快，封建土地私有制的消灭也不断加速。中国农村在消灭封建土地私有制的基础上实现了耕者有其田，这既是当时中国国情的需要，也是向社会主义土地集体所有制过渡的必然要求。

“在中国的现阶段，在中国人民的任务还是反对民族压迫和封建压迫，在中国社会经济的必要条件还不具备时，中国人民也不可能实现社会主义的国家制度。”[②]新民主主义的经济就成为当时中国的必然选择，这在农村就表现为耕者有其田，在此基础上“发展起来的各种合作经济，也具有社会主义的因素”[③]，这也为土地集体所有制的形成奠定了现实基础。

同时，为了彻底消灭封建土地私有制，这一时期，在耕者有其田的基础上，各根据地还组织了不同形式的初级合作社。“在农民群众方面，几千年来都是个体经济，一家一户就是一个生产单位，这种分散的个体生产，就是封建统治的经济基础，而使农民自己陷于永远的穷苦。克服这种状况的唯一办法，就是逐渐地集体化；而达到集体化的唯一道路，依据列宁所说，就是经过合作社。”[④]在农业生产上开展的集体互助生产合作社，不仅提高了农业生产的效率，而且在劳动中改造了农民，同时也为土地集体所有制的形成创造了条件。

（四）为中国革命的胜利打下了坚实基础

1. 调动了农民革命的积极性

中国在封建土地私有制主导下的农地关系，始终处于紧张状态，农民对土地的归属感是根植于血脉中的。近代以来，中国农民遭受的苦难更增加了农民对土地的渴望。帝国主义、封建主义和官僚资本主义从未想过要改变这种封建剥削式的土地关系。中国新民主主义革命的任务就是打倒“三座大山”，中国共产党制定实施的土地政策也是要消灭封建土地私有制，实现耕者有其田。这满足了中国农民几千年来对土地的渴望，同时农民投身革命也与旧社会的农民参军

---

① 毛泽东．毛泽东选集(第 4 卷)[M]．北京：人民出版社，1991：1250．
② 毛泽东．毛泽东选集(第 3 卷)[M]．北京：人民出版社，1991：1055．
③ 毛泽东．毛泽东选集(第 2 卷)[M]．北京：人民出版社，1991：678．
④ 同②：931．

有着根本区别。旧社会军阀的拉壮丁，是为军阀、地主服务，农民是被强迫或半强迫式参军，是为了获得军饷，“好男不当兵，好铁不打钉”的俗语在这一时期也广为流传。此时参军的农民维护的是地主阶级的利益，没有主动性，军阀队伍的维系靠的是中高级军官之间权力的分配，低级军官和士兵之间的金钱利益、“兄弟”情义。中国共产党实行的土地政策改变了封建土地私有制，使农民真正获得了属于自己的土地，并在思想上得到了改造。为了维护自身的利益，解放更多的穷苦大众，取得民族独立、国家独立，农民革命的积极性被调动起来了。农民积极参加中国共产党领导的革命队伍，参军光荣的思想也深入人心。农民参加革命队伍后，也积极发挥主观能动性，自主提高革命军事素养，在缺乏军事装备、缺乏军饷、缺乏后勤补给等种种困难的情况下，发挥出了巨大的战斗力。这使得中国共产党领导下的革命队伍与其他军队之间有了巨大差别。思想指导和党的领导是保证革命胜利的基本条件，但被充分调动起革命积极性的农民阶级也为中国革命的胜利提供了重要支持。中国共产党的领导克服了农民阶级的狭隘性和个人主义。吃苦耐劳是中国农民的特点，中国农民还兼具勇气和智慧，同时中国农村还拥有巨大数量的人口，土地政策改变了农民千百年来的状况，这使得农民阶级成了中国革命的主力军。

2. 在特殊时期，团结了一切可以团结的力量

党的土地政策并不是一成不变的，根据革命形势的发展、具体社会环境的变化，党的土地政策也会随之调整。抗日战争时期，随着国内主要矛盾的改变，党的土地政策也从没收地主土地分配给农民，转变为地主减租减息、农民交租交息。土地政策的转变使各阶级看到了中国共产党联合抗日的决心和诚意，配合政治上的“三三制”，开明地主士绅纷纷响应党的号召，联合起来共同抗日，同时也孤立了地主阶级中的顽固投敌分子。在全民族统一战线的基础上，团结一切可以团结的力量也有助于我们辨别汉奸、托派、亲日派分子等起破坏作用的奸细分子①，这进一步扩大和巩固了民族统一战线。

3. 保障了军民基本的粮食供给

党的土地政策在根据地范围内逐步消灭了封建土地私有制，这在生产力基

---

① 毛泽东.毛泽东选集(第2卷)[M].北京：人民出版社，1991：523.

本固定、种子产量基本稳定的前提下，极大地提高了农民的生产积极性，提高了粮食总产量。对原有土地的重新分配以及土地所有权的改变使农民更加细心地对待土地，粮食单位亩产量较之租种时期有小幅度提升；大量荒地被开垦，耕地总面积增加，粮食总产量提高；具有社会主义因素的初级合作社的普及也提高了农民的耕作效率；部分根据地面对人少地多的情况，开展军民大生产运动，减少了政府、军队对粮食供给的需求。这保证了党在艰难困苦时期基本的粮食供给，为革命的胜利提供了后勤保障。不仅如此，合作化道路“是人民群众得到解放的必由之路，由穷苦变富裕的必由之路，也是抗战胜利的必由之路”①。

4. 为工业化提供了切实保障

以初级农业合作社为形式的土地政策的实施，将农村人口大量集中，为初级工业生产提供了劳动力支持。同时，在艰苦条件下，大量妇女儿童参与农业生产，解放了更多的劳动力进行工业生产。在工业原料不能自给自足的情况下，部分农业产出被用于交换工业原料和机器，以保证工业生产的持续，保证供给革命对工业产品的基本需求。作为中国革命主力军的农民阶级，积极投身革命，在严酷的革命环境中，为了保护微弱的工业火种作出了极大牺牲。在敌人的围剿中，农民牺牲自己保护工业机器转移；在机器和工业原料的运输中，没有大型运输设备，农民依靠肩挑手抬完成了运输任务；在工业设备与原料的采购中，农民省吃俭用以提供资金；在工业生产中，缺乏足够的技术知识和替换的磨损件，传统匠人在实践中摸索出使用方法，并手工打磨出精密度极高的零部件；等等。根据地零星的工业化积累了必要的工业技术，培养了一批工业人才，为中华人民共和国成立后的工业化发展奠定了基础，也为革命的胜利提供了重要支持。

---

① 毛泽东.毛泽东选集(第3卷)[M].北京：人民出版社，1991：932.

第三章

从中华人民共和国成立到改革开放前，农村土地集体所有制的形成过程和历史贡献

中华人民共和国成立初期，受诸多因素影响，在土地所有制的选择上并未直接确立土地公有制，而是明确为农民的土地所有制。在农民的土地所有制确立后，国家通过逐步的农业社会主义改造，完成了农民的土地所有制向土地公有制的转变。两种不同的土地制度选择，在中国社会主义建设的不同时期发挥了重要作用，为社会主义现代化建设作出了重要贡献。

一、土地政策的延续——农民的土地所有制

中华人民共和国成立初期，土地问题成为国家工作的一个重点。毛泽东指出："国共两党二十多年的争论就其社会性质说来实质上是在农村关系的问题上。"①农村关系的核心问题就是土地问题。《中国人民政治协商会议共同纲领》（以下简称《共同纲领》）规定："有步骤地将封建半封建的土地所有制改变为农民的土地所有制。"②这也是第一次以纲领性文件提出我国实行农民的土地所有制。为什么是农民的土地所有制，而不是土地公有制，这与我国当时的国情有密切关系。中华人民共和国成立初期，仍然在进行新民主主义革命，农民的土地所有制仍然是新中国成立前土地政策的延续，或者说是新民主主义革命土地政策的延续。中华人民共和国的成立伴随的是短期内大量新增解放区的出现，这部分地区并未进行土地改革，土地改革的工作也不仅仅是在中国共产党的领导下进行着，不能完全按照社会主义的性质来决定土地改革后的土地制度。如何在和平时期进行国家建设，并无既成经验，苏联与中国国情的不同，使得中国共产党人只能在摸索中进行，而大量新解放地区的土地改革又亟须进行。关于新解放地区的土地改革问题，苏联也提出了建议："提议将分配地主土地与分配富农土地分成两个较长的阶段来做。"③关于新解放地区土地改革分两个阶段进行的问题，毛泽东持支持态度，并详细论述了原因。"第一是土改规模空前伟大，容易发生过左偏向，如果我们只动地主不动富农，则更能孤立地主，保护中农，并防止乱打

---

① 毛泽东. 毛泽东选集(第 1 卷)[M]. 北京：人民出版社，1991：1077.

② 中共中央文献研究室，中央档案馆. 建党以来重要文献选编(1921—1949)(第二十六册)[M]. 北京：中央文献出版社，2011：759.

③ 中共中央文献研究室. 毛泽东年谱(一九四九——一九七六)(第 1 卷)[M]. 北京：中央文献出版社，2013：94.

乱杀，否则很难防止；第二是过去北方土改是在战争中进行的，战争空气掩盖了土改空气，现在基本上已无战争，土改就显得特别突出，给予社会的震动特别显得重大。”他进一步指出：“第三是我们和民族资产阶级的统一战线，现在已经在政治上、经济上和组织上都形成了，而民族资产阶级是与土地问题密切联系的，为了稳定民族资产阶级起见，暂时不动半封建富农似较妥当的。”①

刘少奇在1950年《关于土地改革问题的报告》中对土地改革的重点进行了说明：“土地改革的基本内容，就是没收地主阶级的土地，分配给无地少地的农民。这样，当作一个阶级来说，就在社会上废除了地主这一个阶级。”“这样一种改革，诚然是中国历史上几千年来一次最大最彻底的改革。”②土地改革的目的是消灭地主阶级，消灭其存在的社会基础。从实际状况来看，地主阶级掌握着大量土地，在人地矛盾中居于主要地位，对地主阶级没收土地，分配给无地或少地农民，能够快速实现土地的相对平均分配。而富农占有的耕地相对较少，且人数众多，新解放地区农民的思想解放程度还不够高，将富农连同地主阶级一起消灭遇到的阻力极大，容易引发社会震动。因此，1950年颁布的《中华人民共和国土地改革法》，对富农实施了保护政策，规定为“保护富农所有自耕和雇人耕种的土地及其他财产，不得侵犯”，并明确规定了我国土地改革运动的目的：“废除地主阶级封建剥削的土地所有制，实行农民的土地所有制，借以解放农村生产力，发展农业生产，为新中国的工业化开辟道路。”③由于土地改革运动基本上是在农村进行的，相应的法律制定也是以农村实际情况为基础的，并未涉及城市，因而特别规定：“本法适用于一般农村，不适用于大城市的郊区。大城市郊区的土地改革办法，另定之。”④为了配合《中华人民共和国土地改革法》的实施，政务院通过并公布了《政务院关于划分农村阶级成分的决定》，这一文件以1933年瑞金民主中央政府制定颁布的《怎样分析农村阶级》和《关于土地改革中一些问题的决定》为

---

① 中共中央文献研究室.毛泽东年谱(一九四九——一九七六)(第1卷)[M].北京:中央文献出版社,2013:102-103.

② 刘少奇.关于土地改革问题的报告[J].中国农报,1950,(3).

③ 中共中央文献研究室.建国以来重要文献选编(1949—1965)(第一册)[M].北京:中央文献出版社,2011:292.

④ 同上:299.

基础，并针对当时土地改革中存在的问题进行适当补充。例如：对地主和富农的界定给出了量化标准；对恶霸进行了定义；对地主成分的转变给出了标准。①

农民的土地所有制的确立，与中国特殊的国情息息相关，按照马克思主义的设想，社会主义国家应当建立起公有制的土地所有制。但在百废待兴的新中国，农民占据了人口的绝大多数，千百年来农民对土地的渴望以及消灭封建地主土地所有制的需要，农民的土地所有制应运而生。这一制度的实行，使得3亿多无地、少地农民无偿得到了土地，调动了农民生产的积极性，全国贫农数量迅速减少，农村经济状况快速好转，为新中国工业化的发展奠定了基础。"只有农业的发展，才能供给工业以足够的原料和粮食，并为工业的发展扩大市场。"②

为了快速地废除封建地主土地私有制和封建剥削，中华人民共和国成立后，在农村地区实行农民的土地所有制，城市仍然实行土地公有制。在土地政策的长期规划中，农民的土地所有制只是在土地改革进程中的一个过渡，最终仍然要实行土地公有制。农民的土地所有制是为了减少土地制度从地主的土地私有制直接转变为土地公有制出现的问题而实行的缓冲政策，土地政策的后续变化也证明了这一点。

二、从农民的土地所有制向农村土地集体所有制的转变

从中国共产党实行土地政策的历史来看，农民的土地所有制仅存在于中华人民共和国成立初期，随着农业合作化进程的发展，自然过渡到了农村土地集体所有制。"土地改革，使我们在民主主义的基础上同农民结成了联盟，使农民得到了土地。农民得土地这件事，是属于资产阶级民主革命的性质，它只破坏封建所有制，不破坏资本主义所有制和个体所有制。"③农民的土地所有制性质和中国社会主义的性质也决定了农民的土地所有制必然向土地公有制转变。

---

① 中共中央文献研究室.建国以来重要文献选编（1949—1965）（第一册）[M].北京：中央文献出版社，2011：332-353.

② 同上：458.

③ 中共中央文献研究室.建国以来重要文献选编（1949—1965）（第七册）[M].北京：中央文献出版社，2011：262.

（一）土地使用权的初步集体所有：农业生产领域的互助合作

在全国土地改革尚未完成时，中共中央已经开始对农业生产领域的集体化进行探索。根据已完成土地改革地区的农村农业实际发展状况，中共中央于1951年年底提出了《中共中央关于农业生产互助合作的决议（草案）》。该文件提出了三种不同形式的互助合作方案："第一种形式是简单的劳动互助，这是最初级的，主要是临时性的，季节性的……第二种形式是常年的互助组……第三种形式是以土地入股为特点的农业生产合作社，因此或称为土地合作社。"①三种农业生产领域的互助合作形式是为了完成农业社会主义改造，是为了更好地发展农村经济。这三种合作形式并不是凭空产生的，在土地革命战争时期，实行了土地改革的根据地农村，已经出现了具有社会主义因素的合作社形式。前两种形式的合作社，在中央提出互助合作方案之前已经在农村大量出现，并切实有效地促进了农业生产的发展。随着互助合作运动的发展，全国各地区的农村或早或晚地都进入了土地合作社形式。1952年年底，刘少奇在《关于中国怎样从现在逐步过渡到社会主义去的问题》中明确提出："互助合作运动是今后中国农村经济发展的主要方式。"②以土地合作社或集体农庄形式为主的互助合作运动，在土地使用权上实现了集体所有。1953年4月，《华北局关于农业生产合作社若干问题的解决办法》对农业生产合作社中的土地问题进行了规定："社员的生产资料，为社员所私有。社员土地入社，统一使用，社员按入股的土地分配一定比例的收获量，或给以固定的报酬，但应允许社员自留少部分土地作为菜圃之用。"③这一规定虽然明确了农民对土地的私有，但由于土地的统一经营和收获的统一分配，土地的实际使用权已经归属于集体所有。此外，对富农的消灭也是在农业生产合作化进程中完成的。农业生产合作社最开始将富农排除在外，农业生产合作社切实地提高了农业产量，增加了合作社农民的收入，富农逐渐被孤立。农业生产合作社的显著效果，使得富农对加入农业生产合作社爆发了极大的热情。国家政策的转变为消灭富农

---

① 中共中央关于农业生产互助合作的决议（草案）[J]. 斗争，1951，(116).

② 刘少奇. 关于党在过渡时期总路线的文献五篇——关于中国怎样从现在逐步过渡到社会主义去的问题[J]. 党的文献，1988，(5).

③ 中共中央文献研究室. 建国以来重要文献选编（1949—1965）（第四册）[M]. 北京：中央文献出版社，2011：203-204.

创造了机会，通过对富农的逐步削弱，以及农业生产合作化运动的展开，以各农业生产合作社为单位，在消灭富农的过程中进一步实现了土地的平均分配。

1953年7月，邓子恢明确提出了农村工作的基本任务："农业生产及整个国民经济的恢复并超过了战前水平，这一切就为逐步实现我们国家的工业化和农业的现代化准备了条件。"①实行农业生产互助合作运动即农业社会主义改造的目的是对小农经济进行社会主义改造，当时中国的农业仍处于小农经济状态，农业的发展无法与工业化相适应，必须实行大集体经济。"毛主席所指示的逐步实现农业的社会主义改造，就是要把现在的农民土地所有制通过互助合作运动逐步地加以改造，逐步地代之以农民自愿的土地集体所有制。"②这是第一次提出从农民的土地所有制转向农村土地集体所有制，但农业的社会主义改造完成后，并未达到这一目标，只在农村土地使用权上转向了集体所有，农民思想上仍然存留着浓厚的土地私有概念。1953年，毛泽东在《关于农业互助合作的两次谈话》中，对农民的土地所有制与社会主义关系进行了初步论述，"'确保私有'是资产阶级观念"，"对于农村的阵地，社会主义如果不去占领，资本主义就必然会去占领"，"个体所有制必须过渡到集体所有制，过渡到社会主义"。③ 农民的土地所有制仍然属于私有制范畴，这决定了农村中会出现资本主义发展道路的可能性，这是迫切需要转变的。在确立农民的土地所有制之后，农村出现了买卖土地的现象，从私有制看来，这是完全合法的，但按照社会主义的标准，这是不允许的。针对这一现象，毛泽东指出："阻止农民卖地，办法就是合作社。互助组还不能阻止农民卖地，要合作社，要大合作社才行。大合作社也可使得农民不必出租土地。"④这也就表明，农民的土地所有制是不适应社会主义的，必然会从农民的土地所有制过渡到农村土地集体所有制，过渡到社会主义，过渡的方式就是农业生产互助合作。1953年12月16日，中共中央通过的《中国共产党中央委员会关于发展农业

---

① 中共中央文献研究室.建国以来重要文献选编（1949—1965）（第四册）[M].北京：中央文献出版社，2011：241-242.

② 同上：245.

③ 中共中央文献研究室.建国以来重要文献选编（1949—1965）（第四册）[M].北京：中央文献出版社，2011：405-407.

④ 同上：405.

生产合作社的决议》提出："现有形式的农业生产合作社可以成为引导农民过渡到更高级的完全社会主义的农业生产合作社（集体农庄）的适当形式。"[①]通过农业生产互助合作运动过渡到农村土地集体所有制，其中的合作社形式就是指"完全社会主义的农业生产合作社"。

实行农业生产互助合作运动，不仅是为了完成农民的土地所有制向农村土地集体所有制的过渡，而且是社会主义工业化建设的要求。"在发展工业的同时，必须相应地按比例地发展农业。如果农业的发展赶不上工业发展的需要，工农业生产之间失去平衡，就势必打乱国家的整个建设计划，不能适应人民生活水平不断提高的需要。"[②]以农民的土地所有制即土地私有制为基础的小农经济，并不能满足发展的要求，小农经济有其局限性，在满足自身的需要之后发展速度必然减缓，这是由小农经济相对封闭的经济体系决定的。同时，以土地私有制为基础的社会发展，将会再现封建社会的土地兼并现象，周期性循环将会再次开始。而在我国社会主义工业化的初期，工业经济与农村经济的关系基本上是以农村经济单方面输出为主的，在工业需求年年增加的情况下，传统的农业生产方式已不能满足工业需求，只有通过农业生产合作化来加快农业的发展，以跟上工业化前进的步伐。等工业化发展到一定程度之后才能反哺农业，实现农业的现代化。

虽然农业生产互助合作形式的优势已经被农民认同，但过于快速地推进农业生产互助合作运动的进程与农民思想改造的速度并不匹配，过快地进入"完全社会主义的农业生产合作社"，完成农村土地集体所有制，容易引发农民的抵触情绪。"鉴于中国的基本区域地少人多，农民对土地的私有和依赖观念尚极深厚，所以土地这一基本生产资料的公有化，不宜采取直接改变所有权的方式，而应如中央指示，随着生产的逐步发展而逐步降低以至最后废除土地报酬。"[③]同时，对更高级的农业生产合作社的形式还需要进一步探索，"明确肯定半社会主

---

① 中国共产党中央委员会关于发展农业生产合作社的决议[J].中国农报，1954，(2).

② 中共中央文献研究室.建国以来重要文献选编（1949—1965）（第五册）[M].北京：中央文献出版社，2011：230.

③ 中共中央文献研究室.建国以来重要文献选编（1949—1965）（第五册）[M].北京：中央文献出版社，2011：375.

义合作制乃是当前阶段合作化运动的主要形式。”①随着社会主义工业化的快速发展，农业合作化的进程逐渐落后，毛泽东提出要学习苏联的经验，“我国农业合作化的步骤应当和我国的社会主义工业化的步骤相适应”，“应当在大约三个五年计划的时期内基本上解决农业合作化的问题”。② 毛泽东还对农业生产合作社提出了基本的量化标准，“农业生产合作社，在生产上，必须比较单干户和互助组增加农作物的产量。”③毛泽东虽然提出了要加快发展农业合作化运动，但仍然认为“我国的农业生产合作社，在现阶段一般地是以土地入股统一经营为特点的半社会主义性质的初级合作社”④。这表明，我国在合作化的初期，在农业生产方式上已经开始了具有集体性质的初级合作化，但农民仍然对土地拥有所有权。

（二）农民的土地所有制和农村土地集体所有制并行

1956 年 3 月，基于全国各地已出现大量高级农业生产合作社，中共中央发布了《中共中央关于在农业生产合作社扩大合并和升级中有关生产资料的若干问题的处理办法的规定》。该规定提出：“在初级社转为高级社的时候，社员的土地转为合作社公有，取消土地报酬。土地归社公有以后，如果有的社员退社，合作社应当从社公有的土地中拨给他一份耕地。”⑤这在某种意义上已经是土地集体所有制了，但没有明确的法律规定，仅仅作为高级农业生产合作社的一条规章制度来实行。同时该规定允许社员退社，返还土地，表明农民的土地所有制仍在实行。但该规定中对社员自留地的所有权归属并没有明确，实际生产中，农民对自留地生产仍然保持着高度的自主性。1956 年 6 月 30 日，第一届全国人民代表大会第三次会议通过的《高级农业生产合作社示范章程》，对合作社内土地的集体所有制进行了详细规定：“入社的农民必须把私有的土地和耕畜、大型农具等主要生产资料转为合作社集体所有。”“农业生产合作社应该抽出一定数量的土地

---

① 中共中央文献研究室.建国以来重要文献选编(1949—1965)(第五册)[M].北京:中央文献出版社,2011:625.

② 中共中央文献研究室.建国以来重要文献选编(1949—1965)(第七册)[M].北京:中央文献出版社,2011:61.

③ 同上:57.

④ 同上:247.

⑤ 中共中央文献研究室.建国以来重要文献选编(1949—1965)(第八册)[M].北京:中央文献出版社,2011:141.

分配给社员种植蔬菜。"①这一规定明确了入社农民将包括自留地在内的所有土地所有权全部归集体所有，以再分配的方式将小块土地分配给农民，并对生产经营范围进行了规定。这一规定在不激化矛盾的情况下将自留地的所有权收归集体，对这部分土地生产经营范围的规定也参考了农民的实际耕种情况，被大多数农民认同。对于退社的规定则实行双向化，不仅社员可以主动要求退社，"社员如果严重地违反社章，经过多次教育和处分还不悔改，由社员大会或者社员代表大会讨论决定，可以取消他的社员资格"②。零星的生产资料归社员私人所有，具有一定规模的生产资料则以不同的方式转为集体所有，如大量成片的林木、成群的牲畜等均以折价的方式转为合作社集体所有。

（三）人民公社与农村土地集体所有制的形成

无论是土地所有制的变化还是人民公社的发展，都是为了更好地进行社会主义现代化建设。当时中国的社会主义现代化建设首先也是最主要的就是工业化，而农业的发展是工业发展的先决条件，农业发展的速度决定了工业的发展速度。"工业的发展，要看农业五个方面的问题：农民能够供应多少商品粮给城市和经济作物区，就能够办多大的工业；农业能够提供多少劳动力到城市办工业、交通、文教等；农业能够生产多少工业原料；农业能够提供给工业多大的市场；农业能够提供多少人来发展运输。"③

人民公社的发展进程也是农村土地集体所有制逐步完善的过程。中共中央首先对人民公社中的三级制度进行了明确，公社保留不变，生产大队规定为"作为基本核算单位的管理区和生产队，以后一律改名为生产大队"，生产队规定为"原名生产小队，以后一律改名为生产队"。④ 对人民公社的三级制度进行明确之后，1961 年，中共中央在《农村人民公社工作条例（修正草案）》中进一步明确了土地集体所有制，"以生产大队的集体所有制为基础的三级集体所有制，是现阶段

---

① 高级农业生产合作社示范章程[J]. 中华人民共和国国务院公报，1956，(29).

② 同上.

③ 中共中央文献研究室. 建国以来重要文献选编（1949—1965）（第十四册）[M]. 北京：中央文献出版社，2011：209-210.

④ 同上：195.

人民公社的根本制度”①。这就意味着实际上形成了以生产大队的集体所有为主，部分生产队保留了少数的土地所有权的土地集体所有制。随着人民公社的改革的推进，生产队和生产大队之间对集体所有权的归属调整问题出现了反复，最终形成了以生产大队和生产队共有土地所有权的状况。人民公社三级制度中的生产队和生产大队在人民公社取消之后仍然发挥作用，以生产大队为集体的土地集体所有制也作为固定形式保留了下来。

以人民公社为依托的农村土地集体所有制是一种新型的对土地制度的探索，在探索过程中难免会出现问题。人民公社化进程过快以及综合因素的影响，导致部分地区农村集体的优越性并没有显现，一部分地区提出“退到初级社、不利于向机械化发展”②等意见。针对这些意见，中共中央对人民公社三级制度中的所有权进行了调整，将生产队列为一级核算单位，各地区根据实际情况自由选择实行生产队核算或生产大队核算。但这一调整涉及了集体所有权问题，生产队作为一级核算单位，也就意味着生产队必然作为集体占有生产资料才能实现核算职能。对此，中共中央在新的调整中对归属生产大队集体所有的生产资料进行了拆分，除无法拆分或不便于拆分的生产资料外，如生产大队开办的企业、由生产大队兴建的几个生产队共同受益的水利设施等，其余生产资料的集体所有权均可根据情况，或由生产大队持有，或下放给生产队。土地作为固定生产资料也在被拆分的范围内，“原来‘四固定’的土地，如果是合理的或者大体上合理的，可以基本不动，个别调整”。“土地的所有权归谁，可以斟酌情况决定。”“可以确定归生产队所有，也可以仍旧归大队所有，固定给生产队长期使用。”③这一规定推翻了之前的以生产大队为集体的土地集体所有制，而是以生产队和生产大队两个集体并行的所有制。一部分人口过多、分散居住、交通不便的生产大队，在此次调整中将包括土地在内的集体所有权下放给了生产队。随后，全国性的生产队自主核算开始实行，生产队在取得以土地为主的生产资料集体所有权之

① 中共中央文献研究室.建国以来重要文献选编（1949—1965）（第十四册）[M].北京：中央文献出版社，2011：355.

② 同上：638.

③ 中共中央文献研究室.建国以来重要文献选编（1949—1965）（第十五册）[M].北京：中央文献出版社，2011：157-158.

后，实现了独立自主经营，在集体经济上保留作为生产大队集体经济组织的组成部分。但无论实行什么样的集体所有制，都是以发展农业生产为目的的，“在完成反封建的土地改革以后，我们党在农业问题上的根本路线是：第一步实现农业集体化，第二步在农业集体化的基础上实现农业的机械化和电气化”①。由此可以看出，农业的所有更高层次的发展都是以农业集体化为基础的，而农业的集体化则是以农村土地集体所有制为核心的。

总的来看，农民的土地所有制经过了互助组、合作社、高级社等农业生产形式，以及具有政社合一性质的人民公社的制度改革之后，基本上实现了在人民公社范围内以生产大队为集体的农村土地集体所有制，这也是我国今后长期坚持的农村土地制度的雏形。自此之后的农村土地改革，也都是建立在农村土地集体所有制基础之上的，并不涉及所有权问题，只是在使用权或使用方式上进行调整，以更好、更快地促进农村发展。

三、从中华人民共和国成立到改革开放前，土地制度的历史贡献

从新中国成立到改革开放前，中国的土地制度完成了性质上的根本转变，新中国成立之初实行的农民的土地所有制对国家建设产生了重要作用，在社会主义改造过程中，农民的土地所有制也逐步转变为农村土地集体所有制。这一制度转变过程不仅促进了农业发展，稳定了农民，而且改造了农民的土地观念。农村土地集体所有制的最终确立，丰富了社会主义土地公有制的形式。

（一）农民的土地所有制为团结一切力量作出了重要贡献

农民的土地所有制政策的确立，最初源自新中国成立前制定的《共同纲领》，《共同纲领》规定：“有步骤地将封建半封建的土地所有制改变为农民的土地所有制。”②这一纲领是在中国共产党领导下，由中国人民政治协商会议制定并通过的，其中综合了各个阶级、党派和无党派人士的观点与建议，在新中国成立之初，

① 中共中央文献研究室．建国以来重要文献选编（1949—1965）（第十五册）[M]．北京：中央文献出版社，2011：510．

② 中共中央文献研究室，中央档案馆．建党以来重要文献选编（1921—1949）（第二十六册）[M]．北京：中央文献出版社，2011：759．

起到了临时宪法的作用。《共同纲领》对于团结各阶级的力量,完成新民主主义革命和向社会主义革命过渡的转变,起到了重要作用。而作为《共同纲领》核心内容之一的土地政策,能否为中共中央落实,也成为各阶级衡量中国共产党执政偏向的标准之一。农民的土地所有制政策一经制定,便迅速在解放区实施。随着解放区范围的迅速扩大,原有的储备干部无法满足土地政策在新解放区实施的需要。土地政策的落实打消了各阶级对中国共产党执政后政策偏向的顾虑,在土地工作干部缺乏之际,各阶级主动参与各地区土地政策的实施。在土地政策落实过程中,以小资产阶级和民族资产阶级为首的各阶级、各民主党派和无党派人士对中国农村的土地状况认识有了更深层次的了解,也加深了对中国共产党执政能力的认同。在土地政策实施过程中,中国共产党党员干部和民主党派干部、无党派人士的联合工作也为此后民主党派和无党派人士参与政府工作积累了经验。农民的土地所有制与孙中山提出的"耕者有其田"有着共同目的,也得到了一大批小资产阶级和民族资产阶级的认同。

除此之外,农民的土地所有制的实施也受到了广大农民阶级的欢迎。中国共产党在土地革命时期制定的土地公有制的纲领短时间内并未被农民阶级所认同,土地归属国家的政策也并未在革命根据地落实。但长时间对土地公有制的宣传也使得农民阶级对这一概念有了具体了解,在没有切实地认识到土地公有制的积极性之前,农民对其不免产生恐惧。农民的土地所有制的确立和实行打消了农民阶级对土地公有制的未知恐惧,满足了农民阶级对土地的渴望和需求,使广大农民阶级坚定地团结在中国共产党的周围。不仅如此,作为无产阶级的工人阶级,本身就是封建土地私有制的受害者,工人阶级的大多数成员是短时间内从农民转化而来,农民的土地所有制的确立为这些人回归农村提供了可能性。由此,农民的土地所有制的确立和实施为联合各阶级的力量发挥了重要作用。

(二)农民的土地所有制推进了全国土改工作的快速实施

新中国成立之初,只有革命根据地完成了土地改革,少部分再次被国民党政府重新占领的革命根据地的人民对中国共产党的土地政策有着比较清楚的认识,但全国大部分解放区完全没有接触过中国共产党的土地政策。如果按照革命根据地时期的土地政策在新解放区进行土地改革,势必会面临极大的阻力。

各民主党派的不支持、地主阶级的强势对抗、农民阶级对政策的怀疑和不认同、反动派的蓄意挑拨等，都会给土地改革的顺利进行造成障碍。农民的土地所有制在四个方面的共同作用下，促进了全国土改工作的快速实施：第一，农民的土地所有制是在中国共产党的领导下，由各个阶级、民主党派和无党派人士共同制定的，是共同的意志。第二，农民的土地所有制打乱了反动派长期以来对公有制的抹黑和扭曲的舆论战略，使其失去了根本的生存土壤。第三，农民的土地所有制在新解放区的实行，打消了反动派给农民灌输的对原有土地政策的恶意扭曲，私有制性质的土地政策契合了传统农民受封建制度影响而形成的对土地私有的思想认识。农民改变了原先的怀疑、敌视态度，积极拥护土地政策的落实。第四，农民的土地所有制孤立了地主阶级，使地主阶级成为绝对意义上的少数派，无力对抗土地改革的进行。同时，农民的土地所有制在实施过程中，与较为宽松的土改政策相结合，进一步加快了土改工作的进程。在土改过程中，中国共产党对富农较为宽松的政策使富农保持中立，广大贫下中农站到了地主阶级的对立面，使地主阶级无法联合起来对抗土地政策的落实。在以上因素的共同作用下，农民的土地所有制在全国范围内迅速落实，完成了农村土地相对平均分配的任务，为新中国成立之初社会环境的迅速稳定作出了重要贡献。

（三）以合作社为生产形式的农村土地集体所有制保障了现代化发展的经济基础

“一个国家愈落后，农村势力在社会变革中就可能发挥更大的作用。”①中国农村的社会变革也是如此，中国在农民阶级与土地关系的变革中完成了农业社会主义改造。初步实行的农业生产合作社为国家建设贡献了重要力量。新中国成立之初，在国际上属于经济落后的第三世界国家，社会主义现代化的发展不仅要缩小与先进国家的差距，追赶、超越先进国家，而且更为重要的是要在激烈的国际竞争中摆脱不平等的政治经济地位。不平衡的发展成为落后国家现代化的普遍发展策略，中国也不例外。经济上的强大成为社会主义现代化最初发展的一个重要目标。中国是一个农业大国，如何发挥农业优势是社会主义现代化发

① 罗荣渠.现代化新论——中国的现代化之路[M].上海：华东师范大学出版社，2013：391.

展过程中面临的重要问题。以土地公有制为特点的农业生产合作社为农业发展提供了合理的形式。农业生产合作社在全国范围内的实行，不仅提高了劳动生产效率，而且以集体的力量改善了基本的农业生产环境，如小型水利灌溉工程的修建、基本农用道路的修整、对农田肥力的提升等。这使得农业生产总值迅速提升。1952 年，农林牧渔业总产值为 461 亿元，1956 年社会主义改造完成后，农林牧渔业总产值迅速增长至 610 亿元。[①] 农业生产的迅速发展不仅代表着农业生产力的发展和农业生产环境的改善，也意味着工业的发展得到了更多的补充。在社会主义现代化初期，农业哺育工业的提出，使农业在保证农民基本生活生产资料的需要之后，大部分用于支援工业建设。此外，农业在自身的发展中也在向支援工业方面倾斜，如农业种植上增加了大量轻工业需要的经济作物，农闲时以集体为单位发展副业以增加收入支援工业，等等。

农村土地集体所有制还使农村快速完成了工业化的初期积累。例如，苏南吴江有一个生产队，在 20 世纪 70 年代末期自主创办社队企业时资本投入为零，即使全靠劳动力，也至少还是需要得到政府严格控制的工业原材料。于是，队干部召集全村社员协商一致，每个劳动力让出 500 工分不参与分配，由集体拿这些从全村农民社员嘴里节省出来的农产品与城市国企交换本村企业需要的原材料。[②] 农村以这种方式开启工业化，不仅没有增加外部负担，反而通过集体成员的风险分担、自然资源的集中利用、成果的集体共享等，提高了农民的生活水平，对外部现代化起到了助力作用。

1958 年兴起的公社工业化也在一定程度上促进了国家的现代化建设。大批社办企业、队办企业的建立，将技术含量较少、工业原材料要求较低的工业生产部门转移到了乡村，扩大了国家工业生产的基础。同时，大批集体企业的建立也促进了农业现代化和农村现代化的发展。初级工业产品被大量应用于农业生产和农村生活中，提升了农民的生活质量，提高了农业生产水平。以合作社为生产形式的农村土地集体所有制还为工业建设提供了大量劳动力。大批集体企业将农民转化为初级工人，随着工业的发展，集体企业为工业产业的扩大提供了大批熟练工人。以合作社为

---

① 参见：国家统计局 1952 年、1956 年统计数据。

② 温铁军，等. 解读苏南[M]. 苏州：苏州大学出版社，2011：18.

生产形式的农村土地集体所有制为这一时期的现代化建设发挥了基础作用。

（四）以合作社为生产形式的农村土地集体所有制为现代化发展提供了稳定的社会基础

农业生产合作社的实行使农民相对固定在农村，以集体为单位的农业劳动使农民在固定时间、地点进行集体劳动，以按劳分配为主的分配方式也使农民与农业劳动的关系更加紧密。在农业产量不断增长的情况下，农民生产劳动的积极性高涨，自觉、自愿地服从集体管理，对土地精耕细作，以获得更富裕的生活。同时，这也极大地削弱了农民的流动性，在当时交通条件相对较差、人员户籍情况不能异地即时查询、个人身份证明易于造假且即时查证困难的情况下，农民长距离流动的大量减少为社会整体环境的稳定作出了重要贡献。例如，在新中国成立初期，敌我斗争形势严峻，农民流动的减少极大地降低了社会管理的难度，农村稳定的社会关系使得反动派失去了在农村活动的土壤，斗争大多被限定在孤立的城市中。此外，农民与集体的稳定关系使其社会关系较少且相对固定，为流动人员的排查创造了便利条件。

除此之外，农民生活条件的逐步改善也增加了农民的稳定性。传统文化中对乡土的眷恋，在生存、生活有了保障后，使得农民不愿意离开家乡、离开土地。以农村土地集体所有制为基础，相对稳定的社会环境为社会管理创造了良好条件，进一步稳定了社会环境。农村土地集体所有制的成效也加深了人民群众对中国共产党执政的信心，政策的执行力度得到加强。由此，形成了一个良性循环。

在新中国成立初期，整体社会发展水平较低，城市和乡村差距较小，在计划经济制度下，多余的生产资料都被投入社会主义现代化建设。以土地集体所有制为基础的农村，发挥了人多力量大的优势，改善了农业生产环境，集体合作的方式也提高了全体农民的生产效率，生活水平得到了极大提高。而城市的生活资料大多由农村供应，工业产品大部分用于出口。城乡之间的生产总值在初期是农村高于城市，随着现代化的发展，转变为城市高于乡村，但总体差距不大。这样，城乡之间无论是经济收入还是生活水平差距都不是很大。二者之间并未形成明显的冲突，在社会主义现代化发展中形成了一段时期的互补。这在整体社会环境的稳固方面发挥了重要作用。

（五）农村土地集体所有制在形成过程中对农民思想观念的改造

上千年的小农经济使土地私有制深入人心，近代以来的社会动荡使得农民的生存愈发艰难，这增强了农民对土地的渴望。农村土地所有制满足了农民对土地的需求，但落后的生产力和恶劣的生产环境并未使农民的生活水平得到明显提高。初级农业生产合作社在保留农民对土地所有权的同时，提高了农业产量，改善了农民的生活，被广大农民所认同。在此基础上发展而来的中级农业生产合作社和高级农业生产合作社，在不使农民产生抵触心理的情况下，将土地的所有权以合作的方式收归集体，在生产中实行集体劳作。以这样的方式首先使农民对集体生产在思想上认同，为农村土地集体所有制的实行打下了基础。在将土地集体所有权收归集体之后，对生产资料的计划分配、农业生产的合理安排提升了农村的生产力水平和农业产量，对生活资料的按劳分配满足了农民的平等、公平要求。集体制度也改善了农民的生产和生活环境，使农民的生活质量得到了提高。严格的入社条件和退社规定，使农民在生产中积极劳作，在思想上拥护农村土地集体所有制。在与实行土地集体所有制之前的生活水平对比之后，农民认识到了土地集体所有制的优越性。农村土地集体所有制与基层管理相结合，在满足农民的基本温饱问题之外，在教育、医疗卫生、公益福利、交通等方面的生活条件也不断改善，农民也不断变得富裕起来。这使得农民坚定了对实行农村土地集体所有制的信念。自实行农业生产合作社以来，生活环境的不断改善，逐渐消除了农民思想中土地私有制的概念。

不仅如此，集体化也使得传统封建迷信活动逐渐丧失了生存土壤，以集体劳动为基础，对科学文化观念的普及教育、对封建糟粕思想的批判和对封建迷信危害的揭露，使农民头脑中的封建思想得以清除，使农民思想中树立起了基本的科学文化观念。

（六）农村土地集体所有制的形成丰富了社会主义土地公有制的形式

“在现代生产力的推动下，世界各地区各民族都以不同的速度和不同的方式突破原来的农业社会形态，向某种形式的工业社会形态转变，或发生某种适应性的变化。这是人类自农业革命以来发生的又一次全球性大变迁，就其广度、深度与变革的速度而言，是人类历史上从来没有过的。”①中国对原有农业社会形态的突破是以农村土地集体所有制为核心的，与工业化形成互补。中国的农村土地集体所有制是对社会主义土地公有制的一种有益创新。“纵观近世以来各国的现代化，凡属成功的经验都是具有独立自主性的选择性现代化，而盲目崇外、照搬外国模式的现代化未有不累遭挫折者。”②中国的农村土地集体所有制的实现形式蕴含了丰富的中国特点，与当时中国农村的情况有着密切关系。

马克思于 1874 年提出了集体所有制概念：“凡是农民作为土地私有者大批存在的地方，凡是像在古西欧大陆各国那样农民甚至多少还占居多数的地方，凡是农民没有消失，没有像在英国那样为雇农所代替的地方，就会发生下列情况：或者农民会阻碍和断送一切工人革命，就像法国到现在所发生的那样，或者无产阶级（因为私有者农民不属于无产阶级；甚至在从他们的状况来看他们已属于无产阶级的时候，他们与认为自己不属于无产阶级）将以政府的身分采取措施，直接改善农民的状况，从而把他们吸引到革命方面来；这些措施，一开始就应当促进土地私有制向集体所有制的过渡，让农民自己通过经济的道路来实现这种过渡，但是不能采取得罪农民的措施，例如宣布废除继承权或废除农民所有权；只有租佃资本家排挤了农民，而真正的农民变成了同城市工人一样的无产者、雇佣工人，因而直接地而不是间接地和城市工人有共同利益的时候，才能够废除继承权或废除农民所有制。”③但对集体所有制的实现形式并没有进行具体规定。最早对农村土地集体所有制实现形式进行探索的是苏联。中国的农村土地集体所有制实现形式参照了苏联的某些制度设计，但和其有着根本区别。中国的农村土地集体所有制是中国共产党根据中国的具体国情对社会主义土地公有制进行的制度创新，并且，“农村土地集体所有制以其超强的适应性和发展性，成为解放、发展和保护我国农业生产力的根本性制度优势，不仅克服了部分土地私有制国家在农业现代化进程中陷入的发展困境，而且助推了我国农业生产力水平的整体跃升”。④

---

① 罗荣渠．现代化新论——中国的现代化之路［M］．上海：华东师范大学出版社，2013：324-325．

② 同上：271．

③ 马克思，恩格斯．马克思恩格斯全集（第 18 卷）［M］．北京：人民出版社，1964：694-695．

④ 刘元胜，于千舒．坚持和完善农村土地集体所有制这个制度优势［J］．红旗文稿，2017，（23）．

第四章

改革开放后以农村土地集体所有制为基础对“三权分置”的实践探索

农村土地集体所有制是我国农村的基本经济制度。改革开放后,农村土地集体所有制的原有实现形式已经不能适应当时我国社会发展的需要,中国共产党在坚持农村土地集体所有制的基础上,对土地使用方式进行了探索,最终确立了家庭承包经营和集体统一经营相结合的双层经营体制。这一体制的实行不仅调动了农民生产的积极性,促进了农业生产力发展,增加了农民收入,而且与当时社会主义实践发展相适应,与其他方面的现代化建设形成了相互促进的关系。随着社会主义现代化的发展,统分结合的农村土地集体所有制实现形式已经不能满足现代化发展的要求,并且统分结合的双层经营体制中集体发挥的作用越来越小,独立的家庭承包、分散经营占据主要地位。在家庭承包责任制仍然发挥重要作用的情况下,中国共产党在以家庭承包为主要实现形式的农村土地集体所有制为基础,对如何进行土地使用方式的创新展开了探索。这一探索具体表现为土地制度从“两权分离”到“三权分置”的演变,以及“三权分置”的实践创新。

一、“两权分离”:以农村土地集体所有制为基础的家庭承包责任制

实行政社合一制度的人民公社,在经过 20 多年的实践后,受多方面因素影响,弊端愈发明显,已经严重地影响到了农民的生活和农村的生产。在坚持农村土地集体所有制的前提下,全国各地纷纷开始了对农村土地集体所有制实现形式的探索。

(一)从集体生产到包干到户:家庭承包责任制的产生

1. 家庭联产承包责任制的产生

关于对生产责任制的探索,早在 1962 年就有部分基层干部在经过实践调查后提出过建议。如安徽太湖县委宣传部钱让能同志在给毛泽东的信中,陈述了保荐责任田的建议,主要从责任田实行前后农业产量和农民生活条件的对比、农民对于责任田性质的看法、责任田对于解决个人和集体利益冲突的作用等方面进行论述。[①] 时任张家口地委第一书记的胡开明也提出了推行“三包”到组的生

---

① 于建嵘,何建华,苑丰. 中国农民问题研究资料汇编(第 2 卷)(上册)[M]. 北京:中国农业出版社,2007:1602-1607.

产责任制建议。[①] 但这些建议并未在农村实行，人民公社仍然是以“一大二公”为主要特点。

在党的十一届三中全会召开之前，部分地区已经开始对集体生产进行改革，以调动农民生产的积极性。如 1977 年在部分地区实行的以“五定一奖”为核心的促进农业生产的方案，就是对农业生产责任的一种探索。“五定一奖”具体分为两种：一种是定人员、定任务、定时间、定质量、定工分，这是针对某种特定的农业生产类型或环节实行的以按工计酬为特点的责任制，在中央明确实行农业生产责任制之后，其迅速发展为包工到组责任制；另一种是定人员、定产量、定时间、定费用、定工分，是以某种农业生产成果为标准的以联产计酬为特点的责任制，后来逐步发展为包产到组、包产到户责任制。这些探索仍然是在集体生产范围之内进行的，打破了之前“吃大锅饭”的形式，具有按劳分配的特点。但有的地区率先打破了集体生产的界限，直接实行了包干到户。如 1978 年 11 月 24 日，安徽省凤阳县小岗村的 18 位农民私下签订了包干保证书。

1978 年 12 月召开的党的十一届三中全会，对农村问题进行了深入讨论，通过了《中共中央关于加快农业发展若干问题的决定（草案）》和《农村人民公社工作条例（试行草案）》。党的十一届三中全会认为：全党目前必须集中主要精力把农业尽快搞上去。为达此目的，必须首先调动农民的社会主义积极性，必须在经济上充分关心他们的物质利益，在政治上切实保障他们的民主权利。会议同时提出“必须认真执行社会主义的分配原则和党在农村现阶段的各项基本经济政策。实行‘各尽所能，按劳分配’，保证多劳多得，反对平均主义”；又提出了“社员的家庭副业，是社会主义经济的必要补充部分。在不影响集体经济发展的条件下，社员有权经营家庭副业，任何单位和个人不得乱加干涉”等要求和措施，针对性地解决人民公社存在的诸多问题。此外，这次会议还提出“可以按定额记工分，可以按时记工分加评议，也可以在生产队统一核算和分配的前提下，包工作业到组，联系产量计算劳动报酬，实行超产奖励”[②]等参考办法，以推动农业生产

---

① 于建嵘，何建华，苑丰. 中国农民问题研究资料汇编（第 2 卷）（上册）[M]. 北京：中国农业出版社，2007：1610.

② 同上：1625-1626.

责任制的发展。但同时又规定："不许分田单干。除某些副业生产的特殊需要和边远山区、交通不便的单家独户外，也不要包产到户。"[①]党的十一届三中全会后，各地群众开始对生产责任制的形式进行探索，经过两年的实践，主要建立了两类形式，"一类是小段包工，定额计酬；一类是包工包产，联产计酬"[②]。当时，以包工到组、包产到组、包产到户等形式的农业生产责任制在全国农村普遍建立起来。1979 年年底，全国一半以上的生产队实行包工到组，"1/4 的生产队实行了包产到组，尤其是安徽、四川、贵州 3 省中，实行包产到组的分别占到了生产队总数的 61.6%、57.6%、52%"[③]，极少数地区实行了包干到户。1980 年 5 月 31 日，邓小平在《关于农村问题》的讲话中公开肯定了小岗村"大包干"的做法。1982 年 1 月 1 日，中华人民共和国历史上第一个关于农村工作的 1 号文件正式出台，即《全国农村工作会议纪要》，该文件明确指出："目前实行的各种责任制，包括小段包工定额计酬，专业承包联产计酬，联产到劳，包产到户、到组，包干到户、到组，等等，都是社会主义集体经济的生产责任制。"[④]在实行诸多形式的农业生产责任制的过程中，或多或少地出现了一些问题，如包产到组、包产到户等形式所产出的生产资料，需要通过集体进行再分配，包工到组的形式在农业生产过程中也要受到集体的制约。最终，农民自发地选择了包干到户的农业生产责任制形式。包干到户就是按社员与生产队签订的合同的规定，完成向国家交售农副产品的数量和上交集体的积累、各种提留及折旧金，其余由社员个人支配，即"交够国家的，留够集体的，剩下都是自己的"。1983 年，中共中央出台的关于农村工作的 1 号文件指出，家庭联产承包责任制"扩大了农民的自主权，发挥了小规模经营的长处，克服了管理过分集中、劳动'大呼隆'和平均主义的弊病，又继承了以往合作化的积极成果，坚持了土地等基本生产资料的公有制和某些统一经营的职能"。[⑤]家庭联产承包制"是在党的领导下我国农民的伟大创造，是马克思主义农业合作

---

① 于建嵘，何建华，苑丰. 中国农民问题研究资料汇编（第 2 卷）（下册）[M]. 北京：中国农业出版社，2007：1626.

② 同上：1639.

③ 赵雪梅. 论新中国的农业制度创新[J]. 武汉大学学报（社会科学版），2001，(3).

④ 中共中央国务院关于"三农"工作的一号文件汇编（1982—2014）[M]. 北京：人民出版社，2014：3.

⑤ 同上：23.

化理论在我国实践中的新发展”①。1983 年年底，全国绝大多数农村地区开始实行包产到户或包干到户。至此，以家庭联产承包为主要形式的农业生产责任制被正式确立，并在全国农村迅速推广。这也标志着我国农村土地两权分离制度的开始。

2. 从家庭联产承包责任制到家庭承包责任制

1991 年 11 月，党的十三届八中全会通过的《中共中央关于进一步加强农业和农村工作的决定》提出，“把以家庭联产承包为主的责任制、统分结合的双层经营体制作为我国乡村集体经济组织的一项基本制度长期稳定下来。”②至此，基于农村土地集体所有制对农村土地使用制度的探索有了结果，家庭联产承包责任制既作为农村土地的使用制度，又作为农村的基本经济制度确定下来。1998 年，党的十五届三中全会正式将家庭联产承包责任制修改为家庭承包责任制。家庭联产承包责任制和家庭承包责任制的区别在于，家庭联产承包责任制主要是指包产到户，家庭承包责任制主要是指包干到户。包产到户强调的是对生产资料的集体所有，同时集体在农业生产上拥有计划、经营、核算、分配的权利，把耕地、农作物和某些畜牧业、养殖业和副业生产任务承包（包用工、包费用、包产量）给农户负责，实行超产奖励、减产赔偿。包干到户强调的则是集体所有权与农民使用权的分离，根据农民与集体签订的有关权利、责任和利益的承包合同，主要是承包土地，由农民自行安排各项生产活动，产品除向国家缴纳农业税、集体缴纳积累和其他提留外，其余产品或收入完全归承包者所有。③ 农民享有对土地的经营使用权，但所有权仍归集体所有。包产到户更多地具有计划经济的特点，对农民的限制仍然较多，农民对包产到户的积极性不高。更加自由的包干到户更受农民欢迎。在具体实践中，包产到户只存在了短暂的时间便被包干到户取代。家庭联产承包责任制更多意义上是与统分结合形成双层经营体制，共同作为农村集体经济组织的基本制度。在土地经营方式上，实际实行的是以包干到户形式为主的家庭承包责任制。

---

① 中共中央国务院关于“三农”工作的一号文件汇编（1982—2014）[M]. 北京：人民出版社，2014：20.

② 中共中央关于进一步加强农业和农村工作的决定[N]. 人民日报，1991-12-26.

③ 徐勇. 阶级、集体、社区：国家对乡村的社会整合[J]. 社会科学战线，2012，(2).

（二）家庭承包责任制：农村土地承包经营政策的变迁

家庭承包责任制是“两权分离”的实现形式，家庭承包责任制的实施取得了明显的成绩，农民的生产积极性高涨，农作物产量迅速增加。但是作为一种固定制度而长期实施的家庭承包责任制很快面临土地分配、土地调整、承包时间、土地使用权出让或转让等问题。这些问题也是“两权分离”过程中必然出现的问题，对于这些问题的解决，包含了整个农村土地承包经营政策的变迁过程。

1. 土地分配方式与土地调整

在土地分配上，基本是按照集体范围内的人口数量、劳动力数量、人口折算劳动力比例等方式，将土地分级，平均分包给个体农民。以家庭为单位的农民由于人口不同、男女比例和青壮年比例不同，因而各家庭之间分得的土地数量并不相等。在没有其他收入来源的情况下，对每一个个体农民所分配土地的争夺成为短时间内农村的一个重要问题。在平均主义的原则下，土地分配之后必然面临土地调整的问题，人口结构的变动导致农村不断地重新调整土地以实现土地分包的平均。土地承包是以拥有同一集体户籍的农民为单位进行的，新增人口或因结婚等而形成的迁入人口，以及死亡或迁出人口等，都导致了承包土地的调整。最为明显的是因结婚带来女性户口的迁入而引发的土地问题。受传统封建思想影响，农村存在着严重的男女不平等思想，女性户口的变动使得其所属土地成为双方家庭争夺的焦点。在国家没有明确调整政策之前，有些农村地区已经迫于人口大量增减的压力而次数不等地调整了承包的土地。

中共中央政策研究室和农业部联合设立的农村固定观察点办公室于 1991 年上半年的专题调查表明，到 1990 年，80%的被调查村对耕地进行过调整，平均调整了 2.4 次。调整的原因依次是：第一，71.8%是为了解决人地变动而引起的矛盾；第二，7.1%是为了改按人承包为“两田制”；第三，6.1%是为了解决地块分散、细碎问题；第四，15%是出于其他原因。[①] 值得指出的是，在对耕地分包进行调整的过程中，人口总量的逐渐增加使得人均耕地面积逐渐减少，同时人口总量

---

① 余展，孙中华. 完善中的农村双层经营体制——274 个村庄双层经营体制调查综述[J]. 中国农村经济，1992，(6).

的逐渐增加也加大了对宅基地等的需求，宅基地的划分大多是通过侵占耕地实现的，这也导致了耕地总量在逐渐减少。各地农村的土地调整分为“大调整”和“小调整”。“大调整”是在收回所有农民承包的土地之后，对土地重新进行分类和评级，不按照原有耕地进行重新分包。“小调整”分为两种。一种是基本不变动农民承包的土地，对死亡或迁出人口交出的土地调整分包给新入籍人口。另一种是在国家提出“增人不增地、减人不减地”的规定后，针对个别群众的要求，对承包土地实行小范围的个别调整。如在同一土地集体中的两位村民结成法定夫妻，为便于耕种，通过“小调整”将二人承包的土地调整到相邻状态。

针对土地承包的频繁调整状况，1993 年，国家作出了规定：“提倡在承包期内实行‘增人不增地、减人不减地’的办法。”1994 年，针对地方上自发实行的“大调整”和“小调整”，中共中央发布的 1 号文件也作出了规定，如果群众有土地调整要求，就应该秉承“大稳定，小调整”原则。“小调整”的要求也有具体规定：“在土地承包经营期限内，对个别承包经营者之间承包的土地进行适当调整的，必须经村民会议三分之二以上成员或三分之二以上村民代表的同意，并报乡（镇）人民政府和县级人民政府农业行政主管部门批准。”①这一规定在实践中加大了“小调整”的难度，农村承包土地经历过初期的频繁调整之后，特别是“增人不增地、减人不减地”的规定实施后，农村的土地分配基本上稳定下来。

随着社会主义现代化建设的不断发展，农民收入来源呈现出多样化，部分农民由于身份的转变和家庭人口的巨大变动，致使其无力耕种土地，并且由于收入来源的增多，使得部分依靠其他方式富裕起来的农民不愿耕种土地。农村出现了私下的“小调整”情况，即不通过集体，农村私下达成协议调换土地，调换后的土地大多与亲属相连接，由亲属耕种。这一情况的大量出现，促使有关土地使用权承包或出让的法律法规的制定。

2. 承包时间

家庭承包责任制中关于承包时间的问题，一开始只是进行短时间的尝试，但作为固定制度之后，农民开始担心土地承包时间过短不利于土地经营的问题，这

---

① 于建嵘，何建华，苑丰. 中国农民问题研究资料汇编（第 2 卷）（下册）[M]. 北京：中国农业出版社，2007：1900.

一问题还包含对家庭承包责任制能否长期实行问题的担心。对此，1984 年中共中央发布的 1 号文件明确了土地承包的时间："土地承包期一般应在十五年以上。生产周期长的和开发性的项目，如果树、林木、荒山、荒地等，承包期应当更长一些。"①1985 年中共中央发布的 1 号文件明确规定："联产承包责任制和农户家庭经营长期不变。"1993 年，中共中央农村工作会议出台的《关于当前农业和农村经济发展的若干政策措施》规定："在原定的耕地承包期到期之后，再延长 30 年不变。开垦荒地、营造林地、治沙改土等从事开发性生产的，承包期可以更长。"《中华人民共和国农村土地承包法》规定："耕地的承包期为三十年。草地的承包期为三十年至五十年。林地的承包期为三十年至七十年；特殊林木的林地承包期，经国务院林业行政主管部门批准可以延长。"②近年来，在农村基本完成的土地确权工作坚持了承包时间 30 年不变的政策。1984 年提出的土地承包期 15 年是在 1983 年的土地实际承包时间开始计算的，到 1997 年承包期满。从 1997 年开始的第二轮土地承包并未像第一轮土地承包那样颁发承包证明，承包地块基本没有变动，单独调整的地块也以村委会的留档为证明。这表明，中国共产党实施的以农村土地集体所有制为基础的家庭承包责任制具有长期稳定性，是中国共产党和政府公信力的体现。土地承包到期后，即使没有单独发放的承包证明，农民也不再担心承包时间和制度的变化。随着中国现代化进程的推进，也为了更好地坚持土地政策，从法律上完善家庭承包责任制，农村开始了第二轮土地承包的确权工作。第二轮土地承包从 1997 年开始，秉持 1993 年提出的"土地承包期再延长 30 年不变"的政策，第二轮土地承包确权证书的承包时间到 2027 年期满。为了稳定和完善农村土地承包不变的政策，自 1997 年开始的第二轮土地承包，并未发放承包证明，以 1993 年提出的"增人不增地、减人不减地"为原则，并未对土地进行调整分配，仅在原有期限上进行延长。自 2012 年起，每年中共中央发布的 1 号文件都强调了第二轮承包土地确权工作的重要性。2013 年中共中央 1 号文件对农村土地确权登记颁证进行了规定："健全农村土地承包经

① 中共中央国务院关于"三农"工作的一号文件汇编(1982—2014)[M]. 北京：人民出版社，2014：40.

② 国家林业局集体林权制度改革领导小组办公室，国家林业局农村林业改革发展司. 集体林权制度改革重要文件和政策法规汇编[M]. 北京：中国林业出版社，2010：514.

营权登记制度，强化对农村耕地、林地等各类土地承包经营权的物权保护。用5年时间基本完成农村土地承包经营权确权登记颁证工作，妥善解决农户承包地块面积不准、四至不清等问题。”①2018年，中共中央再次强调了农村土地工作的重要性，并指出：“落实农村土地承包关系稳定并长久不变政策，衔接落实好第二轮土地承包到期后再延长30年的政策，让农民吃上长效‘定心丸’。”②2021年，中央一号文件中明确提出，“将有序开展第二轮土地承包到期后再延长30年试点。”③

3. 土地使用权的出租或转让

在农村土地集体所有权与使用权分离时，国家就对土地使用权的出让或转让作出了规定：“社员承包的土地，不准买卖，不准出租，不准转让，不准荒废，否则，集体有权收回；社员无力经营或转营他业时应退还集体。”④这一规定将土地使用权的转移对象限定为集体。随着社会主义现代化的不断发展，城市化进程加快，城市范围的不断扩大，使其与农村的直接联系增多，农村土地使用权面临着必然出让的情况。自1987年开始，地方上率先对土地使用权有偿出租或转让的方式、方法进行了探索。1987年11月29日，上海市人民政府首先发布了《上海市土地使用权有偿转让办法》，规定了土地使用权出让的方式、程序、条件以及土地出让金标准。虽然主要针对的是城市国有土地使用权出让的规定，但同时也涵盖了农村集体土地使用权的出租与转让。与其类似的有，1988年2月14日，海口市人民政府发布了《海口市土地使用权有偿出让和转让的规定》，同样包括了国有土地使用权和农村集体土地使用权。

1984年中共中央发布的1号文件强调：“自留地、承包地均不准买卖，不准出租，不准转作宅基地和其他非农业用地。”但同时还规定：“社员在承包期内，因无力耕种或转营他业而要求不包或少包土地的，可以将土地交给集体统一安排，也可以经集体同意，由社员自找对象协商转包，但不能擅自改变向集体承包合同的

---

① 中共中央国务院关于“三农”工作的一号文件汇编(1982—2014)[M].北京：人民出版社，2014：265.

② 中共中央国务院关于实施乡村振兴战略的意见[N].人民日报，2018-02-05.

③ 中共中央 国务院关于全面推进乡村振兴加快农业农村现代化的意见[N].人民日报，2021-02-22.

④ 中共中央国务院关于“三农”工作的一号文件汇编(1982—2014)[M].北京：人民出版社，2014：6.

内容。”[①]1986年颁布的《中华人民共和国土地管理法》规定：“土地不得出租或以其他形式非法转让。”直到1988年的全国人大一次会议通过的宪法修正案，才将这一规定修改为：“土地的使用权可以依照法律的规定转让。”随后，《中华人民共和国土地管理法》也作出了相应修改：“国有土地和集体所有的土地的使用权可以依法转让。”1993年，中共中央农村工作会议出台的《关于当前农业和农村经济发展的若干政策措施》也规定：“经发包方同意，允许土地的使用权依法有偿转让。”这些规定在法律和政策层面使土地使用权的出租或转让合法化，有了可行性。但是土地使用权出租或转让的方式、方法并未明确。由于农民长时间面临人地关系紧张的状况，以平均分配为原则的土地承包并未使农民获得大量土地，个人承包土地数量基本都在单个劳动力可耕种范围内，并且受限于当时的国内环境，农村劳动力基本上被固定在农村，并未大量流失，农村土地使用权的出租或转让也并未大面积应用于实际。1995年，农业部合作经济指导司的“百县调查”显示，当年农村进行土地使用权出租或转让的土地，仅占承包经营面积的2.8%。更多的是由于城市的扩张，将城市周边的农村圈入了城市范围，原有的农村耕地被迫变为建筑用地或工业用地，农村土地使用权在这种情况下被大量转移。

二、“三权分置”：农村土地经营方式新变化

随着社会主义现代化建设的稳步前进，农村原有的土地经营方式逐步落后于现代化发展的速度，但农业在社会主义现代化建设中的重要性、农民在建设小康社会中的不可或缺性和农村在全面现代化建设中的落后地位，使得社会主义现代化建设必然要解决农业、农民和农村的发展问题，这三者发展的基础则是农村土地集体所有制。中国的社会主义现代化建设无法走也不能走西方以城市化消灭农村的道路。由此，向土地寻求三者新的发展成为必然选择，对农村土地经营方式的新探索也由此开始。

（一）农村土地经营方式发生变化的背景

1963年，周恩来提出了“四个现代化”，“农业现代化是基础，工业现代化是主

① 中共中央国务院关于“三农”工作的一号文件汇编(1982—2014)[M].北京：人民出版社，2014：41.

导，科学技术现代化是源动力，国防现代化是保障”。① 随着社会主义现代化的发展，现代化建设的覆盖范围也逐渐扩大，2017 年，习近平在党的十九大报告中提出了全面建设社会主义现代化。2022 年，党的二十大报告进一步提出了建成社会主义现代化强国的目标。随着社会主义现代化的发展，农村土地集体所有制面临的环境也在不断变化，这些变化促使农村土地经营方式进行变革。

1. 农业在社会主义现代化建设中的新状况

农业在社会主义现代化发展的每一时期都具有重要地位，无论现代化发展到何种程度，吃饭都是人们必须面对的问题，农业的重要性由此可见一斑。习近平强调：“中国人的饭碗任何时候都要牢牢端在自己手上。我们的饭碗应该主要装中国粮。”②中国 14 亿的人口使粮食生产成为一个大问题，一旦中国的农业生产无法满足国内的粮食需求，中国的粮食安全将成为影响中国现代化发展的一个不稳定因素。中国对耕地面积的开发基本上达到了极限，并且对土地的过度开发与利用对自然环境造成了影响，在落实退耕还林、退耕还草政策的过程中，耕地总面积在逐渐减少。随着城镇化的发展，城镇范围在不断扩大，对耕地的占用面积也在不断增加，这成为耕地总面积减少的重要原因。同时，经济发展也使得大量经济农作物的种植占用了部分耕地，可用于粮食生产的耕地面积进一步减少。如何在耕地总面积逐渐减少的情况下，保证粮食安全成为农业现代化发展面临的首要任务。

在满足国内粮食的基本需求之后，农业现代化还面临着另一个重要问题，即粮食安全的问题。吃饱仅仅是社会主义现代化发展的基本要求，随着物质产品的不断丰富，人民对生活质量的要求不断提高，满足人民吃好的需求，成为农业现代化发展的一个重要任务。当前，国外优质农产品占有中国市场的份额越来越多。不仅如此，农产品出口的受挫和国内市场的萎缩，会减小对农产品的需求，进而影响农产品价格，价格的降低则进一步降低农民生产的积极性。虽然我国粮食价格在国家为增加农民收入的情况下经过补贴已经高于国际价格，但是

① 周恩来总理的政府工作报告——在第三届全国人民代表大会第一次会议上[J]. 前线，1965，(1).

② 中央农村工作会议在京召开，习近平对做好“三农”工作作出重要指示，李克强提出要求[N]. 人民日报，2021-12-27.

市场总需求的大量减少，在补贴金额固定的情况下仍会降低粮食价格。随着生活水平的提高，人们对单位粮食中营养含量、外观和口感的要求也在不断增加。如何满足人们对农产品标准的要求，提高农产品的整体质量，保证国家的粮食安全，成为农业现代化发展面临的重要任务。

2. 农民对土地态度的转变

随着社会主义现代化的发展，城乡差距逐渐扩大，单纯来自小块土地的务农收入已经不能满足农村家庭的消费需要。城市化对农村劳动力的需求和收入的增加使大部分农村青壮年劳动力进入城市，“全国绝大多数农村地区都已经形成了‘以代际分工为基础的半工半耕’家计模式”①。这种“半耕半工”主要有以下形式：第一，青壮年外出务工收入成为农民家庭收入的主要来源，务农仅仅是作为补贴，并且大部分是由于家庭年老成员无法在城市获取稳定的就业机会，不得不回到农村务农。这成为“半工半耕”的主要形式。第二，在家庭年老成员无力独自完成务农工作或家庭不存在务农成员时，家庭外出务工人员每逢收获季节特意返乡进行粮食的收获与播种，这也是每年夏季农民工返乡高峰的原因。第三，由于父母养老和哺育子女等而无法外出的农村家庭，其主要劳动力除了务农和照顾家庭外，选择就近工作，如对时间要求较低的地方工厂、可以相对自由选择工作时间的城镇商店、短期性的零工等。“半耕半工”形式的农村家庭大多是由于无法在外工作，不得不选择务农。经济收入的高低已经成为农民选择工作的重要标准。

农民通过上学、经商、务工等方式进入城市并获得稳定生活环境之后，在有能力的情况下，基本实现了全家进城，乃至“全族”②进城。这部分人群的耕地基本上流转出去，土地流转的收入仅占其收入的极小比例。当家庭年老成员无力耕种时，外出务工成员除了季节性返乡之外，也有部分人选择将土地流转出去，以获取实物或现金收入。

通过土地流转实现较大范围耕种的人群，大多是无法在外获取稳定、较高收入的中年群体和父母身体状况不佳或因子女抚养教育问题而滞留农村的青年群

---

① 贺雪峰. 谁是农民：三农政策重点与中国现代农业发展道路[M]. 北京：中信出版社，2016：169.

② “全族”指进城农民的家庭成员及其兄弟姐妹的家庭成员。

体。耕种小块土地的收入较少，在劳动力富裕的情况下，适度的规模经营可以满足其家庭消费的需要。“达到30～50亩的经营规模，从而每年从农业中可以获得3万～5万元的纯收入，又通过农村副业获得一定收入，加之农村生活成本低，他们就可以获得不低于外出务工的收入。”①此外，还有基本丧失劳动力的贫困家庭，没有进城务工的青壮年劳动力，除了对自身承包地的耕种之外，无力耕种更多的土地，有的家庭甚至完全无力务农，不得不将土地流转出去。

从上述对农村土地耕种和农村收入的大致来源的分析可以看出，农民对土地的要求已经不再是以前的满足基本生活的需要，以及在满足基本生活需要之外多余的一点经济收入。城乡差距的扩大使得农民极力向城市集中，无力脱离农村生活环境的农民，也以经济收入为主要标准，以家庭承包责任制为实现形式的农村土地集体所有制，已经无力满足农民的经济需要。在无法获取稳定、高额收入来源的情况下，土地是“半耕半工”家庭的退路，也是维持贫困家庭生活的保障。

3. 农村在社会主义现代化发展进程中环境与地位的变化

随着我国社会主义现代化的不对称发展，城乡之间的差距逐渐拉大，从教育、医疗、卫生、收入、福利、产品供给等方面的对比来看，农村远不如城市。改革开放以来，城市化进程的迅速发展加剧了这种差别。农村家庭成员通过教育、经商、打工等方式脱离农村生活环境，完成了身份上的转变。城市的工作机会较多、工资水平较高、生活环境较好，这使得有能力的农民纷纷向城市集中；国家政策的重点也向城市倾斜，这进一步加速了农村的衰落。农村在社会主义现代化发展进程中的衰落主要表现在以下几个方面：第一，人口的减少，尤其是高学历、有能力、富裕人口的减少。中国2016年城镇人口约7.92亿、农村人口约5.89亿，2006年的城镇人口约5.82亿、农村人口约7.31亿，10年间，城镇人口增加了约2.1亿。2016年，中国人口自然增长率为5.86‰，全年出生人口为1 786万人，死亡人口为977万人，比2015年末增加809万人，并且这809万人包括了城镇人口和农村人口。② 由此看来，这10年来城镇人口的增加大多是从农村人口转移而来的，并且转移人口大多为高学历、有能力、经济条件相对富裕的群体。

① 贺雪峰.乡村治理与农业发展[M].武汉：华中科技大学出版社，2017：106.

② 参见：国家统计局2016年统计数据。

第二，农村教育资源的匮乏和青少年人口的转移。随着城市化进程的加快和教育资源分配不平均的加剧，农村教育资源匮乏状况加重。伴随着农民教育意识的增强和经济收入的增加，农村青少年人口向城市转移以寻求更好的教育成为普遍现象。这部分人群在有自主经济能力之后，大多不会返回农村，进一步加剧了农村人口的流失。第三，医疗资源的缺乏和中老年人口的转移。农村医疗资源的缺乏与较差的交通条件相结合，促使有经济能力的家庭将老人向城市转移，这也加快了农村人口的转移速度。第四，农村经济的衰退，加剧了农村整体的衰落。外来资金的流入减少，与内生动力的不足相结合，形成了恶性循环。第五，农民思想观念的落后，影响了农村发展进程，也影响了农民收入的增加。农民通过外出务工获得的收入，除了用于家庭必要消费外，剩余收入并没有在农村进行投资，以增加家庭的收入，也没有使农村经济得到长期发展。最明显的例子表现为农村居住条件的变化。自改革开放以来，农村的住房条件经历了三次明显变化，即瓦房—平房—楼房。农民在房子不断翻修的过程中并未考虑实际居住的需要，攀比和面子心理占据了重要因素，往往出现两三层的楼房只有留守老人和儿童居住，甚至长期无人居住的情况。

以上因素造成了农村整体发展的衰落，也使得农村在社会主义现代化发展进程中受重视程度有所下降。科技创新发展了生产力，也提升了农业产量。在务农劳动力不断下降的情况下，农村仍然能够满足基本的粮食需求。世界主要国家粮食产量和质量的提升，使得我国粮食价格没有任何竞争力，大量粮食进口也使得因粮食问题而备受重视的农村逐渐遭遇冷落。在社会主义现代化发展进程中，部分人受资本主义现代化发展道路的影响，重视城市化而忽视农村。但是，农村在社会主义现代化发展中的重要地位不容忽视，农村的现代化影响着我国全面现代化建设的发展进程，如何在当前环境中创新农村土地经营方式，与农村的全面发展相联系，成为农村现代化亟待解决的难题。

（二）家庭承包责任制的弱化与土地流转

1. 改革开放以来，家庭承包责任制作用的逐步弱化

家庭承包责任制在实行初期，对农业增产、农民增收、农村经济发展起到了重要作用，进而为国家其他方面的现代化作出了重要贡献。改革开放以来，随着

我国社会主义现代化的发展，以家庭承包责任制为实现形式的农村土地集体所有制在农村现代化进程中起到的作用逐渐减少，或者说，这种形式已经不能适应我国社会主义现代化发展的速度。家庭承包责任制在社会主义现代化进程中的弱化主要体现在以下几个方面：第一，分散经营模式在集约经营面前的优势不复存在。家庭承包责任制实行初期，我国的科技水平与机械化程度不足以全面实现机械化经营，并且在当时的技术条件下，机械化集约经营下单位面积的粮食产量远低于精耕细作式的分散经营。随着科学技术在农业中的不断运用，机械化耕作的效率与精度也在不断提高，集约经营对土地的利用率也超出了分散经营。第二，科技发展使分散经营模式的家庭承包责任制处于一个尴尬的境地。科技创新提高了生产力水平，农业机械的大量应用解放了农村劳动力，使得农民在收获与种植时依靠机械可以轻松完成。但分散经营模式下，除草、杀虫、施肥、浇水等农业活动仍然需要人力半机械式完成。农村家庭不得不安排固定劳动力以完成这些任务，或由外出务工劳动力频繁往返于农村和城市。这样，单个农村家庭的务农成本增加，更加便捷、有效的机械化生产无法实施。第三，家庭承包责任制的经济效益逐渐降低。随着国民收入的逐渐提高，城市与农村居民收入提高的速度有了明显差别。在粮食价格低落、务农成本增加的情况下，小块土地的务农收入长期得不到大幅度的提高。尽管在国家取消农业税并实行农业补贴之后，务农收入有所增加，但远远追不上更快速的国民收入增加速度。

2. 农村土地集体所有制的固有优势

新民主主义革命时期，中国通过土地改革，消灭了土地剥削现象，确立了农民的土地所有制。此后，中国又通过农业社会主义改造，形成了土地公有制，随着人民公社的发展，确立了“三级所有、队为基础”的农村土地集体所有制。这一系列土地改革，“消灭了附着在土地上的既得利益，从而形成了中国特色的土地制度势能，具有极大的优势，可以通过改革来适应农业生产力发展的需要”。[①] 中国农村土地集体所有制的一个重要优势就在于其极强的适应性，其实现形式会随着中国社会的发展需要而不断变革。农村土地集体所有制实现形式的历

---

① 贺雪峰. 谁是农民：三农政策重点与中国现代农业发展道路[M]. 北京：中信出版社，2016：249.

史变化也证明了这一点。针对当时农村各地对土地经营方式的诸多探索,中共中央选择其中最适合当时农业生产发展形势的包干到户和包产到户两种形式进行推广试行,最终确立了以包干到户为特点的家庭承包责任制,并以此为基础形成了统分结合的双层经营体制。这一制度在40余年的农村实践中发挥了重要作用。当下,社会主义现代化发展对农村土地集体所有制提出了更高的要求,农村土地集体所有制的实现形式也要进行变革以适应现代化发展。有学者针对农村土地集体所有制的优势,对其实现形式进行了探讨,在总结当下农村现状和现代化发展要求的基础上,提出了农村土地集体所有制的双层设计:"第一层,村庄成员是村社集体土地的共同所有者,并因此有从土地上获取收益的权利;第二层,只有当农户家庭自己种地时,农户家庭才能申请具体土地的使用权。进城不再种地农户的土地使用权要退回村社集体,村社集体将收回土地使用权分给仍然留村种地农户,以形成适度规模经营。"①在现实中,各地农村也在坚持土地集体所有制的基础上,对土地的经营方式进行了一系列探索。农村土地集体所有制的适应性和变革性,为其实现方式的不断调整提供了可能性。当下中国生产力水平的不断提高和整体环境的变化,使得农村土地集体所有制的实现形式必然要进行改革,并且这种改革需要针对当前农村实际生产发展情况来进行。

3. 土地流转的发展

土地流转并不是新生事物,自改革开放之后,农村土地允许出租或转让,土地流转就已经开始实施,只是受当时各种因素的影响,并未大规模进行。在农村土地集体所有制基础上实行的家庭承包责任制在改革开放之初极大地促进了农村生产力的发展。"大体上,到1984—1985年,中国农民中的大多数人已经基本解决温饱问题,以后的目标就是在这个水平上继续向前发展,实现小康,走向富裕。"②"1988年与1978年相比,平均每一农村劳动力创造的农村社会总产值增长1.8倍,平均每年增长10.9%;每一农村劳动力创造的农业生产总值增长

① 贺雪峰.论农村土地集体所有制的优势[J].南京农业大学学报,2017,(3).

② 陆学艺.中国农村现代化基本问题[M].北京:中共中央党校出版社,2004:45-46.

65.1%，平均每年增长5.1%；生产的粮食增长16.3%，平均每年增长1.5%。”①但随着中国经济的迅速发展，农业生产力的提高，家庭承包责任制的分散经营模式已经远远落后于现代化前进的速度。随着农民从土地中获得收益占总体收入比例的逐步减小，土地流转的发展则呈现出反比例的增长态势。

从农村土地使用权的出租与转让合法化之后，土地流转就在农村小范围地开始实行。土地流转的第一个爆发期是在20世纪80年代末，粮食产量的连续增长导致粮食价格逐渐下降。同时，随着沿海地区工业和地方工业的发展吸纳了农村部分劳动力，致使少数农民放弃经营土地，少量土地开始流转。土地流转的第二个爆发期是在20世纪90年代末，沿海地区工业的飞速发展吸纳了全国各地的农村劳动力，“农民工”的称谓也在这一时期普遍流传开来。伴随着农村大量劳动力的流失，越来越多的土地以转包、互换、租赁承包等形式开始流通，并且土地流转不局限于单个的农民之间，而是发展到了农民与企业、集体组织之间进行土地流转。随着20世纪初的免征农业税、粮食直接补贴、粮食最低保护价收购、取消特种税等一系列促进农业发展、提高农民收入的政策的出台，各地农村重现了对土地的热情。同时，2003年《中华人民共和国农村土地承包法》的制定实施，为农村土地流转提供了法律规范。2005年，农业部制定的《农村土地承包经营权流转管理办法》，进一步促进了土地流转的发展。2008年，党的十七届三中全会通过的《中共中央关于推进农村改革发展若干重大问题的决定》指出：“按照依法自愿有偿原则，允许农民以转包、出租、互换、转让、股份合作等形式流转土地承包经营权，发展多种形式的适度规模经营。”②土地流转的目的也从最初的规模化经营转向多元化，如与集体组织、企业之间进行流转，不仅实现了土地的规模化经营，而且带动了农村经济的发展，增加了农村的就业，同时还遏制了农村土地的抛荒。

（三）对“三权分置”的探索

1. “三权分置”的现实背景

随着中国现代化的发展，农村原有的“两权分离”制度已经不能满足农村现

① 国家统计局.奋进的四十年[M].北京：统计出版社，1989：24.

② 中共中央关于推进农村改革发展若干重大问题的决定[N].人民日报，2008-10-20.

代化发展的需要，农村土地实践中发生的诸多问题，迫使原有的“两权分离”制度进行变革。

首先，农村土地流转比例迅速增加。通过正常流程进行的合法的土地承包和农民个体之间口头约定的土地流转，以及非法的以土地承包名义对农村土地的占有，这些共同构成了农村土地流转逐渐增大的比例。《土地市场蓝皮书：中国农村土地市场发展报告(2015—2016)》显示，中国的农地流转比例逐渐增加，2014年农村耕地流转面积为4.03亿亩，流转比例为30.4%。国家统计局数据显示，2021年，全国家庭承包耕地流转面积超过5.55亿亩，流转比例超过了40%。这意味着土地承包主体和经营主体发生分离的趋势在逐步扩大。在分离过程中，如何保护承包主体和经营主体的权益，成为迫切需要解决的问题。

其次，原有制度中农村土地产权主体和客体的不清晰。如前所述，产权主体的不清晰是制度变革中的遗留问题，主要是“集体”概念的不明确，对“三级所有”的模糊界定：《中华人民共和国宪法》规定为集体所有；《中华人民共和国农业法》和《中华人民共和国土地管理法》规定为乡(镇)、村或村内集体经济组织所有。① 在具体实践中，村干部借助于村委会具体管理者的身份，在土地流转和征地过程中，发生一些谋私行为。在土地产权客体方面，随着土地流转的加速，“两权分离”制度中的承包经营权也愈发分裂为承包权和经营权，承包权具有封闭性和不可交易性，经营权具有开放性和可交易性。② 但原有法律规定对二者并没有进行明确界定，权利范围也未分割清楚，不仅影响了承包权主体收益的获取，也影响了经营权主体利益的分配。

最后，在社会主义市场经济体制下，原有关于土地经营的法律规章制度稍显落后，与活跃的市场经济并不相匹配。法律禁止土地承包经营权抵押贷款，在缺乏资金的情况下，农民自主探索新型农业化道路更显艰难。在承包权和经营权没有立法分离的情况下，仅仅依靠农业开发等单一形式的贷款资金输入方式，难以满足农村整体发展的需求。对此，各地政府对农民的土地承包经营权抵押贷

① 孔碧，马凤才．农村土地两权分离制度的完善[J]．农业经济，2003，(2)．

② 叶兴庆．从“两权分离”到“三权分离”——我国农地产权制度的过去与未来[J]．中国党政干部论坛，2014，(6)．

款展开了不同形式的探索。中国人民银行、证监会、银监会和保监会也在2010年对此开展了试点探索。① 农村、农民现实发展的需求也促使土地承包权和经营权分离，以便在保证农民基本权益的基础上，满足农民自身发展需要。

2. “三权分置”的法律完善

随着农村劳动力的不断流失，农村土地经营也自发地出现了流转现象，在土地流转过程中，因法律规章制度的不健全而出现了诸多问题。2002年，《农村土地承包法》的出台，明确了农民对土地的承包经营权，对土地发包方和承包方的权利与义务进行了详细规定。2007年，《中华人民共和国物权法》的出台，对土地承包经营权的法律归属有了明确界定。我国由此开始了对农村土地所有权、承包权、经营权分置（以下简称“三权分置”）的探索。首先需要说明的是“三权分置”并不是单独为加快土地流转实行的，其根本出发点是更好地坚持农村土地集体所有权、坚持公有制、提高农村收入水平、“进一步健全农村土地产权制度，推动新型工业化、信息化、城镇化、农业现代化同步发展”②。2015年，中央1号文件也对“三权分置”提出了新的要求。“完善相关法律法规，加强对农村集体资产所有权、农户土地承包经营权和农民财产权的保护。抓紧修改农村土地承包方面的法律，明确现有土地承包关系保持稳定并长久不变的具体实现形式，界定农村土地集体所有权、农户承包权、土地经营权之间的权利关系，保障好农村妇女的土地承包权益。”③与土地承包经营权相关的法律规章制度还有《中华人民共和国土地管理法》《中华人民共和国土地管理法实施条例》《农村土地承包经营权流转管理办法》《中华人民共和国农村土地承包经营权证管理办法》《基本农田保护条例》《农民承担费用和劳务管理条例》等。随着农村土地承包经营在实践的展开，在对这些法律规章制度进行解读时，大多以具体案例进行分析，如《最高人民法院关于审理涉及农村土地承包纠纷案件适用法律问题的解释》。一系列法律规章制度的制定并实施，为农村土地承包经营的实践提供了重要的法律支持。

---

① 中国人民银行，证监会，银监会，保监会：《关于全面推进农村金融产品和服务方式创新的指导意见》，2010年。

② 关于完善农村土地所有权承包权经营权分置办法的意见[N]. 农民日报，2016-10-31.

③ 关于加大改革创新力度加快农业现代化建设的若干意见[J]. 国务院公报，2015，(5).

3. 农村土地承包、经营的方式与范围

"'三权分置'的模式，核心是在农民的土地承包经营权之上建立另外一个'经营权'，该权利将以农耕地作为客体，在农民集体的土地所有权、农民家庭或者个人的土地承包经营权之外，形成针对农村耕作地的第三个权利。"①土地经营权的独立为农村土地经营方式的变革创造了条件。农村土地的承包经营一般意义上被统称为土地流转，由于承包主体不同、经营方式和范围的不同，土地流转大致可以分为以下几种类型：第一，以本地农民为承包主体，承包少量土地进行传统的农作物生产。这一类型在农村土地流转过程中占据了相当大的比例。随着外出务工人员的增多，大量土地被释放，各种原因滞留农村的中青年劳动力为增加经济收入，承包少量土地进行耕种。这种类型承包的土地大多比较分散，对承包经营的法律概念较为淡薄，大多是以口头约定为主，承包经营期限变动极大，仍然属于传统的分散经营，只是提高了单个农民经营土地的单位数量。并且，由于承包主体求稳的心态，承包土地基本用于传统农作物的种植。第二，以本地农民为承包主体，承包土地面积较大，经营范围不再局限于传统农作物。这一类型的农民大多具有较高的知识水平和或长或短的务工经历，也更加具有创新、探索精神。在承包经营土地的过程中，直接与集体对接，保证了承包土地的集中性，便于大规模、机械化集中经营。对土地的种植类型也以经济效益更高的经济作物为主。第三，以企业为承包主体，承包土地面积较大，经营范围脱离传统农作物，与企业原本经营内容相关。企业对土地的承包经营规模根据企业自身实力大小不等，更加正规的承包经营方式保证了农民出让土地经营权获得收入的稳定性，企业对土地的直接经营也保证了从土地产出的基本原料的质量和稳定性。第四，自家庭承包责任制确立伊始就坚持集体经营，主要代表有华西村、大寨村、周家庄、南街村等。集体承包经营保证了集体经营土地的完整性，在经营方式上大多以土地的二次开发与利用为主，不再局限于农业生产范围。第五，改革开放以后，在家庭承包责任制逐渐跟不上社会发展速度时，重新进行集体承包集体经营。这一类型具体分为两种。一种是随着经济发展和人口流动的

① 孙宪忠. 推进农地三权分置经营模式的立法研究[J]. 中国社会科学，2016，(7).

加速，以及部分村民对集体的不信任，使得集体在承包经营土地时大多无法取得集体内全部土地的经营权，不能完全保证集体经营土地的完整性。少数农民的不参与乃至诋毁也为集体经营带来了阻力。另一种是在集体经营确立时，对集体财产进行了清查，对个体农民土地作股股份进行了明确，对土地参与经营与参与经营的集体成员进行了明确区分，避免了后续问题的出现。例如，自 2016 年开始进行集体经营探索的小岗村，2017 年便产生了巨大的经济效益，切实增加了农民收入。“2016 年，小岗村集体资产股份合作社与小岗创发公司按比例搭建股权结构。合作社探索以品牌作为无形资产和经营性资产联合入股小岗创发公司，作价 3 026 万元，占股 49%，赋予权能，量化到村民。”“2017 年，小岗村集体收入和村民人均可支配收入达到 820 万元和 18 106 元，分别增长 20.5% 和 12%。”①2017 年，党的十九大报告提出“保持土地承包关系稳定并长久不变，第二轮土地承包到期后再延长三十年”②，这与 2018 年基本完成的农村土地确权工作相结合，进一步增强了农民对土地承包经营方式探索的信心。党的二十大报告在此基础上进一步提出了“深化农村土地制度改革，赋予农民更加充分的财产权益”。③

除此之外，学界对“三权分置”也进行了诸多研究，并对已经施行的政策和颁布实施的法律进行了深入研究和解读，并提出了建设性的意见。有学者对“三权分置”中土地经营权进行界定，指出了既有政策和法律之间的冲突不利于农村土地的流转和农民权益的保护。④ 还有学者指出，“三权分置”并不能解决“两权分离”产生的矛盾，“三权分置”实施过程中也有诸多风险，根本的解决方法还是要回到集体经济上来，将集体经济由虚转实，新型集体经济组织、合作组织成为农村土地承包经营的主体。⑤

---

① 源自改革的市场活力（壮阔东方潮　奋进新时代——庆祝改革开放 40 年）——安徽省凤阳县小岗村实现人人分红纪实[N].人民日报，2018-07-19.

② 习近平.决胜全面建成小康社会　夺取新时代中国特色社会主义伟大胜利——在中国共产党第十九次全国代表大会上的报告[N].人民日报，2017-10-28.

③ 习近平.高举中国特色社会主义伟大旗帜 为全面建设社会主义现代化国家而团结奋斗——在中国共产党第二十次全国代表大会上的报告[N].人民日报，2022-10-26.

④ 丁文.论“三权分置”中的土地经营权[J].清华法学，2018，(1).

⑤ 张衔，吴先强.农地“三权分置”改革中的潜在风险及对策[J].社会科学战线，2019，(1).

三、改革开放后，农村土地集体所有制的历史成就

改革开放后，随着中国现代化的快速推进，农村的现代化发展速度则稍显落后，土地制度也开始了从“两权分离”到“三权分置”的变革，尽管当下农村土地集体所有制的实现形式稍显落后，但不能否认其在我国现代化进程中取得的诸多历史成就。从某种角度来看，这一制度对中国的现代化发展仍然具有重要意义。

（一）农村土地集体所有制对农民工的稳定性

改革开放以来，我国形成了数次农民工进城的热潮。改革开放初期，随着东南沿海地区工业的快速发展，需要大量劳动力，农民因务农收入较低，故向城市寻求出路，廉价的农村劳动力成为城市用工的第一选择。此时，东南地区的农民因地域优势，第一批加入农民工群体。随着全国经济的高涨，我国形成了东、中、西部阶梯式的经济发展形势，农民工的覆盖范围扩大到了全国农村地区，务工地区也扩大到了整个东部地区城市。城市化进程的加快，使得中西部地区二、三线城市迅速崛起，增加了对农民工的需求；东部地区经济增长方式的逐步转变提高了对农民工知识技术水平的要求；东部地区的高工资和高消费，抵消了内陆城市的低工资和低消费。这一时期，农民工的数量进一步增长，务工地点散布到全国各个城市，但仍以东部沿海地区城市和内陆一线城市为主。当下，这一形势又有了新的特点，随着第一代农民工退出市场，新生代农民工具有更高的知识技术水平，能够较好地适应市场需求，同时对务工收入也有更高的要求；新生代农民工大多缺乏第一代农民工坚韧、吃苦耐劳的精神，难以胜任体力、耐力要求较高的工种，这也是当下建筑工人工资不断提高的重要原因；随着中国用工成本的不断提高，东部地区劳动密集型企业纷纷转移，农民工的务工地点也散布到全国各大城市；因父母养老、子女教育等问题，部分农民工选择在农村附近城市务工。但是，在农民工务工群体、形式和范围不断变化的过程中，因其自身特点，导致其工作具有更大的不稳定性，极易受到外来因素的影响。此时，农村土地集体所有制的重要性便显现出来。工作环境、经济收入、工作变动对农民工产生了重要影响，农村土地集体所有制为农民工应对这些变化起到了重要的稳定作用。这种作用主要表现在以下三个方面。

第一，农村土地集体所有制满足了农村留守人员的基本生活需要，消除了农民工对家庭成员生活问题的担忧，使得农民工能够全身心地投入工作中。农民工并不是孤立的个体，上下三代乃至四代人共同生活是农村家庭的普遍现象。这样，便形成了青壮年农民外出务工、老人和幼儿在家留守的状况。当农民工的务工收入不足以支撑全家进城生活时，这一状况无法改变。大多数农民工的收入与城市相较仍然处于较低水平，难以维持三代人乃至四代人在城市中共同生活。以家庭承包责任制为实现形式的农村土地集体所有制为农村留守人员解决了基本的生活问题，其创造的收入也能满足农村留守人员的基本消费需求。留守家庭生活的稳定使得农民工能够全身心地投入工作。

第二，农村土地集体所有制消除了流动性、工作变动性极强的农民工群体的潜在隐患。“半耕半工”模式下的农民工群体，在竞争逐渐激烈的情况下，极易被迫或主动更换工作。在工作变动期间，受诸多影响短时间无法找到工作时，农村土地使农民工有了退路，返回农村经营土地，重新寻找工作机会，成为绝大多数待业农民工的选择。他们不至于滞留城市，成为社会发展的不稳定因素。

第三，在经济萧条时期，农村土地集体所有制为社会的平稳发展作出了巨大贡献。在用工潮过去之后，随着世界经济的波动，中国经济也受到了影响，农民工成为经济波动的直接受害者。为了获取直接经济收入，农民工大多选择不缴纳“五险一金”，这使其抗风险能力极弱。劳动成本的增加和经济增长方式的转型，减少了农民工的就业岗位，经济危机的影响更是加剧了农民工的失业情况。在大批农民工失业，并且短时间内无法再就业的情况下，返乡务农解决了社会的就业压力，减少了社会的不稳定因素。正是农民可以在进城务工经商失败后返回家乡熟人社会生产生活，城市没有形成大规模贫民窟，从而使农村成为中国现代化的稳定器与蓄水池，使中国现代化的中心稳定，城乡社会有序，使中国几乎可以经受得住任何经济、金融、社会危机的冲击。①

（二）农村土地集体所有制对现代经济的基础稳定作用

农村土地集体所有制对现代经济也具有重要的基础稳定作用。随着现代经

---

① 贺雪峰. 城市化的中国道路[M]. 上海：东方出版社，2014：12.

济的不断发展,这种基础稳定作用的表现大致可以分为两个阶段:

第一阶段,在因工业化不断扩张导致全球性的经济危机影响到中国经济之前,主要体现了农村土地集体所有制对现代经济的基础性作用。改革开放之后,中国经济经历了一个高速发展时期,因与世界经济的联系不够紧密,中国的经济仍处于半封闭式状态,尚未与世界经济全面接轨,这使得中国经济受世界经济波动影响较小。此时,以农村土地集体所有制为基础的农村经济,在家庭承包责任制实行初期有了迅速发展之后,进入了相对平稳发展的时期。迅速发展的农村经济与城市经济形成了初步的交流,农村市场的繁荣拉动了内需,促进了工业生产的发展,也催生了一批以农村市场为主的特殊就业群体。如随着农村经济的发展,农民对农业机械化生产的要求逐渐提高,大批农业机械的生产也在不断满足农民的需求。以农业收割为例,中国农业的种植范围有着明显的地域、气候差别。在有限的工业生产条件下,为尽量提高农业机械的使用效率,中国产生了一批特殊的农业收割群体。从南向北,根据各地区农作物不同的收割时间,收割人在中国的大地上日夜不停地奔波,年复一年。农民只需要根据种植面积的大小支付少量的费用,便可以实现机械化收割,随着工业技术的进步,从种植到收获等主要程序均实现了机械化,农民的工作量得到了极大减轻,农村生产力得到部分解放。改革开放初期乡镇企业的活跃从农村吸收了大量劳动力,刺激了农村经济发展。但是,改革开放之后,城乡经济发展差距逐渐拉大,农村经济在逐渐落后于中国经济的整体发展速度之后,因其稳定性和覆盖范围、作用群体的特殊性,使得中国在快速工业化、城市化的过程中,并没有像西方国家同时期发展中产生了大规模的贫民化趋势,对中国现代经济的迅速发展起到了基础稳定作用。农村劳动力在中国工业化、城市化进程中被迅速分割为几个部分,如部分农民通过打工、经商等方式完全脱离农村,转变为城市人口;部分农民以在城市打工为主,仍保留了农村耕地;部分农民以农业生产为主。这使得农民在城乡差距逐渐拉大的情况下,能够依托城市获取相对较多的经济收入。由于农村整体的生活环境仍然相对封闭,因而城乡差距造成的影响并未像西方国家贫富差距造成的影响那么直接、强烈。

第二阶段,随着中国经济与世界经济的逐步接轨,中国经济与世界经济的联系日益密切。在全球性经济危机影响到中国经济之后，农村土地集体所有制对现代经济产生了重要的稳定作用。这种稳定作用具体表现为以下几点：一是农村接纳了因经济危机而失业的大量农民工，极大减轻了城市经济发展的压力。“2.4 亿户农民家庭大多数还有‘一亩三分地’作为无风险资产，而且 300 多万个村社也还有机动地、村办企业、多种经营等能够内部化处理严重负担外部性成本的回旋余地。”①城市失业农民工在短时期内无法在城市二次就业的情况下，农村保留的耕地和乡土情结，使其返回农村耕种土地，等待就业。二是农村对大量失业农民工的接纳，保证了城市的社会稳定，为城市发展提供了良好的环境。与西方国家不同，大量失业人口的出现严重扰乱了西方社会的正常秩序，同时给国家财政造成了沉重负担，政府不得不支出大量资金以保证失业人员的基本生存，还要拨出额外的财政支出以稳定社会秩序。中国的失业农民工因为在农村保留有耕地，可以返回农村生活，土地产出可以维持其基本生存，不需要政府进行额外支出，城市也因此减少了不稳定因素。三是农村土地集体所有制下的农村经济蕴含着巨大潜力，经济危机来临时，农村成为资本的最佳转移地，并且对农村经济的刺激也成为危机时期国家整体经济发展的重要增长点。经济危机使得城市各方面的经济发展受挫，大量资本受危机影响短时间内畏惧向城市投资。大量农民工返乡使得农民工的个人储蓄在农村消费增加，侧面刺激了农村经济的发展。同时，前期城市经济的发展与国家政策相结合，也带动了农村的基础设施建设。广大农村地区相对完善的基础设施建设和相对稳定的经济形势吸引了大量资本。四是大量返乡农民工因短时内无法在城市里获得就业机会，于是从农村寻找出路便成为必然选择，农民工自身的经济储蓄被用于农村投资，对土地的开发与利用成为农民工的主要投资方式。这推进了对土地多元化经营方式的探索，促进了农村经济发展。在城市经济发展受挫后，农村经济对国家经济发展起到了重要的稳定作用。

（三）农村土地集体所有制对现代化发展的社会稳定作用

改革开放后，以家庭承包责任制为实现形式的农村土地集体所有制的确立，

---

① 温铁军，等. 八次危机：中国的真实经验（1949—2009）[M]. 上海：东方出版社，2013：28.

迅速提升了农民的生产积极性，农业产量大幅增加，农民生活极大改善。农村整体环境的好转迅速稳定了国内环境，农业收入的增加也为国家提供了更多的税收收入，国家可以投入其他方面的现代化建设。农村土地集体所有制对农村基本生活的保障，极大地降低了因城乡差距和个人收入差距在现代化发展进程中逐渐增大而产生矛盾的影响；以农村土地集体所有制为核心形成的农村社会关系，对社会主义现代化发展中的社会稳定起到了重要作用。

从农业生产合作社时期实行的集体耕作制度，使得农村形成了以生产队和生产大队为单位的固定劳动关系。以生产队和生产大队为单位形成了固定的生活集体，受交通条件和生活条件影响，大多数农村人口的活动范围长期局限于小范围的几个生产大队之间，组建家庭关系的双方也在这一范围之内。这使得农村人口的社会关系较为简单、固定。在农村治理体系改革中，生产大队大多改为行政村（建制村），这实际上保留了农村原有的社会关系，20 世纪 80 年代之前出生的农村人口仍然习惯性地将行政村称为生产大队。现有的农村居住情况也并未发生大的变动。同时，由于农村人的生育年龄相对较早，同时期形成了两代乃至三代的青壮年劳动力。这与之前的条件相结合，使得农村人口在小范围内形成了较为庞大但固定的社会关系。浓重的乡土情结，在单个农民工无法实现单个家庭乃至相关家庭或亲属向城市完全转移之前，农村成为其生活的必然选择。这对社会主义现代化发展中的社会稳定起到了重要作用。

当前的农民工群体仍然以第一代和第二代为主，由于农村生育年龄的推迟和之前计划生育政策的实施，第三代农民工占比较少。第一代和第二代农民工受传统因素影响较多，对固有的农村社会关系仍然比较重视，仍然具有浓厚的土地情结，仍然是每年至少三次往返于城市和农村之间的主力。受农村的宗族关系、亲戚关系、邻里关系影响，进城农民工大多以这三种关系形成大小不等的打工群体，雇用者也较为欢迎这种打工群体。以建筑行业为例，雇用者只需要联系少数几个打工群体的带头人便可以满足工程需要，负责人则根据雇用者的需要从宗族、亲戚、乡邻中选择相应的技术人员。相对稳定的打工群体在工期完成之前人员流动较小，对工程进展影响较小。受团队约束，个体农民工较少发生主动影响社会公共秩序和社会安全的情况。这种团队性质的打工群体不仅约束了团队成员在城市里的活动，而且对团队成员返乡后的部分行为也具有较强的约束力。团队成员在获得一定的劳动收入后，大多用于改善农村家庭生活或投入下一代的教育，在浓厚的宗族、亲戚、乡邻关系下，各地农村形成了以家庭生活、子女教育等为标准的攀比氛围，这在某种程度上巩固了逐渐弱化的农村社会关系。这种社会关系仍然以农村土地集体所有制在实施中的村集体为标准范围，农民工返乡后大多局限原有生活范围内，农村留守人员和有松散组织的农民工形成了中国现代化发展进程中较为稳定的农村社会关系。这种社会关系通过对农民工的影响，减少了城市在现代化发展进程中以农民工为主的流动人口的不稳定因素。

农村土地集体所有制对现代化发展的社会稳定作用不仅表现在中国经济快速发展时期，当中国受全球经济危机的影响而整体经济发展受挫时，农村土地集体所有制对社会稳定也发挥了更加重要的作用。以家庭承包为实现形式的农村土地集体所有制接纳了大批失业农民工，他们不至于成为城市发展的不稳定因素。农村保留的耕地和大批农民工返乡对农村经济的刺激，使得农民工返乡后不仅要耕种土地，而且要在农村就地寻找工作机会，避免了失业农民工返乡后影响农村的社会稳定。同时，农村经济的发展也吸引了大批农村大学生回乡创业，减缓了城市的就业压力。

第五章

以农村土地集体所有制为基础的社会主义现代化模式与现代化的逻辑起源

一、以农村土地集体所有制为基础的社会主义现代化模式的历史意义

以农村土地集体所有制为基础形成的中国社会主义现代化模式是对中国发展道路和经验的总结，并随着改革开放的深入而不断丰富、发展。农村土地集体所有制和以其为基础的社会主义现代化模式不仅对全面建成小康社会和实现中华民族伟大复兴有着重要意义，而且对其他社会主义国家、发展中国家、发达国家的现代化建设有着重要的借鉴意义。同时，它也在资本主义现代化模式之外开辟了一种成功的社会主义现代化模式，丰富了世界现代化模式，为人类社会发展进程提供了另一种可能性。

（一）对全面建成小康社会和实现中华民族伟大复兴的重要意义

改革开放 40 多年来，中国以令世界瞩目的速度迅速发展起来。经济总量跃居世界第二，人民生活水平从基本的温饱难以保证到实现总体小康，从全面脱贫的成功，到全面建成小康社会，实现中华民族伟大复兴奠定了坚实基础。农村土地集体所有制和以其为基础的社会主义现代化模式，是中国共产党人在对中国国情深入了解后，总结中国的现代化建设实践和借鉴、吸收外国现代化发展经验的基础上提出的。中国社会主义现代化建设的伟大成就证明了中国社会主义现代化模式的科学性和实践性。全面建成小康社会，实现中华民族伟大复兴离不开中国社会主义现代化建设。

改革开放后，党中央提出了“三步走”战略，前两个目标已经提前实现，这得益于农村土地集体所有制的实施和中国的社会主义现代化建设。在此基础上，党中央提出了“两个一百年”发展目标。在这一发展规划中，全面建成小康社会与社会主义现代化有着密切联系。全面小康社会建成后，共同富裕目标的实现，关键在发展相对落后的农村，土地集体所有制是农村发展的关键。在对第二个百年奋斗目标的实现要求中，我们可以明确看到社会主义现代化模式的重要意义所在。“在全面建成小康社会的基础上，再奋斗十五年，基本实现社会主义现代化。”“在基本实现现代化的基础上，再奋斗十五年，把我国建成富强民主文明和谐美丽的社会主义现代化强国。到那时，我国物质文明、政治文明、精神文明、

社会文明、生态文明将全面提升，实现国家治理体系和治理能力现代化成为综合国力和国际影响力领先的国家，全体人民共同富裕基本实现，我国人民将享有更加幸福安康的生活，中华民族将以更加昂扬的姿态屹立于世界民族之林。”①“中国共产党的中心任务就是团结带领全国各族人民全面建成社会主义现代化强国、实现第二个百年奋斗目标，以中国式现代化全面推进中华民族伟大复兴。”②

（二）为社会主义国家探索出了一种具有重要借鉴意义的现代化模式

各国的国情不同，社会主义国家的现代化建设也不可能套用一种普世的社会主义现代化模式。邓小平在论述中国革命时就指出：“中国革命就没有按照俄国十月革命的模式去进行，而是从中国的实际情况出发，农村包围城市，武装夺取政权。既然中国革命胜利靠的是马列主义普遍原理同本国具体实践相结合，我们就不应该要求其他发展中国家都按照中国的模式去进行革命，更不应该要求发达的资本主义国家也采取中国的模式。当然，也不能要求这些国家都采取俄国的模式。”③这是因为“各国的情况千差万别，人民的觉悟有高有低，国内阶级关系的状况、阶级力量的对比又很不一样，用固定的公式去套怎么行呢？就算你用的公式是马克思主义的，不同各国的实际相结合，也难免犯错误”④。中国的社会主义现代化模式是基于中国国情的现代化模式，并且中国的社会主义现代化模式还处于不断完善之中，并不具有普适性。但作为具有相同政治制度的社会主义国家，在现代化发展方面有着更多的共通之处，中国的社会主义现代化模式为其他社会主义国家的现代化建设指明了方向，提供了重要的经验借鉴。例如，中国的社会主义现代化建设对越南起到了重要的指引、借鉴作用。中国革命照亮了越南的革命道路，中国的改革开放也开启了越南的改革开放之路。1978 年，中国实行改革开放后，越南于 1986 年开始实行革新开放；中国在确立家庭承包

---

① 习近平. 决胜全面建成小康社会　夺取新时代中国特色社会主义伟大胜利——在中国共产党第十九次全国代表大会上的报告[N]. 人民日报，2017-10-28.

② 习近平. 高举中国特色社会主义伟大旗帜 为全面建设社会主义现代化国家而团结奋斗——在中国共产党第二十次全国代表大会上的报告[N]. 人民日报，2022-10-26.

③ 邓小平. 邓小平文选（第 2 卷）[M]. 北京：人民出版社，1994：318.

④ 同上：318.

责任制后，越南紧紧相随，于1988年开始实行农业生产承包制；2001年，越共九大确定建立社会主义市场经济体制，发展多种所有制经济。越南和中国都是传统农业国家，越南的农业人口约占总人口的75%，中国的农村土地集体所有制改革也成为越南土地制度改革的重要参考对象。越南在借鉴中国发展经验的基础上，以中国的现代化模式为蓝本，结合越南国情，制定了越南的社会主义现代化发展方案，并以阶段性的错后发展与中国的不同阶段发展模式进行对比，总结经验。中国的社会主义现代化模式为其他社会主义国家在苏联现代化模式宣告失败后提供了重要的成功经验的借鉴，有助于其他社会主义国家更快地探索出适合本国的社会主义现代化模式。

（三）为发展中国家提供了经实践检验的以土地制度为基础的现代化发展经验

自第二次世界大战后，世界现代化模式被西方模式和苏联模式垄断，自苏联现代化模式宣告终结后，世界现代化发展进入以西方现代化模式主导时期。西方资本主义现代化模式成为发展中国家改革参照的对象，但各发展中国家的现代化改革在西方国家的指导下，非但没有实现其预定目标，反而使社会发展陷入了混乱、倒退之中。当下资本主义现代化模式也进入了困境，资本主义现代化模式之前的发展经验是否可靠需要重新检验，发展中国家现代化建设失去了参照对象。此时，中国现代化发展的成功经验则为发展中国家提供了参照与借鉴，尤其是以土地制度为基础的发展经验为以农业为发展基础或核心的发展中国家提供了经验参考。

大多数发展中国家与中国在近代有着类似的发展背景，即都遭受过帝国主义国家的殖民、侵略和掠夺，并在当下受到新殖民主义的威胁。中国与各发展中国家起步状况大致相同，但中国在改革开放进程中初步探索形成的社会主义现代化模式给发展中国家建设本国现代化树立了信心。同为发展中国家，各发展中国家在现代化建设中与中国能够更加平等地交流与合作，在面临霸权主义威胁时有了另一种选择。俄罗斯科学院院士季塔连科说，“中国经验，不仅为发展中国家树立了鲜活的榜样、提供了切实可行的现代化模式，更为它们发展与中国的合作提供了广阔的平台。中国的经验为缩小南北差距、打破‘金元帝国’对世界格局的垄断树立了榜样。”①巴基斯坦前总理基拉尼也说，“中国是世界上最大和最成功的发展中国家，中国用自己辉煌的业绩证明了中国发展模式，为发展中国家的经济腾飞树立了榜样，是发展中国家经济腾飞的希望。”②

中国社会主义现代化模式对发展中国家的重要意义不仅在于提供了一种经实践检验的现代化发展模式，更重要的是中国社会主义现代化模式中各个重要组成部分的相对独立性为各发展中国家提供了更大的实践可行性参考、借鉴经验。在发展中国家参考、借鉴中国的发展经验时，中国并不像西方国家那样干预别国的实际发展，甚至以种种方式迫使其他国家转变发展模式。1988 年，邓小平在会见莫桑比克总统希萨诺时，就表明了中国的态度。对于莫桑比克急于建设社会主义的要求，邓小平规劝希萨诺：“你们根据自己的条件，可否考虑现在不要急于搞社会主义。确定走社会主义道路方向是可以的，但首先要了解什么叫社会主义，贫穷绝不是社会主义。要讲社会主义，也只能讲符合莫桑比克实际情况的社会主义。”邓小平指出，“世界上的问题不可能都用一个模式解决。中国有中国自己的模式，莫桑比克也应该有莫桑比克自己的模式”，“总之，要紧紧抓住合乎自己的实际情况这一条”。③ 中国鼓励发展中国家探索适合自身的发展模式。中国在社会主义现代化模式探索中的经验和教训，能给发展中国家提供参考。如中国在社会不同发展阶段进行的农村土地集体所有制改革，使发展中国家可以根据本国的农村发展情况与中国进行对比，吸收与其国情适宜的部分，既不能超前，选择本国不具备实现条件的中国土地制度改革的最新设计，也不能落后，选择无助于本国农村发展的土地制度设计。再如中国在改革开放进程中积累的招商引资经验，可以为发展中国家提供丰富的经验借鉴。中国的招商引资模式和方向并不相同，尤其是在有了诸多失败教训后，中国各省市包括县级政府，都形成了各具特点的招商引资方式。各地根据本地情况，如矿产和人文资源的多少、交通条件的便利程度、人力资源的丰富程度、工业基础设施的建设情况、当地经济发展水平、当地和周边的市场发展前景等，制定了不同的招商引资方案。发

① 海外学者论“中国模式”[J]. 人民论坛，2008，(24).
② 周戎. 中国模式是发展中国家的希望——访巴基斯坦总理基拉尼[N]. 光明日报，2009-05-11.
③ 邓小平. 邓小平文选(第 3 卷)[M]. 北京：人民出版社，1993：261.

展中国家的国情各有不同，可以从中国各地的招商引资经验中进行类似情况的借鉴。中国各地在招商引资中的失败教训也为发展中国家提供了警示，各国在制订方案时可以进行弥补，避免类似情况在本国出现。

中国的社会主义现代化模式除了在实际建设中为发展中国家提供经验指导外，还为发展中国家提供了一种不受他国干预的现代化发展之路。“科学社会主义在二十一世纪的中国焕发出新的蓬勃生机，中国式现代化为人类实现现代化提供了新的选择，中国共产党和中国人民为解决人类面临的共同问题提供更多更好的中国智慧、中国方案、中国力量，为人类和平与发展崇高事业作出新的更大的贡献！”①

（四）中国社会主义现代化模式对资本主义现代化模式的重要意义

中国社会主义现代化模式对发展中国家提供的更多的是经验借鉴，不涉及社会发展形态问题，对资本主义现代化来说，更多的是不同社会形态发展模式间的冲突与竞争。尤其是随着中国社会主义现代化建设成就的增多，这种冲突与竞争表现得愈发明显，最直接地表现为对中国社会主义现代化模式的认可和对资本主义现代化模式的失望。新加坡前任外长杨荣文表示：“随着世界陷入骚乱中，长期以来西方模式首次遇到一个真正的对手。”②约翰·奈斯比特在对二者进行比较后认为，“中国的发展模式更好”，“中国是一辆跑得更快、性能更优的列车”。③ 中国社会主义现代化模式不只是引发了人们对资本主义现代化模式的失望，而且更大程度上延续了资本主义现代化模式的生命力，对资本主义现代化模式发展中出现的种种问题提供了可供借鉴的解决方案。

首先，中国社会主义现代化模式对资本主义现代化模式具有“鲶鱼效应”。资本主义在引领世界数百年的发展过程中，逐渐形成了趋向稳定的现代化模式。资本主义现代化模式的发展经历了几个快速时期，主要表现为几次工业革命给其带来的快速推进效应，这种效应同时与当时社会发展的主要矛盾相结合，共同

① 习近平.高举中国特色社会主义伟大旗帜 为全面建设社会主义现代化国家而团结奋斗——在中国共产党第二十次全国代表大会上的报告[N].人民日报，2022-10-26.

② 新外长：中国能否改变世界[N].环球时报，2010-07-16.

③ 赵启正，约翰·奈斯比特，多丽丝·奈斯比特.话中国模式[M].北京：新世界出版社，2010：101.

促进了资本主义现代化模式的发展与完善。如第一次工业革命时期,资本主义与封建主义处于激烈斗争时期,资本主义现代化在这种斗争中完成了初期的原始积累;第三次工业革命起始于第二次世界大战,其真正发挥全面效应则是在“美苏争霸”时期,意识形态的对立促使资本主义现代化模式尽可能地快速发展,以完成对苏联现代化模式的超越。在苏联解体后,资本主义现代化模式实现了在全球的独霸地位,失去了外部威胁,资本主义现代化模式中的种种弊端失去了自我约束,造成了比以往任何时期更为严重的后果。如2008年席卷全球的经济危机,资本主义各国至今仍未从危机中走出。外部对抗的消失必然引起内部矛盾的加剧,这是资本主义现代化模式在失去制衡后的必然结果。中国社会主义现代化模式的形成和取得的巨大成就,要求资本主义现代化模式必须进行优化与完善,以保持其领先地位。

其次,中国社会主义现代化模式对资本主义现代化模式在发展过程中提供了重要借鉴。资本主义现代化模式在数百年的自我发展完善过程中,并没有根除其弊端,反而在繁杂的社会变革中将弊端掩盖起来,并在其引领世界发展的过程中将部分矛盾转移,保证了其内部的稳定性和优越性。如人类社会发展中的环境问题,资本主义现代化模式发展初期存在严重的环境污染问题,随着其发展模式的变革,重要污染源被转移到发展中国家,大量工业、生活垃圾被倾倒到不发达国家,以此保证了发达资本主义国家国内的环境安全。而这种发展模式随着全球环境问题的日益加剧和世界各国人民环保意识的增强逐渐变得不稳定。发展中国家对环境问题的重视使得这种污染转嫁难以为继,第三国垃圾倾倒在国际干预和国内反对情况下终将被制止。环境污染和经济发展产生了剧烈冲突。这只是资本主义现代化模式发展过程中存在的表象问题,更深层次的问题涉及资本主义存在的根本,无法真正解决。仅仅对表象问题的解决和深层次问题的缓和足以使资本主义现代化模式延续相当长的生命力,在其占优势地位的情况下,延长其保持优势地位的时间。中国社会主义现代化模式中对资本主义现代化模式存在的种种问题有着既成的解决方案和经验,尽管二者社会形态不同,但在对具体问题的解决上有着共通之处。资本主义现代化模式在对中国社会主义现代化模式进行经验借鉴后,可以弥补其发展漏洞,更快地释放其生产力,延续其生命力。

最后,中国社会主义现代化模式在与资本主义现代化模式合作交流的过程中为资本主义现代化模式的完善起到了辅助作用,客观上也促进了资本主义现代化模式的发展。资本主义现代化模式是基于资本主义社会存在的,资本增殖是其核心问题之一,资本主义现代化模式的完善涉及人类文明的发展问题,人类文明更高层次的发展和人类社会生活水平的提高必然与资本增殖产生矛盾。在资本增殖无法根除的情况下,在二者间寻求平衡是资本主义现代化模式必然要解决的问题,中国社会主义现代化模式在与资本主义现代化模式合作交流的过程中部分承担了这一压力,资本在二者的合作过程中实现了增殖,资本主义现代化模式则有了新的方式转嫁资本增殖的压力。同时,中国在这一过程中也利用资本促进了社会主义现代化建设。资本主义现代化模式在全球化进程中逐渐暴露出其发展模式的弊端,无论是前期的殖民主义还是当下的新殖民主义,均无力支撑主要发达资本主义国家的现代化发展要求。在这种情况下,中国的发展对资本主义国家的现代化发展起到了重要的促进作用。无论是在全球经济体系中的销售市场,还是在产品供应市场,抑或是国家间的合作、开发、交流,中国都发挥着重要作用。在当前发展阶段,资本主义现代化模式的发展与中国社会主义现代化模式有着密切联系,二者相互促进,缺一不可。

(五)丰富了世界现代化模式,为人类发展贡献了中国智慧

世界现代化模式长期被资本主义现代化模式所垄断,而资本主义现代化模式并不是一种具有普遍适用性的现代化模式,因各国国情不同,世界上也不存在一种普适性的现代化模式。世界各国在或主动、或被动地进行资本主义现代化模式建设时,大多数国家并未如传统发达资本主义国家那样取得了成功,反而受到诸多原因影响陷入了发展困境之中。资本主义现代化模式在世界现代化进程中取得了绝对的优势地位,但在全球建设中并未取得成功,或者说未能带领世界人民共同进入美好生活。中国社会主义现代化模式的确立及其建设成就被世界人民所认同,打破了资本主义现代化模式的垄断局面,除了少数具有特殊国情的国家进行的特殊现代化模式的建设外,世界人民有了新的现代化模式可以拿来参考、借鉴。中国社会主义现代化模式给处于发展瓶颈期的世界各国提供了新

的选择，丰富了世界现代化模式，以迥异于资本主义现代化模式的发展特点，为人类发展贡献了中国智慧。

相对于资本主义现代化模式的侵略性而言，中国社会主义现代化模式更加和平，更加注重挖掘内在潜力。资本主义现代化模式形成和发展过程中，对外充满了侵略性，无论是前期直接的殖民掠夺，对殖民地进行商品倾销，还是后期的经济掠夺、变相的环境掠夺等，资本主义现代化模式如同建立在众多发展中国家之上的发达资本主义国家的独立的社会体系，只有以庞大的资源才能维持金字塔顶端少量国家高水平的社会发展。底层的发展中国家时刻处于被掠夺状态，其现代化建设成果大部分被掠夺，仅有少量惠及本国民众。中国社会主义现代化模式强调公平、平等，在国家间的合作、交流中始终强调共赢，并且注重发掘自身的发展潜力，而不是依赖外部力量。在国家内部强大的基础上寻求国家间的平等，抵御霸权主义的威胁，而不是成为霸权主义国家发展的养料输送场。

相对于较为固定的资本主义现代化模式而言，中国社会主义现代化模式更加灵活。资本主义现代化模式在全球推广的过程中，在不同的发展阶段，基本上只奉行一种模式，并不考虑所在国家基本国情，纯粹以发达资本主义国家本国的发展经验为蓝本。如各发展中国家在进行资本主义现代化改革时，全面私有化成为各国改革的基础，在改革出现严重危机时，凯恩斯主义成为各国挽救危机的救命稻草。资本主义现代化模式对世界各国现代化改革的指导并未考虑各国的基本国情，除依靠本国特殊资源或地理优势取得成功的极个别国家外，第二次世界大战后，并未有国家通过资本主义现代化模式实现跨越式发展。相反，许多国家在改革后国家状况大不如前，如泰国、巴西、阿根廷等。中国社会主义现代化模式使中国从最初的一穷二白发展到了基本实现小康，社会生产力在很多方面位居世界前列，在短短几十年间经历了跨越式发展。中国现代化模式所经历的发展阶段涵盖了世界上大多数国家的发展状态，世界各国可以从中国不同发展阶段所实行的具体发展模式中借鉴经验。中国社会主义现代化模式有着相当大程度的灵活性，针对国内东中西部、城市和农村、平原和山区、老工业区和新经济区等方面的不同情况制定相应的发展战略。中国社会主义现代化模式涵盖了大多数国家现代化进程中出现的诸多情况，尤其是针对人口较多、人口密度过大、以农业为主的发展中国家。中国社会主义现代化模式“给世界上那些既希望加快发展又希望保持自身独立性的国家和民族提供了全新选择，为解决人类问题贡献了中国智慧和中国方案”①。

二、社会主义现代化的追溯：资本主义现代化

社会主义现代化并不是人类历史进程中最早出现的现代化模式，虽然社会主义现代化已经取得了丰硕的建设成果，但社会主义现代化最初的发展是从仿照资本主义现代化开始的。社会主义现代化当下正在进行的某些方面的建设仍然在受资本主义现代化影响，这种影响是由资本主义现代化数百年的发展历程决定的，表现在人类社会发展的各个方面。无论是二者现代化变革的基础——土地制度，还是当下的现代化标准，抑或是二者的发展模式，都有着密切联系。

（一）土地私有制对土地公有制的影响

社会主义现代化是以土地公有制为基础的，资本主义现代化则延续了封建社会的土地私有制，但无论是哪种土地制度，二者的变革都是率先从土地展开的。资本主义土地私有制基础上的改革，为资本主义现代化的产生与发展奠定了良好基础，为其提供了廉价劳动力、廉价物质生产资料以及从土地转换而来的资本等，在其发展陷入危机时，以土地为基础的农村市场成为其产品的重要倾销地之一。虽然资本主义现代化在发展进程中基本消灭了农村，但并未消灭土地私有制，以及由其演变而来的个人财产私有制。资本主义社会将从封建社会继承而来的土地私有制经过改良之后，进一步强化了其适用性。社会主义现代化的起步本身就是从社会生产力发展水平较低的国家开始的——或者是封建社会的土地私有制，或者资本主义社会的土地私有制，在国家内部有着浓厚的残余。世界各国的社会主义现代化，在其发展进程中，分别以几年到十几年不等的时间，将本国原有存在几百甚至上千年的土地私有制转变为土地公有制。这种快速转变本身就带有不完全性，这种不完全性更多地表现为思想观念转变的不

① 习近平.决胜全面建成小康社会　夺取新时代中国特色社会主义伟大胜利——在中国共产党第十九次全国代表大会上的报告[N].人民日报，2017-10-28.

完全。

相较于资本主义现代化而言，社会主义现代化制度的先进性与实际建设的落后形成了较大落差。二者在相互交流过程中，不可避免地对彼此造成影响，这种影响更多地以实际发展水平较高的资本主义现代化占优势。由此，私有制观念不可避免地在社会主义国家重新兴起。尤其是在社会主义国家实行多种所有制共同发展之后，私有制观念占据了人民思想的主流，公有制在人民实际生活中的地位一退再退，表现在土地制度中，就是农民土地私有的观念重新占据了主流。

从中国的农村土地集体所有制来看，家庭承包责任制将土地的实际经营权下放给了农民，农业生产集体在现代化进程中的存在感逐步减弱；分散经营模式下，集体对已经承包出去的土地极难进行生产干预；农民个体间私下承包土地的状况也屡见不鲜；土地承包的长期固定进一步增强了农民的土地私有观念。这与土地制度改革之初的封建思想残余相结合，淡化了人们土地公有的概念，进而也淡化了社会主义公有制的概念。对社会主义现代化的研究不可避免地要涉及资本主义现代化，这两者的改革都起始于土地，对社会主义现代化的追溯还要进一步研究其土地制度的历史变革。

（二）社会主义现代化标准对资本主义现代化标准的延续

社会主义现代化当下现行的诸多标准，尤其是社会主义现代化各方面发展阶段的衡量标准，虽然经过不断修订，但仍然深受资本主义现代化标准的影响，有些标准本身就是在资本主义现代化标准基础上修改而来的，或者直接用资本主义现代化标准来对社会主义现代化进行衡量。

资本主义现代化在引领世界数百年的发展进程中，给人类社会带来了翻天覆地的变化，社会生产力的发展速度超越以往任何一个时期。资本主义现代化在数百年的发展中逐渐形成了衡量自身发展阶段的标准，这些标准大多以具体指标表现出来。而社会主义现代化由于起步较晚，如苏联的社会主义现代化是在资本主义改革不彻底的社会基础上发展起来的，中国的社会主义现代化则是从半殖民地半封建社会起步的，与已经发展数百年的资本主义现代化难以相比。作为先行者的苏联，在一段时间内是世界各社会主义国家进行现代化的效仿对象，其他社会主义国家与苏联相比较来衡量本国的社会主义现代化进程。但苏联解体之后，各国的社会主义现代化发展失去了参照物，并且苏联解体使世界社会主义运动陷入低潮，在全球化进程中，一些社会主义国家不得不以资本主义现代化标准来衡量本国的现代化建设。即使在对资本主义现代化较为敌视、提防的情况下，因资本主义现代化在全球的优势地位，在与国际社会对接的过程中，不可避免地会受到影响。

对社会主义现代化的研究不可避免地要涉及资本主义现代化，对社会主义现代化中的农村土地集体所有制的研究也是如此。作为社会主义现代化基础的农村土地集体所有制，与现代化各方面的发展有着密切联系，社会主义在现代化标准上对资本主义的延续必然会影响到农村土地集体所有制的实践发展。认清社会主义现代化标准受资本主义的影响程度，有助于我们更好地研究农村土地集体所有制在社会主义现代化进程中的发展历程以及未来前景。

（三）社会主义现代化与资本主义现代化之间的密切联系

现代化是对人类社会发展进程中某一阶段的特定表述，资本主义现代化和社会主义现代化是由于意识形态的区别而形成的两种不同的现代化发展道路。虽然资本主义现代化率先出现并引领了世界历史的发展方向，但作为后来者的社会主义现代化发挥其优势，逐步缩短了与资本主义现代化的差距，甚至在某些领域实现了反超。资本主义现代化是社会主义现代化发展进程中的参照，这个参照包括了正反两个方面。二者之间并未因意识形态的区别而断绝联系，相反地，随着现代化进程的推进，二者之间的联系逐渐密切。

资本主义现代化当下仍然占据优势地位，并制定了以其为主的诸多发展标准。随着世界经济联系的日益紧密，社会主义现代化不可能孤立发展，必然要融入世界。由此，社会主义现代化与资本主义现代化之间必然要产生全方位的联系，并且是在资本主义现代化的限制、约束中去融入世界。如中国为加入 WTO 作出了关税减让，扩大外资贸易权，特许经营许可，开放银行金融、保险、证券等诸多承诺，资本主义国家则不断地对中国加入 WTO 进行攻击，在其主导的规则范围内无法对中国作出有效的制约后，开始跳出规则约束与中国对垒。社会主义现代化在一定时期内仍将处于这种被敌视、限制、约束的状态中，在这种状态中为了追求自身发展还必须与资本主义现代化进行密切的交流与合作。

当社会主义现代化取得了诸多建设成就，而资本主义现代化陷入危机之际，二者的地位开始逐渐反转。资本主义现代化国家开始学习社会主义现代化模式中的某些方式以解决其危机，并希望通过加强合作使其从危机中走出。无论二者的地位怎样变换，正如马克思所说："无论哪一个社会形态，在它所能容纳的全部生产力发挥出来以前，是决不会灭亡的。"①在资本主义的生命力没有消耗完之前，资本主义和社会主义将始终处于相互限制、相互合作和相互纠缠之中。随着现代化进程的推进，二者之间的联系则会愈发密切。

三、现代化的历史逻辑

现代化并不等同于资本主义，但资本主义现代化是世界上最早出现的现代化模式，并在数百年的时间里引领着世界历史的发展方向。这与资本主义现代化产生的实际条件密切相关。最早完成资本主义现代化革命的西欧国家的实践也充分证明了这一点。从世界各国封建社会的横向对比来看，无论是东方的中华帝国，还是横跨亚非欧的奥斯曼帝国，抑或是莫卧儿帝国，在封建社会整体的发展状况都远超从罗马帝国分裂之后的西欧诸多国家。汤普逊认为："封建制度，可能在它的最盛的时候，差不多和近代社会同样有效力地、同样廉洁地实施法律……我们不该错误地认为过去的文明必然比我们的文明低劣。"②这也从侧面说明了为什么在西欧各国完成资本主义现代化革命之前，当时世界上诸多封建王朝仍然占据着世界经济发展总比例的大多数。虽然这些封建王朝与现代国家体制相比有着诸多问题，但仍然持续、稳定地发挥着作用。资本主义现代化革命反而最先在封建制度相对落后的西欧各国展开。正如有学者所指出的，西欧各国率先踏上了现代化进程，不是因为西欧的封建制度发达、完备，相反地，是因为它的落后和不完备。③ 正是这些相对落后和不完备的封建制度，为资本主义现

---

① 马克思，恩格斯. 马克思恩格斯选集(第2卷)[M]. 北京：人民出版社，2012：3.

② [美]汤普逊. 中世纪经济社会史(下册)[M]. 耿淡如，译. 北京：商务印书馆，1997：329.

③ 王渊明. 西欧现代化的曙光[M]//丁建弘. 发达国家的现代化道路. 北京：北京大学出版社，1999：72.

代化的产生提供了实践可能性。

（一）现代化产生的现实前提

现代化是人类社会历史进程中的一个发展阶段。人类社会在为现代化的产生而发生革命性变革之前有其固有的现实前提。

第一，有生命的个人的存在。“全部人类历史的第一个前提无疑是有生命的个人的存在。”①人有意识地对自然界的改造活动则将人与动物区别开来，“通过实践创造对象世界，改造无机界，人证明自己是有意识的类存在物，就是说是这样一种存在物，它把类看作自己的本质，或者说把自身看作类存在物”②。

第二，有生命的个人的生产。人对自然界的改造活动外在地表现为两种情况：一是人为满足自身生存而进行的生产活动。“人们为了能够‘创造历史’，必须能够生活。但是为了生活，首先就需要吃喝住穿以及其他一些东西。因此第一个历史活动就是生产满足这些需要的资料，即生产物质生活本身，而且，这是人们从几千年前直到今天单是为了维持生活就必须每日每时从事的历史活动，是一切历史的基本条件。”③在此基础上，人的新的需要引发了人的第一个历史活动，“已经得到满足的第一个需要本身、满足需要的活动和已经获得的为满足需要而用的工具又引起新的需要”④。二是人的繁殖与家庭的形成。人在满足生存需要和新的需要的同时，也开始生产新的人，即繁殖，“这就是夫妻之间的关系，父母和子女之间的关系，也就是家庭”⑤。人在生产自身和生产他人的过程中形成了双重的生产关系，这也是社会关系的雏形。社会关系的形成推动了语言的产生，“语言是一种实践的、既为别人存在因而也为我自身而存在的、现实的意识。语言也和意识一样，只是由于需要，由于和他人交往的迫切需要才产生的。凡是有某种关系存在的地方，这种关系都是为我而存在的”⑥。这与人的意识相结合形成了原始的民族概念。“由于生产效率的提高，需要的增长以及作为二者

① 马克思，恩格斯.马克思恩格斯选集(第1卷)[M].北京：人民出版社，2012：146.
② 马克思，恩格斯.马克思恩格斯全集(第3卷)[M].北京：人民出版社，2002：273.
③ 同①：158.
④ 同①：159.
⑤ 同①：159.
⑥ 同①：161.

基础的人口的增多，这种绵羊意识或部落意识获得了进一步的发展和提高。”①有生命的个人的生产在实践中表现为生产生活资料的方式，并且这种生产方式为了满足人们新的需要而不断地改善其进行生产的物质条件，以此为纽带形成的人与人之间的联系也愈发紧密。“人们之间一开始就有一种物质的联系。这种联系是由需要和生产方式决定的，它和人本身有同样长久的历史；这种联系不断采取新的形式，因而就表现为‘历史’。”②

第三，各民族之间的交往形式、内部结构和生产力水平的发展。各民族在生产方式不断变化过程中形成的历史仅仅是各民族封闭的历史，各民族随着生产方式的变化逐渐打破原有的封闭状态，各民族之间开始交往，内部结构也开始发展变化，由此逐渐形成了世界历史。“各个相互影响的活动范围在这个发展进程中越是扩大，各民族的原始封闭状态由于日益完善的生产方式、交往以及因交往而自然形成的不同民族之间的分工消灭得越是彻底，历史也就越是成为世界历史。”③在原始部落时期，生产力水平极其不发达，部落内并未形成完整的社会结构，家庭是社会结构的主要部分，部落间的交往形式也以因生存需要而进行的战争和以物易物的原始交易为主。奴隶制社会时期，随着生产力水平的发展，部落内部的社会结构发生变化，部落间的联合成为发展主流，相应地，城市与国家开始出现，城乡之间的对立形成，手工业市场的形成与农业发展和商业贸易之间也开始出现冲突，贵族阶级与奴隶阶级之间的矛盾有了充分发展。由此，世界历史进入了封建社会时期，封建社会在乡村和城市形成了两种社会结构：在乡村，以土地所有制为基础形成了农民依附地主的土地关系和统治关系；在城市，以乡村的社会结构为基础，在各行业形成了同业行会，同业行会中的帮工和学徒制度在城市中形成了类似乡村的上下级依附和统治关系。以国家、民族为单位的生产力水平的发展使得城乡之间的社会结构不断发生细微变化，各国家、民族之间的交往形式也因此发生改变，各国家、民族之间的交往逐渐密切，交往范围也不断扩大。当生产力水平因技术革命发生质变时，各国家、民族之间的交往也发展为世界交往。

---

① 马克思，恩格斯．马克思恩格斯选集（第1卷）[M]．北京：人民出版社，2012：161-162.
② 同上：160.
③ 同上：168.

（二）土地性质的转变

生产力决定生产关系，封建社会的生产力水平决定着封建社会的生产关系必须建立在以土地为核心的基础之上。封建制度最鼎盛时期的中华帝国，建立了以封建土地私有制为核心的封建制度，并细化出了具有封建性质的永佃制和押租制，形成了封闭、自给自足的小农经济。在这样的封建社会中，即使有资本主义现代化萌芽的产生，也不足以推动社会革命。但西欧各国的土地所有制为资本主义现代化的产生提供了可能性。

西欧各国的封建制度与领地分封和土地制度相融合。国王将土地分封给领主，领主向国王效忠，大领主无法完全统御自己的领地，将领地继续分封给小领主。这样就形成了以土地分封为核心的金字塔式的封建等级统治制度。与此同时，这样的制度还伴随着两种情况：第一，农民虽然处于金字塔的最底层，但并不是完全从属于最小的封建领主。封建领主的强大、富有与否，并不取决于土地的大小，而是取决于领民的多寡。这也造成了少数大的封建领主直接控制着绝大多数的农民。第二，“我的附庸的附庸，不是我的附庸”的思想广为流传，下级领主对上级领主之间有着服从和效忠的义务，但隔级之间、互不统属的领主之间并不能行使任何权力。这种制度中，上下级领主之间的权利与义务是双向的，当上级领主不能履行保护或违反契约（法律）时，下级领主可以拒绝向上级领主兑现义务。这也表明君主对国家统治的松散性，进而造成了西欧各国的封建权力相对于东方封建帝国而言相对分散，各领主在其领地范围内拥有相当大的自主权。农民只是作为领主的附庸而存在，接受土地分封的领主对领地范围内的土地拥有绝对的所有权，领主虽然将土地分给领民耕种，但所有权仍归属于领主所有，只有少数准贵族即骑士群体可以获得少量土地所有权。同时，无法耕种的贫瘠土地和山林等，则作为公共用地向所有人开放。以上是西欧各国土地制度的现状，当土地变革来临，以上条件迅速推动了资本主义现代化变革。

技术革新推动了土地制度发生变革。以英国为例，纺织业的迅速发展能够为封建领主获得更多的财富，封建领主需要圈养更多的羊以提供羊毛，增加纺织产量。同时，封建领主衡量财富的方式也不再以领民的多寡为标准，转向了金银器、奢侈品等。大量封建领主远离领地，放弃了对土地和领民的管理，集中到城市生活，土地则被转租出去，领主按时收取租金，失去了领主的庇护，大量领民瞬间成为没有任何保障的失地雇佣农民。同时，为了扩大养殖面积，“圈地运动”开始了。需要说明的是，“圈地运动”最先圈定的是公共用地，荒芜的贫瘠土地和山林被划定用来养殖，农民禁止进入其中，这给农民的生存带来极大困难。农民除了耕种土地获取粮食外，还需要从公共用地中获取干草、木材等燃料，在粮食不足时还要从中获得野菜、干果以维持生存。公共用地的消失使农民无力维持生存，不得不走向城市。随着公共用地的消失，“圈地运动”的目标对准了耕地，耕地的所有权仍归属于封建领主所有，在保证封建领主利益的情况下，资本家通过提高承租额的方式获得土地使用权，这部分土地被用来养殖而不是耕种，这进一步加速了农民的破产。与此同时，王权衰落，以资产阶级主导的议会取得了国家最高权力，“圈地运动”开始由政府主导，资产阶级开始合法圈地，大批自耕农被迫出卖土地。自此，依靠土地生存的农民阶级基本完成了与土地的分离。失去了封建制度的约束和土地之后，为了维持生存，农民开始出卖自己的劳动力，转化为雇佣工人，从封建社会的最底层转变为资本主义社会的最底层。土地关系的变革不仅为资本主义现代化提供了大量雇佣工人，还促进了资产阶级的发展。

需要说明的是，此时农村因高产农作物的普遍种植，使得粮食产量保持在较高水平，“圈地运动”虽然使得大量耕地转变为牧场，但以土豆、玉米等高产农作物种植为主的农业生产，仍然能够提供基本的粮食需求，只是这些粮食大多被掌握在地主、资本家手中。即使有部分自耕农能够从土地上收获足够的粮食，但因公共用地的消失，也无法获取足够的生存必需品，如作为燃料的干草、木材等。这使得农民不得不离开土地成为雇佣工人。

原有的封建领主在进入城市后，部分转变为工厂主，封建领主土地的承租人也大多通过土地获得足够的资本而迈入资本家行列。同时，在宗教改革中，国王将教会的土地分发给各领主，或售卖给商人、工厂主和拥有一定财富的市民。土地在这些人手中不再局限于获取粮食，大量土地被用来养殖和种植高产经济作物、建立工厂，等等，这进一步刺激了资产阶级的发展。同时，耕地的减少并不意味着粮食需求的减少，为了获取足够的粮食以满足逐渐增加的粮食需求，资本主义工业化的前进必然要对农业进行改革，如对原有农作物种子的基因优化、化学肥料的生产等，以提高单位土地的粮食产量。

土地所有制的变革实际上是作为生产者的农民与作为生产资料的土地相分离的过程，二者完成分离的过程也是其转化为资本的过程。土地从传统意义上固定的生产资料转变为商品，更多地具有资本属性。土地性质的转变使其作为商品在市场上流通。与此同时，农民作为具有固定生产资料属性的土地的附庸，也在土地性质转变的过程中完成了身份的转变。作为商品流通的土地还为资本主义现代化的发生提供了基础的资本积累。

资本主义现代化发生的社会前提是农民身份的转变。底层农民转变为工人，为资本主义现代化之初工业化的发展提供了急需的劳动力。同时，农民向工人的转变也使整体社会结构开始发生变革。

（三）生产力发展与人的异化

利益，尤其是个人利益，成为资本主义现代化产生的重要推动力。个人利益的存在和发展与私有制密切相关，私有制保障了个人利益的合法性。当私有制的范围不断扩大，个人利益所追逐的内容也随之增加，这为社会结构、生产力水平、生产方式带来了巨大变化。然而这种变化首先从个人利益、集体利益，或者说从阶级利益、国家利益中的独立开始。例如，在城市的同业行会中，帮工和学徒制度既是行业利益的聚合体，又是行业的统治制度，个人利益在这种整体利益分配和统治体系的复合体中完全被束缚。只有当个人利益从这种制度性的束缚中解放出来，才能产生强大的推动作用。个人利益的解放首先从英国开始，17 世纪，英国革命建立了君主立宪制，个人利益从政治中独立出来，得到了不完整的解放。君主立宪制的确立，强化了封建社会的私有制概念。封建社会的这种私有财产仍然是以国王的最高权力为依托的，“君王权力就是私有财产的权力”①，君主立宪制强化了个人对私有财产的所有权。英国的这种变化被恩格斯称为，“只有英国才有一部社会的历史”，“只有在英国，个人本身才促进了民族的发展并且使发展接近完成”，“只有在这里，群众才作为群众为自己的单个利益进行活动”。② 英国的变化逐渐推动着西欧各国开始改革，个人利益的独立也随之推动

---

① 马克思，恩格斯. 马克思恩格斯全集(第 3 卷)[M]. 北京：人民出版社，2002：136.

② 同上：531-532.

着社会的各个方面向前发展。

第一，个人利益推动世界市场不断扩大，财富迅速增长。“人们希望了解其他地区的原因主要有两个：征服和贸易；我们也可以把他们的动机精简为一个——为了贸易而征服。”①贸易则是为了获取更多的利益，个人利益、阶级利益和国家利益，这促使欧洲人在东西方贸易的通道被阻断时，迫切地希望从海上寻找出路。地理大发现由此开始，其中起重要作用的是一个个私人探险队，在国家难以负担海上探索的高昂费用和巨额损耗时，个人与国家合作成了当时的流行方式。个人接受国家资助，率领规模不等的船队进行海上探险，探险收获则由个人与国家进行不同比例的分配，其中包括发现新大陆后国家对个人进行爵位、土地、金钱上的回报，还有个人对发现新大陆的贸易税收的分配。最初的探险只是为了满足欧洲人对亚洲香料、丝绸、瓷器等的贸易需求，但个人对财富利益的追求和国家的支持，使得海上探险的成果超出了预期。美洲大陆以及大陆上巨量资源的发现坚定了欧洲各国探索新大陆的决心，迪亚士、哥伦布、卡布拉尔、麦哲伦、埃尔卡诺、达·伽马等人通过海上探险获取的巨量收益，也使海上探险成为人们当时的追求。“随着美洲和通往东印度的航线的发现，交往扩大了，工场手工业和整个生产运动有了巨大的发展。从那里输入的新产品，特别是进入流通的大量金银完全改变了阶级之间的相互关系，并且沉重地打击了封建土地所有制和劳动者。”②个人受利益驱动，通过开辟海上航路的方式，将世界上绝大多数地区联系起来，世界市场初步形成，欧洲各国，对世界各地开始了殖民与贸易掠夺。在此基础上，生产资料的资本化，使得以贵族、资本家为首的国民财富迅速增长。土地性质的转变使得部分土地贵族、商人和拥有一定财富的市民转变为资本家；对外殖民掠夺和贸易倾销获取大量财富；自然经济的逐步解体促进了财富的增长。在这种条件下，“工人越是通过自己的劳动占有外部世界、感性自然界，他就越是在两个方面失去生活资料”③，这一速度越快，资本主义的财富增长越迅速。“并且这种生产资料的增大，既是劳动的社会生产力发展的前提，又是

---

① [英]雅各布斯．地理大发现的故事[M]．孙璐，译．南昌：百花洲文艺出版社，2014：1-2.

② 马克思，恩格斯．马克思恩格斯选集(第1卷)[M]．北京：人民出版社，2012：190.

③ 马克思，恩格斯．马克思恩格斯全集(第3卷)[M]．北京：人民出版社，2002：269.

它的结果。这种形式的财富不仅绝对增加而且相对增加。”①

第二,个人对财富的追求推动社会生产方式发生变革。随着世界市场的不断扩大,海外掠夺贸易带来了惊人的利润,资本家以惊人的速度增殖资本,在财富积累超越传统贵族之后,资产阶级也从中间等级上升为“明确的贵族地位”②。传统贵族依靠原有资本增殖方式已经无力追赶新兴贵族的财富积累速度,并且新兴贵族通过新技术生产出的工业品,从传统贵族手中不断夺取财富。这迫使传统贵族在社会变革之际抛弃原有的资本增殖方式,将资本投入工业生产与贸易领域,以实现个人财富的快速积累。生产力前期的积累促进了财富的增长,资本的迅速积累反过来扩大了工业的普及范围和工业技术的革新速度。资本家对超额利润的追求也使得技术进步成为其追求的重要目标。大量资本的倾斜,使新的技术发明得以快速应用于实践,并进行规模化生产。由于工业革命初期整体生产力水平较低,技术门槛不高,技术进步的科技含量较低,大部分技术的革新对知识水平要求较低,这使得技术难以保密,新技术一旦应用于工业生产,即使是在被少数资本家保密的情况下,也能够快速地扩散、普及。传统贵族从新技术的阻碍者转变为推动者,新技术的大量应用加速了资本增殖的速度,个人财富在快速积累的过程中,通过对技术的改进、升级和新技术的应用等方式,推动了社会整体生产方式的变革。但是,当生产力发展到一定程度,并建立了一定规模的、与之相适应的经济基础时,在两种不同生产力水平之上形成的生产关系必然发生剧烈冲突,这就导致了革命的爆发。

第三,分工与社会阶级的分化。在封建社会,一个国家大致可以被分为统治阶级和被统治阶级。统治阶级即贵族阶级,包括国王、领主、不同等级的贵族、骑士阶级等。被统治阶级包括农民阶级、城市平民、帮工、学徒、手工业者、商人等。随着封建社会结构的逐渐瓦解,社会阶级逐步分化。分工则是封建社会结构瓦解的重要因素。人类历史发展进程中最先出现的第一次大分工是城乡的分类,“德国为了实现城乡分离这第一次大分工,整整用了三个世纪”③。作为现代化产

---

① 马克思,恩格斯.马克思恩格斯选集(第4卷)[M].北京:人民出版社,2012:331.
② 马克思,恩格斯.马克思恩格斯全集(第3卷)[M].北京:人民出版社,2002:547.
③ 同上:237.

生重要基础的现代工业,则与分工有着密切的联系。“工业只有在分工的基础上和依靠分工才能存在。”①在城乡分离之后,分工随着生产力水平的发展,不断改变着整个社会的生产、生活形式。城市中的诸多行会正是分工的产物,行业生产的专业化,使得部分人从事专有物质资料的生产,在这种行业大分工的基础上,行业内部也形成了等级与分工相结合的生产、管理和生活制度。不仅西方国家的行会是这样,东方国家也是如此。在封建制度的统治下,以国家为主导,形成了原始的流水线生产方式,这种生产方式大多被用于军事产品的生产上,极大地增加了封建国家的战争潜力。种姓制度的明显例证则是印度,印度的种姓制度不仅将人的阶级进行了先天划分,而且将人从事的劳动方向也进行了预先规定与限制,分工在人出生时即被确立。生产力的发展使得以上种种分工形式得到了改变。传统城乡分离的分工概念,随着历史进程的发展逐渐被淡化。分工更加偏重社会生产,并且逐渐细化。“社会内部的分工越不受权威的支配,工场内部的分工就越发展,越会从属于一人的权威。因此,在分工方面,工场里的权威和社会上的权威是互成反比的。”②这使得从属于资本家的工厂对资本家的依赖超越了对国家或者说是对社会制度体系的依赖,资产阶级与封建社会的矛盾也逐渐扩大。生产力的不断发展使得生产工具不断革新,工业革命使社会生产力水平有了巨大飞跃,工业也在分工的基础上开始发展。欧洲各国从乡村集镇和城市独立建立了手工工场,脱离了传统行会制度的约束。分工在手工工场中使工人脱离了传统的社会生产方式,即单独的工人无法进行完整的生产,在工业社会中对工业生产的依赖超出了生产对劳动者的依赖。部分城市平民、商人、手工业者、封建地主等最先进行改革的群体,通过新的资本增殖方式完成了财富积累,成了最初的资产阶级。失地农民、小手工业者、城市底层人群等从有产者变为彻底的无产者,成为雇佣工人,这是最初的无产阶级。这样就形成了四个阶级并存的状况。资产阶级通过对最先进生产力的掌握与应用,牢牢占据着财富积累速度最快的位置,其自身也逐渐成为统治阶级的一部分,原有封建贵族不得不向资产阶级转变,以保证自身地位。被统治阶级在统治阶级的转变中大多沦为

---

① 马克思,恩格斯.马克思恩格斯选集(第1卷)[M].北京:人民出版社,2012:184.

② 马克思,恩格斯.马克思恩格斯全集(第3卷)[M].北京:人民出版社,2002:243.

无产阶级。社会由四种阶级逐渐完成了向资产阶级和无产阶级的转变。

第四，异化的产生。个人处在社会化大生产中，这样使得生产力不再从属于个人。就如工人向资本家出卖劳动力以维持生存那样，工人的劳动力成为商品，连带着工人在出卖劳动力的时间内也成了商品。“生产力好像具有一种物的形式，并且对个人本身来说它们已经不再是个人的力量，而是私有制的力量，因此，生产力只有在个人是私有者的情况下才是个人的力量。”①这不仅是资本对社会的改造，在劳动力商品化的过程中，人逐渐转变为资本的附属，异化也由此产生。资本对社会的改造程度越高，异化的影响也就越严重，即资本主义现代化发展的速度越快，资本对人的统治也就越稳固。“社会活动的这种固定化，我们本身的产物聚合为一种统治我们、不受我们控制、使我们的愿望不能实现并使我们的打算落空的物质力量，这是迄今为止历史发展中的主要因素之一。受分工制约的不同个人的共同活动产生了一种社会力量，即成倍增长的生产力。因为共同活动本身不是自愿地而是自然形成的，所以这种社会力量在这些个人看来就不是他们自身的联合力量，而是某种异己的、在他们之外的强制力量。”②异化推动社会不断向前发展，例如工人的无意识推动。最初的工人在资本家的压榨下过着悲惨的生活，为了获取更多的劳动报酬，工人不得不尽可能长时间工作，或者提高个人的工作效率。当然，最初也有工人为了对抗这种异化而进行了诸多捣毁机器的举动，但这种行为并未能阻挡资本对人的统治。工人从对自身潜力的挖掘出发，进一步促进了资本的增殖。同时，工人阶级队伍的迅速扩大，使得工人内部产生了竞争，更低的劳动力出卖价格加速了资本的增殖。随着生产力的不断发展，原始的剥削方式被资本家逐渐抛弃，资本家采用新的方式以提高工人的生产效率，如通过树立劳动模范和技术模范、提高报酬等方式来提高工人的劳动积极性，资本增殖的速度不断提高，资本对人的统治也不断加强，这种异化从生产领域逐渐渗透到社会的方方面面。资本主义现代化在异化过程中实现了对社会的全方位改造。

---

① 马克思，恩格斯. 马克思恩格斯选集(第 1 卷)[M]. 北京：人民出版社，2012：208.

② 同上：165.

（四）社会生产关系变革与资产阶级革命

随着生产力的不断发展和社会各方面变革的深入，社会生产关系也开始变革，在最先发生社会生产关系变革的英国，率先爆发了资本主义革命，随着欧洲各国新旧两种制度冲突的加剧，资本主义革命在欧洲蔓延，最终在欧洲范围内建立起了适应资本主义现代化发展的资本主义制度。

第一，社会生产关系变革。社会生产关系变革并不是一帆风顺的，在变革的过程中也充斥着矛盾。这种矛盾最初以这样的形式展开：工场手工业与传统手工作坊在一定时期内处于并存状态，土地关系也并未完成彻底变革，农民与雇佣工人并存，即资本主义在封建社会中发展。此时，“城市廉价获得食物、高价出售所制造的产品的需求与乡村高价出售食物、低价获得手工业者作坊和工厂制造出来的商品的需求之间难免存在利益冲突”①。这种冲突延伸到社会内部就表现为地主与农民、资本家与工人、行会师傅与学徒、城市与乡村之间的冲突。随着生产力发展，工场手工业改变了资本增殖的方式，地主、资本家、贵族和城市富有市民之间形成了共同利益。“随着美洲和通往东印度的航线的发现，交往扩大了，工场手工业和整个生产运动有了巨大的发展。从那里输入的新产品，特别是进入流通的大量金银完全改变了阶级之间的相互关系，并且沉重地打击了封建土地所有制和劳动者；冒险者的远征，殖民地的开拓，首先是当时市场已经可能扩大为而且日益扩大为世界市场，——所有这一切产生了历史发展的一个新阶段。”②封建地主与农民之间的附属关系转变为资本家与工人之间的雇佣关系，农民和城市贫民转变为无产者，封建贵族和新兴资本家之间尽管有着分歧，如德国依靠工商业崛起的资本家和容克贵族之间存在矛盾，但封建贵族依托原有资本逐步向资本家转变，整个社会日益分裂为两大阶级，即资产阶级和无产阶级。伴随着这种分裂，工业革命的成果也逐步应用于社会的各个方面，社会的生产、生活方式发生了革命性改变。封建社会的土地关系被彻底破坏，绝大多数农民转变为雇佣工人，半机械化、机械化的农业生产方式代替了传统的人工耕种；规模

---

① ［美］巴林顿·摩尔．专制与民主的社会起源——现代世界形成过程中的地主和农民［M］．王茁，顾洁，译．上海：上海译文出版社，2012：437.

② 马克思，恩格斯．马克思恩格斯选集（第1卷）［M］．北京：人民出版社，2012：190.

化的工厂流水线作业、工业化生产代替了手工作坊;热武器的生产代替了传统的冷兵器制造;高效率的工业生产提供了丰富的工业产品,进而改变了传统生活方式。封建制度、宗法制度、种姓制度、行会制度束缚下的生产关系转变为一定范围内个人对集体的统治关系,诸多小范围的个人统治的集合形成了资产阶级对无产阶级的统治。这种统治是以生产力的革命性飞跃和新的生产方式为基础的,生产力发展速度越快,新的生产方式应用范围越广,这种统治关系取代原有的封建统治关系的速度就越快,社会生产关系的变革也就越彻底。

第二,资本主义意识形态的形成。"如果在全部意识形态中,人们和他们的关系就像在照相机中一样是倒立成像的,那么这种现象也是从人们生活的历史过程中产生的,正如物体在视网膜上的倒影是直接从人们生活的生理过程中产生的一样。"①资本主义意识形态是对资本主义工业化的社会生产关系的反映,这种意识形态一经产生,便与新的生产关系相互作用,为社会革命的到来奠定基础。资本主义意识形态的形成与资本增殖方式的变化有着密切关系。例如,在法国,国王为了维持自己的统治,对贵族经商有着严格规定,以免贵族获取稳定的高额利润进而挑战王权。同时,也形成了畸形的贵族文化,"鄙视通过耕种获得更多财富这一偏见可能更多地影响着那些最高级的贵族和不直接地受宫廷生活习俗影响的贵族"②。但是,随着工业技术的发展和世界市场的逐渐形成,富裕市民和商人通过快速的资本增殖实现了财富上对封建贵族的超越,落魄贵族也通过这种方式获得了大量财富。这改变了贵族对商业的态度,贵族通过代理人的方式参与商业经营,以躲避经商禁令。法国贵族对财富的追逐取代了原有的对腐化生活的认同,"那些代表了法国农村商业发展先进性的贵族仍未停止从农民那里榨取更多的财物"③。资本使得封建贵族向现代资本家转变,社会氛围的变化使得以追逐财富为主的资本主义意识初步形成。

第三,资产阶级革命。"社会的物质生产力发展到一定阶段,便同它们一直在其中运动的现存生产关系或财产关系发生矛盾。于是这些关系便由生产力的

① 马克思,恩格斯.马克思恩格斯选集(第1卷)[M].北京:人民出版社,2012:152.

② [美]巴林顿·摩尔.专制与民主的社会起源——现代世界形成过程中的地主和农民[M].王茁,顾洁,译.上海:上海译文出版社,2012:50.

③ 同上:52.

发展形势变成生产力的桎梏。那时社会革命的时代就到来了。随着经济基础的变更，全部庞大的上层建筑也或慢或快地发生变革。”①率先完成资本主义革命的英国、法国和德国的实践也证明了这一点。资本主义革命的胜利为现代化发展创造了社会条件，并且现代化发展也推动了资本主义社会向前发展。资产阶级革命的进程随着工业革命对社会改造的完成而变得迫切起来。所有的变革都不是一蹴而就的，资本主义现代化的产生也经历了漫长的积累。世界上率先进入资本主义现代化的国家都出现在西方，这些国家有着类似的政治、经济、文化、社会状况。当商业具有政治意义之后，资产阶级开始影响国家政策，以促进商业发展。原有的政治制度不能满足资产阶级的需要，当原有政治制度与资产阶级的需要发生冲突时，资产阶级革命便应运而生。欧洲各国较为松散的国家统治体系，使得新兴资产阶级在掌握大量财富之后保持着相当程度的独立性。在王权与资产阶级发生冲突时，资产阶级通过革命取得了政治上的独立，王权被限定在极小的范围内，君主立宪制由此产生。以资产阶级为主导建立的资本主义制度，为资本主义现代化发展提供了强劲的制度动力，国家推动成为资本主义现代化发展进程中的重要动力。在世界历史发展进程中，生产力的发展给封建社会带来了诸多变革，如生产和生活方式的改变、土地制度的变革、所有制的变革等，最终导致了资产阶级革命的发生。这为资本主义现代化发展扫清了最后的障碍，现代化的第一种发展模式——资本主义现代化模式——由此开始。

（五）现代化与社会主义的历史发展

资产阶级革命的成功，不仅为资本主义现代化发展扫清了障碍，而且培育了社会主义因素的发展。在资本主义现代化进程中，各资本主义国家为争夺世界资源而发动世界大战时，社会主义革命在俄国悄然发生。苏联的社会主义实践打破了资本主义现代化模式的垄断，现代化在实践中第一次与社会主义相联系。苏联的社会主义现代化模式建立之初，最先确立的并不是计划经济体制，而是土地制度的变革。1861 年俄国农奴制改革并不彻底，保留了大量封建残余，地主仍然占据绝大多数土地，农民受到地主和资本家的双重剥削。十月革命胜利后，

① 马克思，恩格斯. 马克思恩格斯选集(第 1 卷)[M]. 北京：人民出版社，2012：8.

1917年10月26日苏联颁布了《土地法令》,废除了原有的土地所有制,全部土地无偿收归国有。此后苏联进行了农业集体化改革,使得土地集体所有制得以全面展开,由半封建、半资本主义的土地私有制,直接跨越进了社会主义土地公有制。苏联在此基础上先后实行了战时共产主义和新经济政策,直到高度集中的计划经济体制确立,其土地公有制从未改变。苏联社会主义现代化模式在现代化进程中由契合其发展需要到后来的逐渐背离,土地公有制作为社会主义现代化的根本制度之一,在苏联现代化发展的各个时期都发挥了重要作用。苏联为打破斯大林模式进行的诸多改革尝试,虽然掀起了阵阵波澜,但最终未能完全摆脱其影响。在改革失败、社会动荡之际,社会主义的土地公有制稳定了苏联绝大多数的人口,从苏联成立到解体,以土地公有制为基础的底层社会结构是苏联现代化建设最稳固的基础,以其为依托,苏联现代化时期建立的种种制度,诸如以集体农庄三级制度为依托建立的教育和医疗体系、社会保障体系等,即使在苏联解体30多年后的今天,仍为许多亲历者所推崇,不仅是当时的苏联人,西方国家亲历者也是如此。在苏联的社会主义现代化实践如火如荼地进行时,中国的社会主义现代化则走上了另一条道路。二者的社会主义现代化有着类似的开端,中国的土地制度改革同样贯穿中国革命与建设的始终,类似集体农庄改革的农业合作化运动促使农业社会主义改造快速完成,农业补偿工业、优先发展重工业、计划经济体制等,与苏联的社会主义现代化模式近乎重合。随着中国社会主义现代化实践的不断深入,一条有别于苏联现代化模式的社会主义现代化模式逐渐被探索出来。在探索过程中,中国确立了民主集中制、家庭承包责任制、市场经济、以按劳分配为主体多种分配方式并存的分配制度等。在中国共产党的领导下,中国的社会主义现代化建设取得了丰硕成果,也初步走出了中国的社会主义现代化模式,即中国模式。不仅如此,朝鲜、越南、老挝、古巴等国也根据各自的国情对本国的社会主义现代化模式展开了实践探索。这些探索的最终衡量标准是,是否能够促进生产力的发展,是否能够实现共同富裕,最终是否能够消灭剥削、消除两极分化,达到每个人自由而全面的发展。这既是社会主义现代化发展的理论逻辑,也是其历史逻辑。

四、现代化的理论逻辑

从世界历史的发展进程来看，现代化是人类社会前进过程中的必经阶段，社会形态由低到高的演进也促使了现代化的产生，正如恩格斯所说，在我们之前的时代，人类“处于没有社会、没有生活、没有意识、没有活动的社会幼年时期”①。随着社会的发展，人类步入了文明时代，即马克思在《黑格尔法哲学批判》中说的“我们的时代”。“我们建议用‘资产阶级社会’和‘工业和商业社会’这样的说法来表示同一个社会发展阶段，虽然前一种说法更多地是指这样一个事实，即资产阶级是统治阶级……而‘商业和工业社会’这个说法更多地是专门指这个社会历史阶段所特有的生产和分配方式。”②资本主义现代化的产生遵循着历史唯物主义逻辑，现代社会是以资本为基础构成的资产阶级社会的生产关系。而社会的生产关系，“是随着物质生产资料、生产力的变化和发展而变化和改变的”③。现代社会是封建社会的生产关系向资本主义社会的生产关系的转变。在这一总的规定下，现代化的产生最先从封建社会的基础，即封建土地所有制关系的变革开始。

（一）土地关系的变革

无论是从历史进程的演变还是从理论的追溯来看，生产者与生产资料的分离都可以被视为现代化的起点。这一分离过程最先出现在封建社会，最直观地表现为农民与土地的分离。在分离过程中，土地逐渐完成了从生产资料向资本的转变。资本的“原始积累只不过是生产者和生产资料分离的过程”④。土地关系的变革使农民彻底转变了身份，不是从农民转变为传统意义上的工人，封建社会也存在大量的手工工人，这种身份的转变不是从农民到工人、商人乃至地主的转变，而是根本性质的转变。农民不再作为生产者与作为生产资料的土地存在依附关系，而是将自身作为商品进行出卖，农民和土地都转化为资本的某种形

---

① 马克思，恩格斯. 马克思恩格斯全集（第3卷）[M]. 北京：人民出版社，2002：536.

② 中共中央马克思恩格斯列宁斯大林著作编译局. 马克思恩格斯《资本论》书信集[M]. 北京：人民出版社，1976：74.

③ 马克思，恩格斯. 马克思恩格斯选集（第1卷）[M]. 北京：人民出版社，2012：340.

④ 马克思，恩格斯. 马克思恩格斯文集（第5卷）[M]. 北京：人民出版社，2009：822.

态，都附属于资本。这种转变是资本主义现代化产生的基础。即使在资本主义现代化进程中，仍然存在农民与土地相依附的某种形式，但这只是资本关系的一种外在表现。

土地关系的变革包括三个部分，即土地、农民和地主。首先是土地性质的变化。这种变化从生产工具的变革开始。生产工具分为自然形成的生产工具和人类文明创造的生产工具。“在前一种情况下，即在自然形成的生产工具的情况下，各个人受自然界的支配，在后一种情况下，他们受劳动产品的支配。因此在前一种情况下，财产（地产）也表现为直接的、自然形成的统治，而在后一种情况下，则表现为劳动的统治，特别是积累起来的劳动即资本的统治。前一种情况的前提是，各个人通过某种联系——家庭、部落或者甚至是土地本身，等等——结合在一起；后一种情况的前提是，各个人互不依赖，仅仅通过交换集合在一起。在前一种情况下，交换主要是人和自然之间的交换，即以人的劳动换取自然的产品，而在后一种情况下，主要是人与人之间进行的交换。在前一种情况下，只要具备普通常识就够了，体力活动和脑力活动彼此还完全没有分开；而在后一种情况下，脑力劳动和体力劳动之间实际上应该已经实行分工。在前一种情况下，所有者对非所有者的统治可以依靠个人关系，依靠这种或那种形式的共同体；在后一种情况下，这种统治必须采取物的形式，通过某种第三者，即通过货币。”①原初的生产工具使人们依赖土地形成了封建的统治和生产关系，并以封建领主为中心进行人与人之间的交换。生产工具的不断改进，包括但不限于农业生产工具，逐渐提高了人们对土地的利用效率，如不断扩大的耕地面积和不断提高的粮食产量等。在粮食产量的增长远远超过人口增长时，土地对于封建领主来说，不再是单纯地获取生存资料的生产资料，虽然实际上封建领主是依靠土地获取地租的，但当生产工具的进步引发其他盈利方式，且这种盈利方式远超地租时，土地就彻底转变为单纯的生产资料，不再具有特殊意义。在实际经营中，租的出现，彻底改变了土地的属性。“一出现了租，佃农就不再是租佃者而是工人，即租佃者的佃农。”“租并不把人束缚于自然，它只是把土地的经营同竞争连在一起。土地所有权一旦构成租，它本身就成为竞争的结果，因为从这时起土地所有权就取

① 马克思，恩格斯．马克思恩格斯选集（第1卷）[M]．北京：人民出版社，2012：183-184.

决于农产品的市场价值。作为租，土地所有权成为动产，变成一种交易品。”①土地属性的改变引发了地主和农民身份的变化。

其次是地主身份的变化。马克思对封建贵族是这样描述的：“炫耀他的财产的贵族渊源、封建往昔的纪念、他的回忆的诗意、他的耽于幻想的气质、他的政治上的重要性等等，而如果他用国民经济学的语言来表达，那么他就会说：只有农业才是生产的。”②随着土地性质的变化，农业生产不再是生产的全部内容，货币，或者说资本成为封建贵族的追求。依赖土地获取资本的地主，包括从地主手中大量租赁土地的租赁者，或者说是土地的实际经营管理人，依靠土地性质的转变完成了身份上的转变。“土地资本的代表不是土地所有者而是租佃者。土地作为资本带来的收入不是租而是利息和产业利润。有些土地产生这种利息和这种利润，但不产生租。总之，土地只要提供利息，就是土地资本，而作为土地资本，它不提供租，不构成土地所有权。租是土地经营赖以进行的社会关系产生的结果。它不可能是土地所具有的多少是稳固的持续的本性的结果。租来自社会，而不是来自土壤。”③在此基础上，传统的土地耕种转变为大地产性质的农业生产，农作物作为维持生存必需品的性质更多地转变为商品性质，以便进行商业流通，获取更多的资本。“大地产就它力求赚到尽可能多的货币而言，已经失去自己的封建性质，而且具有工业的性质。”④土地的实际经营管理者从土地中获取的不再是农作物，而是资本，以其为代表的地主和土地租赁者实际上转变为资本家。

最后是农民身份的变化。土地性质和地主身份的转变，使农民具有了资本雇佣的属性。生产力发展从土地中解放了大量农民，土地的资本属性也使粮食生产不再是其唯一的使用方式，更多农民被资本家从土地上驱赶出来。这必然使农村出现规模庞大的流浪现象，大量剩余劳动力被推向社会，农民失去了其原有身份，仅仅作为劳动力形式存在。“大地产，像在英国那样，把绝大多数居民推入工业的怀抱，并把它自己的工人压榨到赤贫的程度。因此，大地产把国内的贫

---

① 马克思，恩格斯. 马克思恩格斯选集(第1卷)[M]. 北京：人民出版社，2012：263.

② 马克思，恩格斯. 马克思恩格斯全集(第3卷)[M]. 北京：人民出版社，2002：285.

③ 同①：268.

④ 同②：264.

民和全部活动都推到敌对方面，从而促使自己敌人的势力即资本、工业的势力产生和壮大。”[①]资本不仅改变着土地关系，也改变了原有的生产方式，迅速发展的工业接收了被从土地中赶出来的剩余劳动力，原有的土地附属关系中的农民，转变为工业资本雇佣关系中的工人。

（二）生产力的发展

土地关系的变革是一个长期过程，在其变革过程中带动了整个社会关系的变动。这也构成了与生产力水平相适应的社会基础，最明显地表现在生产者与生产资料的变化上。生产者不仅仅是农民，所有在封建社会中依靠对生产资料的再加工维持生存的人都是生产者，农民占据了生产者中的大多数。以农民为首的生产者在脱离土地束缚之后，成为纯粹的劳动力出卖者。“直接生产者，劳动者，只有当他不再束缚于土地，不再隶属或从属于他人的时候，才能支配自身。”[②]但是，当生产者脱离了这种束缚关系，也就意味着他的生存失去了保障，只能出卖自身来维持生存。这种出卖还必须摆脱封建社会关于劳动出卖的另一种束缚，“他要成为劳动力的自由出卖者，能把他的商品带到任何可以找到市场的地方去，他就必须摆脱行会的控制，摆脱行会关于学徒和帮工的制度以及关于劳动的约束性规定”[③]。只有这样，生产者才能彻底地转变为作为劳动力的资本存在形式，才能进一步转变为资本意义上的雇佣工人。封建剥削也由此转变为资本主义剥削。无产阶级作为生产者，其队伍逐渐壮大。与之相应，资产阶级对社会的统治也逐渐加强，无产阶级处于被残酷剥削的状态。在一个阶级取代另一个阶级的斗争过程中，即资产阶级取代地主阶级、资本取得统治地位的过程中，资本家和地主对无产阶级进行了双重剥削与压迫。一方面，资本家在工业生产中对无产阶级进行剥削；另一方面，在农业生产领域，无论是为了攫取更多财富还是为了保证各自的阶级地位，地主和代表资产阶级的租地农场主相互对立攻击，但最终受害者是无产阶级，二者的攻击加重了对农业生产领域中无产阶级的剥削。

---

① 马克思，恩格斯. 马克思恩格斯全集（第 3 卷）[M]. 北京：人民出版社，2002：263-264.

② 马克思，恩格斯. 马克思恩格斯文集（第 5 卷）[M]. 北京：人民出版社，2009：822.

③ 同上：822.

伴随着无产阶级壮大的是生产资料性质的大幅度改变，这种改变不单单是土地等特殊生产资料性质的变化，而且包括作为特殊生产资料，如私有财产性质的变化。马克思明确指出，“无产阶级要求否定私有财产，只不过是把社会已经提升为无产阶级的原则的东西，把未经无产阶级的协助就已作为社会的否定结果而体现在它身上的东西提升为社会的原则”①。在资本主义工业化进程中，作为个体的人与生产资料相分离，人通过生产资料完成的对人的统治，在生产资料性质转变的过程中被颠倒了。“实际需要、利己主义是市民社会的原则”，“实际需要、利己主义的神就是金钱”②，“人已经不再是人的奴隶，而变成了物的奴隶；人的关系的颠倒完成了”③。这最直观地表现为货币对人的统治。生产资料的货币化使得货币成为世界的统治者，对无产阶级来说，出卖自身劳动力获取的报酬大多是货币，而不是其他形式的生活资料，货币进入流通环节，被用来购买生活必需品，当然，多余的货币则被无产阶级用来购买“奢侈品”，如教育、医疗等。这样，在无产阶级的认知中，他们迫切需要得到的是货币，而不是土地和粮食，货币作为一般等价物、作为资本，取代了资本家对工人的统治。工人剩余劳动力出卖的对象不是资本家，而是资本。同样，资产阶级对资本增殖的无限欲望，使得资本反过来推动资产阶级不断前进。这种统治在生产领域表现为工业统治，即通过“各种工业力量并利用他们来达到自己的目的”④。

随着生产力的不断发展，人们的社会关系也会随之变化，一切都是不断运动的，现代化进程也是随着生产力水平的提高而推进的。生产力发展使城市化成为当时社会发展的一个必然趋势。无论是由于耕地变为牧场或因耕种技术的提高而使无数农民成为流浪汉进入城市，还是工厂主动吸收大量农民进入城市，城市化已经成为一个不可逆的趋势。同时，现代社会内部的分工也越来越精细化。“机械方面的每一次重大发展都使分工加剧，而每一次分工的加剧也同样引起机械方面的新发明。”⑤这种无限循环同竞争相结合，推动着现代社会以远超以往数

---

① 马克思，恩格斯. 马克思恩格斯全集(第3卷)[M]. 北京：人民出版社，2002：213.
② 同上：194.
③ 同上：534.
④ 同上：544.
⑤ 马克思，恩格斯. 马克思恩格斯选集(第1卷)[M]. 北京：人民出版社，2012：246.

千年历史的发展速度前进。“当前的社会是建立在竞争之上的”①,“垄断只有不断投入竞争的斗争才能维持自己”②。这样的发展加快了生产力水平提升的速度,但这种模式总会有终结的时刻。当劳动和资本的对立达到极限时,就是整个私有财产关系灭亡的时间,垄断和竞争、生产力发展和分工细化也是如此。尽管生产力发展和分工细化之间的关系并不像劳动和资本的关系那样表现出剧烈冲突,但是此时生产力发展和分工细化的循环是在整个社会的异化中进行的。问题的解决还要回到问题本身。现代化进程的终点是人的解放,其他方面的现代化发展也是为了人的现代化发展服务的,“随着新生产力的获得,人们改变自己的生产方式,随着生产方式即谋生的方式的改变,人们也就会改变自己的一切社会关系”③。生产力发展推动人们从不同方面对原有社会进行改造,并且生产力发展直接推动了现代化的产生。

首先,社会生产力发展水平决定了人类社会的发展进程,科技创新推动了生产力的提高,成为现代工业发展的直接因素。“火药、指南针、印刷术——这是预告资产阶级社会到来的三大发明。火药把骑士阶层炸得粉身碎骨,指南针打开了世界市场并建立了殖民地,而印刷术则变成新教的工具,总的来说变成科学复兴的手段,变成对精神发展创造必要前提的最强大的杠杆。”④自工业革命开始,社会生产力水平迅速提高,技术更新的周期越来越短,以工业为核心的社会生产体系迅速建立,现代工业随着生产力的发展稳步前进。

其次,生产力发展推动着整个社会的经济基础发生变革,乡村城市化和自然经济转向商品经济,为生产关系变革提供了物质基础。“大工业通过普遍的竞争迫使所有个人的全部精力处于高度紧张状态。它首次开创了世界历史……使分工丧失了自己自然形成的性质的最后一点假象……它建立了现代的大工业城市…… 凡是它渗入的地方,它就破坏手工业和工业的一切旧阶段。它使城市最

---

① 马克思,恩格斯.马克思恩格斯选集(第1卷)[M].北京:人民出版社,2012:253.

② 同上:256.

③ 同上:222.

④ 马克思:机器。自然力和科学的应用[M].中国科学院自然科学史研究所译.北京:人民出版社,1978:67.

终战胜了乡村。”[①]资本使得所有的关系发生异化，作为自然经济基础的乡村也在这种异化中使所有的生产资料变为商品，资本促进了工业发展，改变了原有的生产方式。

最后，生产力发展在引发经济变革之后，扩大了经济或者说资本的政治权力。“现代国家与现代私有制相适应，由于税收而逐渐被私有者所操纵，由于国债完全归他们掌握，受到交易所内国家证券的调节，完全依赖于资产阶级提供的商业信贷。资产阶级已经是一个阶级，不再是一个等级了，所以它必须在全国范围内而不是在一个地域内组织起来，并且必须使自己通常的利益具有一种普遍的形式。国家不外是资产者为了在国内外相互保障各自的财产和利益所必然要采取的一种组织形式。”[②]资产阶级对政治权利的诉求必然与传统贵族阶级和王权发生冲突，在世界市场逐步形成之后，面对巨大的利益，这种冲突愈发不可调和。

（三）资产阶级意识形态的产生与生产关系的转变

“一定的生产方式或一定的工业阶段始终是与一定的共同活动方式或一定的社会阶段联系着的，而这种共同活动方式本身就是‘生产力’。”[③]在这种社会生产、活动方式中，也萌生了资产阶级的意识形态。意识形态的产生与生产紧密相关，“思想、观念、意识的生产最初是直接与人们的物质活动，与人们的物质交往，与现实生活的语言交织在一起的。人们的想象、思维、精神交往在这里还是人们物质行动的直接产物。表现在某一民族的政治、法律、道德、宗教、形而上学等的语言中的精神生产也是这样。人们是自己的观念、思想等等的生产者”[④]。随着阶级的形成，不同阶级之间也形成了具有各自阶级特点的意识形态。在工业发展和资本增殖基础上形成的资产阶级意识形态，更多地蕴含着统治阶级意识形态的特点。资产阶级利用工业和资本绑架了最底层的无产阶级，资产阶级的意识形态更多地以普遍利益的形式出现。“占统治地位的将是越来越抽象的思想，

---

① 马克思，恩格斯. 马克思恩格斯选集(第1卷)[M]. 北京：人民出版社，2012：194.
② 同上：212.
③ 同上：160.
④ 同上：151-152.

即越来越具有普遍性形式的思想。因为每一个企图取代旧统治阶级的新阶级，为了达到自己的目的不得不把自己的利益说成是社会全体成员的共同利益，就是说，这在观念上的表达就是：赋予自己的思想以普遍性的形式，把它们描绘成唯一合乎理性的、有普遍意义的思想。进行革命的阶级，仅就它对抗另一个阶级而言，从一开始就不是作为一个阶级，而是作为全社会的代表出现的；它以社会全体群众的姿态反对唯一的统治阶级。""它的利益在开始时的确同其余一切非统治阶级的共同利益还有更多的联系，在当时存在的那些关系的压力下还不能够发展为特殊阶级的特殊利益。""但就只是就这种胜利使这些个人现在有可能升入统治阶级而言。"①"由此可见，每一个新阶级赖以实现自己统治的基础，总比它以前的统治阶级所依赖的基础要宽广一些；可是后来，非统治阶级和正在进行统治的阶级之间的对立也发展得更尖锐和更深刻。这两种情况使得非统治阶级反对新统治阶级的斗争在否定旧社会制度方面，又要比过去一切争得统治的阶级所作的斗争更加坚决、更加彻底。"②资产阶级在其意识形态影响下，对封建社会进行了比以往阶级更彻底更坚决的斗争，对于阻碍工业发展和资本增殖的部分进行了彻底的消灭。这为资本主义现代化初期的发展扫清了障碍，尤其是在资本主导下的国家政策，成为资本主义工业化发展的重要动力。

社会生产方式的改变不仅引发了资产阶级意识形态的形成，也改变了原有的生产关系。生产关系与生产力的发展水平相适应，使得封建社会的生产关系必须发生变革，以适应更高水平的生产力。这意味着必须进行政治革命以改变上层建筑。政治革命为现代民族国家的出现提供了可能，"政治革命打倒了这种统治者的权力，把国家事务提升为人民事务，把政治国家组成为普遍事务，就是说组成为现实的国家；这种革命必然要摧毁一切等级、同业公会、行帮和特权，因为这些是人民同自己的共同体相分离的众多表现。于是，政治革命消灭了市民社会的政治性质"③。仅仅是市民社会政治性质的消灭并不足以达到现代化发展的前提条件，与之相适应的政治制度的建立，才能完成从封建国家到现代民族国

---

① 马克思，恩格斯. 马克思恩格斯选集(第 1 卷)[M]. 北京：人民出版社，2012：180.

② 同上：181.

③ 马克思，恩格斯. 马克思恩格斯全集(第 3 卷)[M]. 北京：人民出版社，2002：187.

家的转变。这是因为，国家是“从社会中产生但又自居于社会之上并且日益同社会相异化的力量”①。围绕着生产力与生产关系的所有变革完成之后，人类社会也就进入了文明时代，这也意味着完成了自16世纪开始的“历史发展的一个新阶段”②的所有变革。

（四）超越经典科学社会主义理论的社会主义现代化

现代化出现伊始是建立在私有制基础之上的，马克思虽然没有对现代化进行明确表述，但马克思在对资本主义进行论述时，往往与“现代”和私有制相结合。马克思在对资本主义和“现代”进行批判时，并未否认其先进性，从马克思的社会发展阶段论来看，资本主义现代化无疑是当时人类社会最为先进的发展模式，其对生产力的发展超越了以往任何时代。按照马克思的论述，社会主义只有在资本主义发展到极致时才能主导人类社会发展，“无论哪一个社会形态，在它所能容纳的全部生产力发挥出来以前，是决不会灭亡的；而新的更高的生产关系，在它的物质存在条件在旧社会的胎胞里成熟以前，是决不会出现的”③。随着马克思对东方社会认识的逐渐深入，他提出了东方国家跨越“卡夫丁峡谷”的可能性。在以私有制为基础的资本主义社会中，在生产力未发展到一定水平之前，无法实现社会主义革命的成功。然而，俄国的国情打破了这一常规，“公有制以及公有制所造成的各种社会联系，使公社基础稳固，同时，房屋的私有、耕地的小块耕种和产品的私人占有又使那种与较原始的公社条件不相容的个性获得发展”④。俄国由于资本主义改革的不彻底，保留了大量的封建残余，尤其是封建社会的土地公有制也得到了保留。同时，俄国与传统资本主义国家有着密切的经济、文化交流，同处于资本主义经济体系中，“俄国是在全国广大范围内把公社所有制保存下来的欧洲唯一的国家，但同时又生存在现代的历史环境中，同较高的文化同时存在，和资本主义生产所统治的世界市场联系在一起”⑤。马克思、恩格斯认为，当时俄国的现实条件具备了跨越“卡夫丁峡谷”的可能。但是，恩格斯后

① 马克思，恩格斯．马克思恩格斯选集（第4卷）[M]．北京：人民出版社，2012：187.
② 马克思，恩格斯．马克思恩格斯选集（第1卷）[M]．北京：人民出版社，2012：189-190.
③ 马克思，恩格斯．马克思恩格斯选集（第2卷）[M]．北京：人民出版社，2012：3.
④ 马克思，恩格斯．马克思恩格斯全集（第25卷）[M]．北京：人民出版社，2001：460.
⑤ 同上：472.

来基于俄国社会生产力水平的低下和农村公社制的落后，否定了这种可能性。

如何在极端落后的情况下跨越“卡夫丁峡谷”，马克思、恩格斯并没有给出明确答案，或者说现实社会主义的发展在某些细节上并未如马克思、恩格斯所设想的那样。自然，社会主义现代化建设也是如此。马克思、恩格斯并未对社会主义现代化发展作出种种具体规定，甚至并未直接提出社会主义现代化概念，仅仅对社会主义的基础进行了论述，对未来社会主义和共产主义的状态进行了大致描述。

社会主义现代化在实践伊始，就超越了马克思、恩格斯科学社会主义理论的界限。从列宁的社会主义革命“一国胜利论”，到苏联现代化模式，再到中国的改革开放、中国模式的形成，既是对经典理论的超越，也是对经典理论的发展。苏联的现代化实践开启了社会主义现代化在不发达国家直接走向公有制的先河。中国的现代化实践则进一步发展了社会主义现代化，在资本主义现代化占据绝对优势地位的情况下，在本国的社会生产力水平仍然较低的情况下，实行改革开放，打破纯粹的公有制经济，坚持公有制经济的主导地位，实行多种所有制经济共同发展。这为社会主义现代化开辟了新的发展模式，中国的现代化建设由此一日千里，从大幅落后，发展为当下的逐步赶上，在实践中切实展现出社会主义现代化的优越性。

第六章

以土地私有制为基础的资本主义现代化模式的全球扩展及其劣根性

自工业革命开始以来，许多国家先后开始了本国的现代化进程。随着世界各国的现代化发展，世界上出现了有别于资本主义现代化的发展模式。但是，在现代化发展之初，资本主义现代化是唯一的、无法选择的形式。在资本主义现代化全球扩展的数百年中，给世界各国的现代化发展带来了不可磨灭的影响。如何正确认识社会主义现代化发展模式受到资本主义现代化发展模式的影响程度、社会主义现代化模式与资本主义现代化模式的区别、社会主义现代化模式与资本主义现代化模式在现代化全球扩展的当下与未来的复杂关系，等等，首先需要对资本主义现代化的历史进程有一个清楚、客观的认识，才能更好地理解什么是社会主义现代化，什么是社会主义现代化与资本主义现代化的本质区别，以及社会主义现代化的未来发展。

对资本主义现代化发展的清楚、客观的认识即是本章的目标。由于资本主义现代化的历史进程不仅涉及各发达资本主义国家，而且与各发展中国家、世界历史的整体进程有着密切关系，因此，本章将资本主义现代化的历史进程分割开来，以便更为详细地梳理、分析资本主义现代化的过去、当下与未来发展。

一、以土地私有制为基础的资本主义现代化的历史演变

资本主义现代化经过了数百年的发展，已经由最初单一的工业化发展为多元现代化，资本主义现代化的特点也随其历史进程的推进而不断变化。由于资本主义现代化在各国的发展进程并不一致，引领资本主义现代化各发展阶段的国家也时有变化，对于资本主义现代化的历史演变可以按照其不同发展阶段，以该阶段的引领国家为例进行具体分析。

（一）以土地私有和全球剥削为特点的资本主义现代化的实践源起：英国

学界关于资本主义现代化的发端界定有两种：一种是广义的现代化，即追根溯源，从最初的制度演变出发，追溯到 13 世纪的政治演变；另一种是狭义的现代化，即以 18 世纪的工业革命为开端。本章主要分析资本主义现代化的历史演变，归结资本主义现代化的当下特点，与社会主义现代化进行对比。由此，选择狭义的资本主义现代化界定，以工业革命为开端。

工业革命最先发端于英国。英国也是世界上第一个建立起资本主义工业化

的国家，在资本主义现代化的初始阶段，英国作为“世界上唯一的工厂、唯一的大规模进出口国、唯一的货运国、唯一的帝国主义者、几乎唯一的外国投资方，而且因此也是世界唯一的海军强权、唯一拥有真正世界政策的国家”①，引领了这一时期整个世界的资本主义现代化发展方向。同时，英国也是唯一一个初期现代化进程基本与工业革命进程相吻合的国家。因此，对资本主义现代化最初的发展以英国的初期现代化进程为参照对象。

1. 资本主义现代化产生的背景

欧洲各国在工业革命之前已经产生了较为密切的联系，工业革命也不仅是在英国进行，欧洲的其他国家和地区也相继开展了工业革命，但只有英国最先进入了工业化时代，这与英国的整体环境密切相关。

第一，英国在工业革命发生前已经有着十分繁荣的以众多港口为主的商业贸易。这在英国本土形成了一个完整的产业链，并依托港口产生了以商业为主的城市，商业的繁荣在农村形成了大量的工厂。这不仅解放了被土地束缚的人口，也使这些人从固有的僵化思维中走了出来。“商业已使英国的公民富裕起来了，而且还帮助他们获得了自由，而这种自由又转过来扩张了商业；国家的威望就从这些方面形成壮大了。”②从土地中解放的人口分为两种：一种是完全融入商业贸易，脱离了小农经济生活的人，这部分人口大多以港口、海外贸易为核心，如商人、店主、船员、城市工人等；另一种是在农村生活，进入不同种类的工厂，依赖工资生存的工人。商业和工业的相互促进发展，使不依赖土地生存的人口逐渐增加，这些人口为英国的工业化提供了足够规模的工人积累，同时也为更多的农村人口向工人转化起到了示范作用。

第二，商业的繁荣加速了小农经济的解体。这种解体不是工业化进程中半强迫式地将人口从农村集中到城市，暴力式地破坏小农经济的形态，而是通过商业发展，逐步打破农村封闭的、自给自足的生活方式。供给商业贸易产品的产业大多数分散建立在农村，第一批工人基本是当地具有某种技术的农民，商业发展

---

① [英]埃里克·霍布斯鲍姆．工业与帝国：英国的现代化历程[M]．梅俊杰，译．北京：中央编译出版社，2016：3．

② [法]伏尔泰．哲学通讯[M]．高达观，等译．上海：上海人民出版社，2005：48．

需要更多的产品，劳动报酬的提高使这些人抛弃了传统的耕作，成为纯粹的工人，当原有工人不能满足生产需要时，越来越多的农民进入工厂，成为专职或兼职工人。在土地产出不变的情况下，这些农村工人的工资增加了农村的经济总量，使得农村成为商业贸易的对象。英国的农村在工业革命到来之前，已经形成了为数众多的、以村庄为单位的小型工业、制造业集聚区。“城市商品、货币和城市劳动者向农村转移已成为普遍现象，乡村经济依附于城市经济的新型城乡关系开始建立。”①无论工业革命是否到来，英国从城市到农村都已经蕴含着浓郁的商业氛围，并缓慢地进行着工业改造。

第三，由于前两种因素的影响，依托工业利益形成的财富集团已经可以影响国家政策。这为工业革命在英国的兴起作出了重要贡献。当时的欧洲各国，尽管工业为商业贸易提供了产品，但商业与工业是相对独立的。得益于航海技术的飞速发展，商业的大多数利润是靠海外贸易获取的。而工业的根基则是在国内，大工厂主一般都是大地主，大地主则有着另一层身份，即贵族。无论商业贸易获取的利润有多么惊人，只要商人没有取得一定的政治地位，拥有影响国家政策的能力，那么国家政策一定会偏向统治阶级。当时英国的大小贵族开办的工厂遍及全国，英国工业革命初期，正是在贵族阶级的影响下，出台了一系列偏向工业的政策，才使英国率先开启了工业化进程。

第四，英国整体经济的繁荣为国家和个人积累了足够的财富，也积累了足够多的技术人才，足以完成工业革命初期所必需的投资。工业革命改变了以往的全部生产方式，新的技术发明创造了全新的生产工具，生产工具的替换需要付出一定的经济成本，同时也要有一定量的技术人才去使用。工业革命初期的成果一般只需要少量的投资就可以进行生产，英国遍地的工厂以及具有少量技术积累的工人，为工业化的到来做好了足够的资本、技术、人口准备。

第五，英国得天独厚的地理环境与丰富的自然资源，成为工业革命爆发的最佳地点。工业革命首先是技术上的变革，这种变革产生了大量的贸易产品，产品只有进行流通才能形成资本循环。在技术没有发展到一定程度之前，交通运输是制约贸易的一个重要因素。交通运输越便利，越能够促进工业化的发展。英

① 黄光耀. 论英国现代化启动前的成功准备[J]. 山东师范大学学报(人文社会科学版)，2003(1).

国在交通运输上有着得天独厚的条件，英国国土距离大海最远不到 70 英里[①]，作为一个岛国，众多港口成为运输集散地，同时河流将通向港口的时间进一步缩短，在没有飞机、汽车、火车的时代，航运是最快捷的运输方式。当欧洲其他国家卷入了漫长的拿破仑战争时，英国特殊的地理位置使其免于战争的困扰，得以为工业革命的爆发积蓄力量。工业革命的大规模进行还需要大量的煤炭资源，在工业革命到来之前，英国本土已经有着数百万吨的煤炭年产量，工业革命最后的制约因素也不复存在了。

需要说明的是，以上英国的种种积累，除了特定的地理环境和自然资源外，其他方面都是以百年为单位积累的成果，“改变世界的那次工业革命开始于 18 世纪末，不过，自 13 世纪以来，英国发生过许多次工业革命”[②]。并且，英国在资本主义工业化之前的这些积累只能适用于当时社会的工业革命需要，随着技术的进步，现代化的门槛越来越高，所需要的准备条件也在不断提高。

2. 资本主义工业化的英国

工业革命在英国的充分准备中开始了。工业革命给英国的各行业带来了巨大变化，这些变化不仅是技术革命的结果，也有着某些特殊的力量在加速这一进程。英国整体的工业化不仅带来了生产和生活方式的变革，这些或好或坏的变化也颠覆了整个社会的思想文化。

工业革命给各行业带来的变化首先从棉纺织业开始。棉纺织业在工业革命开始前就已经大肆扩张，但纺纱与织布的效率相差巨大，蒸汽动力也最先应用到纺纱行业。此时，蒸汽动力的应用并未造成大量工人的失业，反而因为生产规模的不断扩大，以及织布环节工业化的迟滞，产生了大量的工人需求。棉纺织业的工业化进程也带动了相关行业，如化工行业、机械制造业等的发展。煤炭行业的工业化进程则是由城市化推动的。从地理方面来看，英国有着较长的寒冷期，农村和城市分别以烧柴和烧煤炭取暖。大量城市的出现，导致了煤炭供应量激增，“至 1842 年，英国家庭中冒烟的壁炉仍然消费着英国国内供煤的三分之二，当时

---

① 1 英里 = 1.609 344 千米。

② W. Arthur Lewis. The Evolution of the International Economic Order[M]. Princeton: Princeton University Press, 1978, p. 4.

英国3 000万吨的煤炭产量也许占到整个西方世界产量的三分之二”①。这迫使煤炭行业快速、大规模地进行技术革命，以提高产能。其他行业的发展则具有一系列关联效应。如钢铁行业，贸易的极度繁荣提高了对交通运输行业的要求，煤炭产能的增加也需要相应的运输能力才能完成资本循环，这与技术进步共同促使了铁路的产生。铁路时代的到来，带动了英国整体的工业化进程向前发展。各行业的全面工业化使英国成为“世界工厂”，绝对意义上垄断了世界工业产品的生产。这成就了英国在资本主义工业化初期的绝对主导地位。

除了各行业相互影响推动工业化向前发展之外，还有更多的外在力量助推英国的工业化前进。绝对的垄断地位使得其他国家对工业必需品的需求只能从英国进口，英国对技术的封锁也一定程度上延长了垄断时间、增加了贸易额；英国海外殖民地的扩张为工业化产生的大量工业品找到了广袤的倾销市场，“1840—1842年，资本货物构成了英国制成品出口值的11%左右，1857—1859年占22%，1882—1884年则占27%”②；在铁路出现之前，海军的扩张和时断时续的战争为钢铁行业和军工制造业提供了大笔订单；对于抵触工业化进程的保守贵族和中产阶级，在被工业时代淘汰之后，北美和遍及世界的殖民地成为其最好的去处，这为英国本土工业化发展制造了相对稳定的社会环境。

进入资本主义工业化之后，英国社会发生了翻天覆地的变化，这些变化直接影响了人们的思想文化。对于思想文化，人们并没有可以量化的标准去衡量，但从人们对待工业化社会的态度可以略窥一二。作为社会进步产生的工业化，改变了传统的生产、生活方式，在工业化社会中，人们的物质生活条件是否变得比以前更好、精神上的愉悦是否比以前更多等，可以对思想文化的变化进行粗略分析。资本主义工业化初期对社会的影响并不是全方位的，更多的是对工业领域，以及在工业领域覆盖下的底层人民造成影响，唯一对中产阶级和商人有影响的或许是工业化给了他们获取政治地位的机会。中产阶级和商人在获取一定量的财富之后，开始谋求政治地位的提高，以保护自己的财富。原有贵族阶级除了依

① [英]埃里克·霍布斯鲍姆.工业与帝国：英国的现代化历程[M].梅俊杰，译.北京：中央编译出版社，2016：59.

② 同上：106.

靠工业化攫取更多财富之外，很少受到影响。除了财富的增多之外，周围的一切都没有发生变化，贵族阶级无论是物质还是精神都很富足。而在最底层挣扎的无产阶级，除了出卖自身劳动力获取的工资以外，没有任何收入，这部分工资仅能用来维持最基本的生存，在基本的保障法律出台之前，工人阶级出卖了所有的自由时间以获取工资。如何获取更多的财富迈入中产阶级的行列，成了他们唯一的想法。“不管你们怎么指责中产阶级，你们当中只要一周的收入有半便士，有哪个不想削尖脑袋挤进他们的行列？”[①]并且，工人阶级或者说底层人民，随着中产阶级和富人财富的增加，他们变得更加贫穷。传统的娱乐活动和节日也都纷纷消失，底层人民没有时间参加这些活动，而富人则有他们专属的活动。这注定了传统文化的逐渐没落、消亡，后来国家的现代化发展也大多经历了这一过程。工业化在加剧了两极分化的同时，从物质和精神上消灭了底层人民的全部传统烙印，将其改造成工业社会需要的异化个体，对财富的狂热追逐成为这一时期所有人的共同追求。

3. 英国的衰落

英国在工业革命之前的种种准备为工业化铺平了道路，其中的一个重要因素是英国的贵族阶级在不断变革中逐渐转变为资产阶级，当工业革命到来时，作为既得利益者的资产阶级极力推进英国的工业化进程，但是，这也注定了英国的衰落。资本主义工业化初期的英国资产阶级引领着资本主义工业化的发展方向，这一领导阶级大多来源于传统的地主阶级，在没有任何发展参照的情况下，资本主义工业化一旦出现问题，其恶化的速度远比资本主义现代化之后所遭遇的危机演变更加迅速。

从具有代表性的工人阶级和资产阶级的发展可以明显地看出问题。工人阶级最初大部分是由农民阶级转化而来的，资本主义工业化初期工人阶级与机器之间矛盾恶化的具体表现之一就是捣毁机器。捣毁机器分为两种情况：一种是还未完全融入工业化体系的工人（多数为自耕农和小产业者），因为工业化影响到了自身的利益，所以他们去破坏机器；另一种是处于资本主义工业化体系内的

① Norman McCord. The Anti-Corn Law League：1838—1846[M]. London New York：Routledge，2013，pp. 57-58.

工人,因工人与机器即工人阶级与资产阶级的矛盾积累到一定程度之后,出现了捣毁机器的现象。前一种情况是社会发展过程中,被淘汰的旧生产力代表的一种挣扎,但第二种情况则暴露了资本主义工业化初期资产阶级的愚昧和目光短浅。英国资产阶级对待工人阶级的态度,加速了英国工业化的衰落。资本主义工业化初期,工人的工资只能维持其基本生存的需要是资产阶级的共识,这限制了英国国内市场的发展;此时的资本主义制度并没有给工人阶级预留发展空间,大部分工人只要继续从事工作,注定只能是工人;由于技术、市场等因素的影响,机器逐渐淘汰工人,越来越多的工人失业;自资本主义产生便开始了周期性经济危机;当技术更新落后于资本积累的速度时,逐渐增大的资本给盈利造成的压力越来越大,"如同资本过剩时代屡屡发生的那样,大量资本草率且愚蠢地投资出去"①。这些英国国内的问题积累到了一定程度,与英国的国际问题相结合,导致了英国资本主义工业化的衰退。

当英国领跑世界资本主义工业化潮流之后,欧洲各国也从长达 20 多年的拿破仑战争的混乱中走了出来,美国与欧洲其他国家也纷纷开始了自己的工业化进程。随着工业化进程的推进,其他国家不仅逐渐满足了本国对工业产品的需求,还模仿英国将工业产品倾销到各自的殖民地,这逐渐压缩了英国海外贸易获取的利润。除英国坚持自由贸易外,各国纷纷采用关税壁垒保护本国的工商业,迫于英国带来的压力,美国、法国、德国均先于英国产生了托拉斯、卡特尔、辛迪加等垄断企业的形式。一直处于资本主义工业化引领者位置的英国,并没有过多的危机感。当失去欧洲各国的市场之后,英国的资产阶级并没有向内挖掘资本增殖的方法,而是利用自己强大的军事力量扩大海外市场,以满足资本增殖的需要。当其他国家先后完成工业化并完成对各自殖民地的贸易交互体系的建设之后,英国失去了资本大量增殖的渠道,海外贸易额锐减。伴随着大萧条的到来,英国在诸多因素的合力下逐渐衰落,"在 1890 年至 1895 年这段时间,美国和德国的钢产量双双超过英国。英国就在'大萧条'时期失去了'世界工厂'的地

① [英]埃里克·霍布斯鲍姆.工业与帝国:英国的现代化历程[M].梅俊杰,译.北京:中央编译出版社,2016:109.

位，仅仅成为三大工业强国之一，而其在某些重要方面还是其中最弱的一个"①。随着技术的进步，用于机器更新的初始投入越来越高，拥有大量殖民地作为倾销市场的英国资产阶级，在原有生产力的盈利能力未消耗殆尽之前、在以金融投资等方式获取利润的时候、在其工业产品尚未彻底失去竞争力的时候，他们不愿意将资本投入越来越昂贵的设备更新之中。这也使英国在资本主义现代化进程中，彻底失去了领跑者的位置。

4. 资本主义工业化初期的特点

工业化的一个显著特点是城市化。以交通运输中心、工业集聚区等为中心形成的城市，与初级原料集散地、小型工厂、矿产开发等为中心形成的城镇，吸纳了大量农村人口，城市人口、城市大小、城市化比例成为衡量工业化进程的重要标准。除工业化外，在经济、政治、文化、社会福利、世界现代化等诸多方面，资本主义工业化初期也都呈现出鲜明的特点。

经济发展方面，资本主义工业化初期的发展是建立在工业化国家利用技术差距对其他国家进行贸易顺差，以初级的工业产品对世界范围内的封建国家进行倾销，实现财富的掠夺，以全球资源来支撑少数资本主义国家的工业化。

政治方面，资本主义工业化国家虽然经历了种种变革，从封建社会过渡到了资本主义社会，但此时的大多数资本主义国家仍然保留了浓厚的封建残余，虽然王权被束缚，建立了相应的选举制度，提出了民主、自由的口号，但能够享受这种权利的基本是统治阶级，或者说是拥有一定数额财产的男性公民。19 世纪初期，英国的选举制度充分地表明了这一点。以英格兰为例，"202 个选邑（城镇选区）中，有 40～50 个镇的人口为 100～200 人，14 个镇的为 50～100 人，20 个镇的为 20～50 人，4 个镇的为 10～19 人，有 1 个镇只有 5 名居民，有 2 个镇根本没有人居住"②。这些城镇的土地拥有者大多为拥有大量财产的资产阶级，每逢选举都要回到选邑所在地的规定，使得大部分在城市中工作拥有选举权的普通选民无力行使自己的权利，在本地工作的普通选民，大多依附资产阶级生存，选举权实

① [英]埃里克・霍布斯鲍姆. 工业与帝国：英国的现代化历程[M]. 梅俊杰，译. 北京：中央编译出版社，2016：122.

② Michael Brock. The Great Reform Act[M]. London: Hutchinson University Library, 1973, p. 20.

际上被资产阶级把控，“贵族阶层不仅控制了议会两院，而且长期把持内阁职务，成为垄断权力的特权阶层”①。

社会文化方面，传统文化在工业化浪潮中逐渐消逝。工业化进程越快的国家，其传统文化保留得越少，生活节奏也越快，但并没有产生与工业社会相应的文化活动，文化的缺失也由此开始。与文化的衰退相比，科学与理性逐渐成为社会的主流，“无论虔诚的基督徒是否乐见其成，知识的进步与理性的进步并驾齐驱。18 世纪，至少在受过教育的人看来，世界正在褪去神秘色彩。伪科学让位于科学”②。

社会福利方面，虽然英国自 1601 年颁布的《济贫法》仍然发挥着重要作用，在《济贫法》基础上建立的济贫院，到 18 世纪 70 年代，全国约有 2000 所，每年济贫金额在 100 万英镑以上。③ 不可否认的是，这一时期的社会福利仅仅是资本主义工业化之前社会福利政策的余荫，虽然用于社会福利的资金不断增加，但仅能覆盖极少数特殊群体。资产阶级竭尽所能地剥削工人阶级才是这一时期的主流。

工人阶级方面，这一时期的工人阶级处于最恶劣的生存环境之中，资产阶级支付的工资仅能维持工人基本生存，并且工人阶级处于资产阶级的压迫之下，在资本主义社会中看不到任何希望，“谁要是生为工人，那他除了一辈子当无产者，就再没有别的前途了”④。由传统行会演变而来的各种工会组织在资产阶级的压迫下也无力保护工人阶级的相应权益，“在商业危机期间，工会不得不自己降低工资标准，或者自己彻底解散，而在劳动需求大大增加的时候，它们也不可能把工资提得高于因资本家之间的竞争而自然形成的水平”⑤。无论是从生存环境还是从个人发展来看，此时的工人阶级处于最恶劣的境地。

资产阶级方面，无论是对待工人阶级的态度还是对待工业生产都停留于最原始的状态。资产阶级以最苛刻的待遇对待工人阶级，既没有通过提高工人阶

---

① 刘金源. 议会改革与英国的政治现代化历程[J]. 人民论坛·学术前沿，2014，(2)(上半月).

② 彼得·盖伊. 启蒙时代(下)：自由的科学[M]. 王皖强，译. 上海：上海人民出版社，2015：26.

③ 阎照祥. 英国史[M]. 北京：人民出版社，2003：231.

④ 马克思，恩格斯. 马克思恩格斯选集(第 1 卷)[M]. 北京：人民出版社，2012：102.

⑤ 同上：108-109.

级收入以扩大国内市场的想法，也没有通过提高工人阶级待遇以提高其生产积极性的远见。这一时期，“生产资本越增加，分工和采用机器的范围就越扩大。分工和采用机器的范围越扩大，工人之间的竞争就越剧烈，他们的工资就越少”①。资产阶级对工业生产的态度仍然处于盲目的无序状态，这外在地表现为资本主义经济危机的连续性。

世界现代化进程方面，只有少数欧美国家开始了资本主义工业化进程，世界大多数国家由于贸易往来或殖民侵略，仅仅被动地成为少数开启资本主义工业化进程国家的原料供应国和商品倾销国，从工业产品方面接触到了资本主义工业化。除此之外，绝大多数国家更多的是从军事方面感受到了资本主义工业化国家的强大。部分国家在被殖民期间由宗主国建设的工业设施为其奠定了工业化的部分基础，少数国家也逐渐开启了本国资本主义工业化的进程。“工业巨头们发现，使印度变成一个生产国对他们大有好处。”“但是，你一旦把机器应用于一个有铁有煤的国家的交通运输，你就无法阻止这个国家自己去制造这些机器了。”②

（二）以消灭农村和推行城市化为特点的资本主义工业化的第二阶段

第二次工业革命的到来使英国跌落了“世界工厂”的宝座，资本主义工业化的发展方向由美国、德国和英国共同引领。仅从技术积累和工业建设方面来看，英国远远落后于美国和德国。英国在资本主义工业化进程中仍能保持相对的领先地位，得益于其在全球庞大的殖民市场和工业化初期的雄厚积累，但随着资本主义现代化进程的推进，英国逐渐脱离了领先地位。第二次工业革命时期，美国经历了复杂多变的世界局势，最终超越了其他资本主义国家，走在了世界资本主义现代化的前列。

1. 资本主义现代化引领国家从英国到美国和德国的转变

工业化初期工业技术的壁垒并没有当下的技术壁垒那么难以突破，即使有着英国对技术的封锁，一个多世纪的时间也足以使其他国家追赶上英国的工业

① 马克思，恩格斯．马克思恩格斯选集（第1卷）[M]．北京：人民出版社，2012：358．
② 同上：858、860．

化步伐。以石油和电力推动的第二次工业革命加重了不少国家对工业能源的依赖,新技术的研发也需要更尖端的知识和更多的资金投入,新设备的投产也需要更多的资本。英国本土整体工业资源的相对缺乏、对教育的不重视、对新技术研发投入的不足、新设备投产的滞后等,使得英国失去了之前的辉煌。

与之相对,结束了南北战争的美国和统一之后的德国,相继走出了具有自身特色的工业化模式。美国凭借与英国的特殊关系,较为完整地获得了英国的工业技术,并利用英国资本开始了自己的工业化进程。美国本土拥有丰富的各种工业资源,持续不断的移民为工业生产提供了源源不绝的劳动力,美国资产阶级的探索和冒险精神推进了石油和电力技术的应用与发展,并在金融方面助力了工业化发展。德国在1990年完成统一之后,一跃成为欧洲的经济和军事强国。同时,德国凭借良好的教育、大量设备先进的实验室、对技术研发的大量资金投入,迅速主导了欧洲的工业革新。

2. 第一次世界大战与资本主义工业化

从历史学的视角看,第一次世界大战的爆发除了实际触发仇恨的事件之外,还有民族主义、国际帝国主义和厌倦和平情绪等因素的影响。① 其中与现代化密切相关的国际帝国主义即垄断资本主义,为资本主义工业化进程作出了贡献。第一次世界大战爆发前,各资本主义国家产生了诸多或大或小的垄断集团,并于19世纪末经历了数次经济危机。第一次世界大战的爆发阻碍了整体的工业化进程,如国外工业贸易的持续低迷、国内大量的失业、整体经济的低迷乃至崩溃等。但战争促使军事工业技术快速发展,这些技术在战争结束后,大部分转化进入了民用领域,成为工业化前进的一个重要助推器。此外,国际工业贸易市场的受阻,促进了国内市场的发展。大量低端工业产品进入了工人阶级的日常生活,在资本主义工业化开始100多年后,奋斗在工业化第一线的工人阶级第一次享受到了工业生活的美好变化。

第一次世界大战后,取得胜利的协约国集团依靠战争红利,遏制了本国经济的萧条,但率先参战的英国和法国直面战争,受到的创伤与工业化的进步之间显

---

① [美]菲利普·J.阿德勒,兰德尔·L.波韦尔斯.世界文明史:第四版[M].林骧华,庄彩云,等译.上海:上海社会科学院出版社,2012:862.

然是不对等的。俄国在十月革命爆发后退出了战争，转而走上了社会主义现代化道路。美国独特的地理位置使其本土并没有直面战争，在战争中扮演着供应商的角色，随着战争的推进，其工业化进程快速推进。同盟国集团作为战败者，其工业化进程显著减缓。

但无论是协约国还是同盟国，在某些方面的改变则是相同的。大量男性参战使女性获得了大量工作机会，“到战争结束时，各国的妇女劳动力至少占国内总生产劳动力的30%”①。战后各国男性人口锐减，使得女性参与社会工作，并大量、长期占有工作岗位成为事实，这提高了女性的社会地位。资本主义各国的女性也是在这一时期获取了选举权。同时，男女比例失调，以及战争的刺激，促使了两性观念的转变。各国的政策也从完全保护资本主义发展发生了转变。自资本主义工业化以来，各国政府极力促进资本主义发展，资本主义也从自由资本主义阶段发展到了垄断资本主义阶段。第一次世界大战后，各国在为第二次世界大战积蓄力量，战后的经济危机也使得各国政府开始限制资本主义的无政府发展状态，众多宏观调控政策出台，在战争的压迫下，资本主义的发展与政府意志达成了一种平衡。战争的压力迫使工业技术以远超以往任何时期的速度发展。

3. 第二次世界大战与资本主义工业化

第二次世界大战延缓了各国工业化的进程，但却极大促进了工业技术的进步，并开启了第三次科技革命。第二次世界大战后，美国成为世界资本主义现代化国家发展方向的代表。资本主义现代化也是在第二次世界大战后开始从单纯的工业化转向多元化。

战争缓和了资产阶级与工人阶级的矛盾，资产阶级对工人阶级的剥削不再如马克思所说的那样直白，而是更加隐晦，并且资产阶级通过种种方式将工人阶级进行分化，并通过推行新标准以缩小工人阶级的范围。在资产阶级的划分中，凡是收入达到一定水平的工人阶级都被划分到中产阶级范围，工人阶级的涵盖范围极大地缩小了。随着资本主义现代化的发展，从最低保障制度发展到覆盖

① [美]菲利普·J.阿德勒，兰德尔·L.波韦尔斯.世界文明史：第四版[M].林骧华，庄彩云，等译.上海：上海社会科学院出版社，2012：871.

整个社会的福利政策，是资本主义现代化发展到一定程度的标志，资产阶级与工人阶级之间的矛盾在资本主义现代化发展达到一定水平之后，不再以暴力革命的形式表现出来，而是以较为缓和的、不同形式的工人运动展现出来。选举权也经历了拥有一定财富数量的男性、全体社会男性公民、全体社会公民三个阶段。工人阶级政党也在这一时期迅速发展，第二次世界大战后，部分国家的工人阶级政党甚至取得了领导权。这在资本主义现代化初期是不可想象的，资本主义现代化的发展极大地消除了资产阶级对社会主义的恐惧，或者说资本主义的经济危机使资产阶级对资本主义产生了怀疑。① 虽然资本主义国家中获得执政权的工人阶级政党所实行的政策受到资产阶级的种种限制和影响，短期内，在资本主义的政治框架中也不可能实现国家性质的改变，但资本主义政治制度随着现代化的发展已经作出了改变。

第二次世界大战后，全球形成了相对稳定的格局，尽管有着相当大规模的军备竞赛，但工业技术的突破、相对稳定的国内外环境、飞速增长的经济等，使资本主义工业化进程达到了顶峰。解决工业化引起的一系列问题也成为资本主义现代化进一步发展的目标。

4. 资本主义工业化第二阶段的特点

第二次工业革命之后的资本主义工业化，显现出了与资本主义工业化初期迥然不同的特点。城市化成为衡量工业化进程的一个重要标准。资本主义工业化初期，虽然依托各工业、商业中心聚集了大量人口，但初级工业体系的分散并未形成大量城市，仅出现了少量的工业、经济中心城市。第二次工业革命后，依靠技术进步，城市化进程进入了快速发展期。工业集聚人口是城市化的一个重要原因，但不是唯一原因。工业中心有着大量富人聚集，有着更好的教育、生活、医疗环境，能够更快地应用更先进的工业成果和技术，无论对于工人阶级还是资产阶级来说，有着更多的机会，更容易改变命运。

工人待遇逐渐提高。1848 年大革命的失败使资产阶级看到了工人阶级的强大力量。为了削弱工人阶级的革命性，资产阶级开始从各个方面提高工人待遇。

---

① [英]埃里克・霍布斯鲍姆.如何改变世界：马克思和马克思主义的传奇[M].吕增奎，译.北京：中央文献出版社，2014：6.

同时，国际贸易竞争的加剧也使资产阶级的目光转向国内市场，为了扩大国内市场，提高工人阶级的整体收入逐渐成为资产阶级的共识。各种工会组织也由领导工人革命转变为争取工人的各项基本权益。最贫困的无产阶级获取了基本的生活、劳动环境、工作时间保障；与之前相比，工资收入也大幅提高；在资产阶级的刻意营造下，工人阶级相信资产阶级减少了对自己的剥削，工人阶级即使不依靠暴力革命，也有了改变自己命运的机会。

民主政治不再是完全意义上的口号。相较于之前只有极少数人拥有选举权来说，第一次世界大战前夕，大多数资本主义国家的男性公民无条件获得了选举权，第一次世界大战之后，大多数资本主义国家的女性公民也无条件获得了选举权。底层群体拥有选举权之后，政治和政党不再是少数人的专利。获得选举权之初，由于选举权来之不易，选举成为普通公民参与政治的主要方式，也成了普通公民公共生活的重要部分。为了获取大量普通公民的自由选票，众多政党纷纷制定新的纲领以代表其所争取群体的利益，获得他们的认同，并展开了不同形式的宣传活动，如报纸、广播、演讲、派发资料等，政治和政党也从少数资产阶级参与变成了大众参与。

经济的集中化。垄断资本主义阶段的到来，使得资本主义国家各行业出现了数量不等的垄断集团，越来越少的人掌控着越来越多的财富，直接或间接地影响着国家政策的变化。

国家干预经济发展成为常态。凯恩斯经济学提出的通过政府干预经济发展以解决经济危机，最初并没有被政府采纳，直到两次世界大战期间，其主张得到了实践检验，切实有效地缓解了经济危机。自此，凯恩斯经济学成为资本主义国家解决经济危机的官方标准，国家干预经济发展也取代了资本主义经济自由发展。

二、资本主义现代化对世界现代化进程的影响

上述内容简要概述了最先进行资本主义现代化并达到发达资本主义国家水平的西方国家，其现代化在实践中的发展与变化。但现代化不是一国的现代化，而是全球性的社会变革。随着资本主义现代化在西方国家的发展，资本主义现

代化开始了其全球扩展的步伐。资本主义现代化的实践并不是孤立进行的，资本主义现代化理论的发展与变化正是对其实践的反映。资本主义现代化不仅在实践发展过程中扩展到了全球，其理论对世界现代化发展也产生了重要影响。

（一）以土地私有制为基础的资本主义现代化的全球扩展

自资本主义现代化产生伊始，就开始了其全球化的步伐，这既是由资本主义的本质决定的，也是世界历史发展的必然结果。资本主义现代化在其不同发展阶段以不同的方式在全球不断扩展其影响。“无论哪一个社会形态，在它所能容纳的全部生产力发挥出来以前，是决不会灭亡的；而新的更高的生产关系，在它的物质存在条件在旧社会的胎胞里成熟以前，是决不会出现的。”①资本主义现代化在全球的扩张，不仅加速了封建社会的解体，而且极大地促进了资本主义生产关系中生产力的发展。

1. 全球市场的形成与资本主义现代化的入侵

“资产阶级社会的真正任务是建成世界市场（至少是一个轮廓）和确立以这种市场为基础的生产。”②世界上率先踏入资本主义现代化进程的少数西方国家极力完成马克思所描述的这一任务。“大工业建立了由美洲的发现所准备好的世界市场。世界市场使商业、航海业和陆路交通得到了巨大的发展。这种发展又反过来促进了工业的扩展。”③当拉美国家的市场不足以支撑资本主义发展时，资本主义国家将目光投向了广阔的亚洲，传统的、顽固的封建社会无法满足资本主义快速扩张的需求，资本主义也没有耐心等待封建社会的自然解体，武力成为两种社会形态碰撞后的自然选择，或者说是更高等级的资本主义社会对落后国家的单方面入侵。全球市场的初步形成过程也是资本主义国家殖民扩张的过程。全球市场的形成极大地促进了资本主义的工业生产积极性，“在中国市场开放以后，厂主们一心只想尽可能多生产商品，因为如他们所说，他们得供应 3 亿人的衣着”④。同时，全球市场的形成也使世界各国相互联系，相互影响。“今天

---

① 马克思，恩格斯. 马克思恩格斯选集（第 2 卷）[M]. 北京：人民出版社，2012：3.
② 马克思，恩格斯. 马克思恩格斯论中国[M]. 北京：人民出版社，2015：147.
③ 马克思，恩格斯. 马克思恩格斯选集（第 1 卷）[M]. 北京：人民出版社，2012：401-402.
④ 同②：167.

英国发明的新机器，一年之内就会夺去中国千百万工人的饭碗。这样，大工业便把世界各国人民互相联系起来，把所有地方性的小市场联合成为一个世界市场。”[①]世界市场形成的这种联系是以资本主义国家为主导的、具有明确目的性的关系，即为资本主义国家的工业产品找到销路，以保证资本主义工业化的发展。但是，伴随着资本主义殖民扩张的不仅是世界市场的形成，而且为其他落后国家带去了资本主义现代化的成果。

世界市场的形成意味着其他落后国家原有的、封闭的、自给自足的传统封建社会体系的瓦解。资本主义国家的殖民统治，为落后国家带去了除工业产品之外的工业设备、工业化的生产和生活方式、全新的文明等。随着殖民统治的逐渐深入，资本主义现代化的影响也愈加深远。资本主义国家的殖民统治，最初只是为被殖民国家带去了现代工业产品，为了扩大殖民市场和资源的掠夺，铁路、蒸汽机器等开始在被殖民国家应用。随着资本主义国家现代化进程的推进，工业生产体系中对产品的初加工也开始在被殖民国家进行。这样，被殖民国家拥有了初级的工业机器，并依托资本主义国家形成了脆弱的资本经济循环，随着工业产品进入社会生活的各个方面，资本主义文明潜移默化地改造着众多落后国家。同时，资本主义国家在入侵过程中展现出的强大武力，也促使被殖民国家向西方学习，寻求强大自身的道路。在诸多因素的共同作用下，落后国家纷纷开始了对本国资本主义现代化模式的探索，而这种探索的基础则是改变本国原有的土地制度，在实行土地私有制的过程中，积累一切资本主义现代化产生的因素。

2. 落后国家对资本主义现代化的模仿

西方资本主义国家是资本主义现代化进程的引领者，落后国家对本国资本主义现代化道路的探索也以西方资本主义国家为参照对象。半殖民地半封建性质的国家或受到资本主义现代化冲击被众多资本主义国家剥削压迫的封建国家，则综合西方各资本主义国家的特点，以寻求本国的资本主义现代化道路。落后国家中率先进行资本主义革命并踏上资本主义现代化进程的国家是日本，19世纪的明治维新使日本完成了社会形态转变。日本转型成功后的资本主义现代

① 马克思，恩格斯.马克思恩格斯论中国[M].北京：人民出版社，2015：130-131.

化特点是落后国家转向资本主义现代化进程的一个典型。日本的国家体制是君主立宪制，司法体系则由法德混合式民事法、法式刑法和美式商法组成，军事体系是由德式陆军和英式海军组成。与此同时，日本还保留了大量的封建残余，在与当时的国内外环境相结合之后，产生了极端民族主义和军国主义思想。日本从被资本主义国家剥削压迫的封建国家完成向资本主义现代化的过渡仅用了20多年，这与当时的国际环境密切相关。日本向资本主义现代化国家的转型发生在19世纪60年代，世界各资本主义国家本身的工业化进程大多起步不久，世界市场尚未被瓜分完毕，仍处于自由竞争的资本主义时期，并且受日本本国特殊的环境影响，日本并未被当时的各资本主义国家作为开拓世界市场的重心。日本在资本主义国家发展的空档期，通过明治维新，踏上了资本主义现代化道路。而当时的中国为了完成从封建社会向资本主义社会形态的转变，也进行了种种探索，但却未能成功。首先，在时间上，中国改革时世界主要资本主义国家已经处于资本主义自由竞争向帝国主义过渡时期，中国的庞大市场成为各资本主义国家瓜分的主要对象，众多资本主义国家不允许中国踏上资本主义现代化道路。同时，中国有着极为顽固、势力庞大的封建地主阶级，为了维护自身利益，他们极力阻挠中国的资本主义改革。

除此之外，被殖民国家的资本主义现代化道路大多模仿其宗主国，并且在从封建社会向资本主义现代化道路的转变过程中，与其宗主国在政治、经济、文化等诸多方面产生密切联系。这些国家在被殖民期间，由其宗主国建立了一定的工业基础，在取得国家独立后，受其宗主国影响，其资本主义现代化道路大多与其宗主国相似，或成为其宗主国资本主义现代化体系的组成部分。印度的资本主义现代化道路是被殖民国家社会转型的一个典型。15世纪末，西方国家在对新航路的探索中发现了印度，欧洲国家纷纷开始对印度进行殖民掠夺。1849年，整个印度成为英国的殖民地。18世纪末，由于英国现代化发展迫切需要海外市场的支持，印度也从单纯的被掠夺对象转变为商品倾销和资本输出地，基础工业设施开始建立。与此同时，印度的民族资本主义也得到了发展。正如马克思所说："英国的工业巨头们之所以愿意在印度修筑铁路，完全是为了要降低他们的工厂所需要的棉花和其他原料的价格。但是，你一旦把机器应用于一个有铁有煤的国家的交通运输，你就无法阻止这个国家自己去制造这些机器了。”①印度也因此具备了发展资本主义工业的基础。1947年，印度取得独立后，迅速开始了资本主义现代化建设。虽然印度在独立之前就提出了建设社会主义的口号。1936年，尼赫鲁说：“我坚信解决世界问题与印度问题唯一的关键是在于社会主义……除了经由社会主义以外，我没有看到能够结束印度人民的贫困，大量失业、退化以及屈从的其他途径。”“要把国大党组成一个社会主义组织，和世界上为新文明而奋斗的其他力量携起手来。”②但印度的现代化基础有着浓厚的英国色彩，无论是语言文化、政治、经济，还是科学技术的发展方向，在英国上百年的殖民统治中都给其留下了深刻影响，严重影响了印度现代化的发展方向。大多数被殖民国家在取得独立之后，在其宗主国的影响下，纷纷踏上了资本主义现代化道路。

3. 众多发展中国家的资本主义现代化模式

发展中国家的资本主义现代化模式根据发展时间和性质的不同可以粗略分为两类：第一类是在发达资本主义国家影响下，直接从封建社会进入资本主义社会，或在取得国家独立后踏上资本主义现代化的发展中国家；第二类是在20世纪末，世界社会主义运动陷入低潮之际，从社会主义现代化转型为资本主义现代化的发展中国家。

第一类发展中国家的资本主义现代化进程一般经历了三个时期。第一个时期是众多发展中国家受外来因素影响，在瓦解本国封建社会结构的过程中，开启了资本主义现代化进程。西方资本主义国家在全球的殖民扩张打破了各国的封建体系，在长期被殖民、半殖民的过程中，资本主义现代化因素渗透到这些国家的方方面面。各国取得独立后，仍然在政治、经济等方面同殖民国家保持密切联系，各国在殖民者建立的资本主义现代化基础上继续前进。第二个时期是各国在开启资本主义现代化之后，开始结合本国国情，初步探索出了各具特色的资本主义现代化发展之路。受当时国际环境影响，西方国家的主要精力集中于意识形态的对抗，各发展中国家逐渐摆脱西方国家影响，从原本西方国家现代化发展中的附属地位逐渐挣脱出来。“随着去殖民化国家与南美及中美国家合作的兴

---

① 马克思，恩格斯．马克思恩格斯选集（第1卷）[M]．北京：人民出版社，2012：860.
② 全印国大党大会第49届会议报告，1936：28-32.

起，国际经济构想在联合国有所发展，这给美国的发展思想带来了极大的挑战，并预示了一条完全不同的世界经济之路。”①单纯的模仿并未使各国的现代化进程得到实质性的发展，“如果说原先那些殖民地国家的经济也有所增长，那么与战后欧洲和美国的繁荣景象相比，那些增长就都微不足道了”②。在对资本主义现代化模式探索的过程中，各国逐渐将现代化发展模式与本国国情相结合，初步形成了具有本国特点的现代化模式。第三个时期是在遭受席卷全球的经济危机之后，各发展中国家无力从经济危机中挣脱，同时对本国的现代化道路产生疑惑，纷纷向外寻求助力。众多发达资本主义国家开始公开介入这些发展中国家的发展，并提出了一系列现代化的发展与改革方案，各国在改革中重新被纳入西方国家的现代化统属范围之内。各国受经济危机影响，长期无法从危机中摆脱出来，西方国家为解决本国的经济危机，将矛盾转向各发展中国家，通过对发展中国家的资源掠夺、经济控制等方式，使自身摆脱危机。新自由主义在发展中国家的盛行，对西方国家摆脱危机起到了重要作用，但周期性的经济危机造成的影响越来越大，新自由主义在2008年金融危机出现时受阻，西方国家并未迅速摆脱危机，各发展中国家逐渐减缓乃至停滞的现代化进程，也使得新自由主义备受怀疑。“在南美洲，7年间有大约2 000家国有企业被解散，它们或是被卖给了外国公司，或是由墨西哥的卡洛斯·斯利姆这样的超级百万富翁接手，成了它们的印钞机。1987年的墨西哥只有一个百万富翁，到了1995年，1 000个国有企业私有化产生了24个百万富翁。但是就在同一时期，老百姓的实际收入却大幅缩水。”③各发展中国家初步形成的现代化模式被破坏，如何摆脱西方国家的影响，重新探索出适合本国现代化发展的模式成为各发展中国家面临的重要问题。

第二类发展中国家的资本主义现代化进程较为短暂，具有明显特点。“在世界历史依然处在资本主义快速扩张的历史阶段，社会主义作为反抗资本主义的新生制度，其所面临的生存环境自然非常恶劣。”④在这种大环境中，社会主义现

① [英]马克·马佐尔.谁将主宰世界：支配世界的思想和权力[M].胡晓姣，秦雅云，唐萌，译.北京：中信出版社，2015：248.

② 同上：247.

③ 同上：286.

④ 曹泳鑫.世界历史、中国道路和人类命运共同体[J].马克思主义研究，2017，(9).

代化是很难坚持的，社会主义国家的现代化模式很容易被演变。20世纪末，世界社会主义运动陷入低潮，一大批国家从社会主义现代化转为资本主义现代化。如苏联在坚持了69年社会主义现代化之后被演变了、东欧等社会主义国家在尝试性地改革之后也被演变了。模式转变的结果显而易见，各转型国家的现代化进程不进反退，国家各个方面的建设停滞不前，国民生活水平逐渐降低。以苏联为例，意识形态的对立使得西方国家完成了对苏联的"和平演变"，新自由主义对苏联道路的转变产生了重要影响。"那里的情况更加严重而且显著，西方资本介入和激增的债务最先摧毁了共产主义，随后进一步引发了大规模的经济结构调整。"俄罗斯作为苏联的最大加盟共和国，在苏联解体之后继承了大部分遗产，但俄罗斯并未进一步推进本国的现代化进程，反而陷入了窘境。俄罗斯当下的支柱产业是石油、天然气、木材等，以及其继承自苏联的军工产业。俄罗斯的国内生产总值直到2006年才恢复到1990年的水平。此后，俄罗斯的经济发展状况一直处于波动之中。①

（二）资本主义现代化理论的发展与其对世界现代化进程的影响

由于人类现代化的发展最直接地反映到人类社会中，能够直观反映从"传统社会"向"现代社会"变迁的便是社会学理论。由此，社会学经典理论便成了西方现代化理论的思想来源。其中马克斯·韦伯的传统社会与理性社会，埃米尔·迪尔凯姆的"机械团结"社会与"有机团结"社会，孔德、斯宾塞的"军事社会"与"工业社会"，滕尼斯的"乡土社会"与"法理社会"，贝克尔的"宗教社会"与"世俗社会"等，从不同角度论述了"传统社会"向"现代社会"的变迁。这些理论也成了西方现代化理论的直接思想来源。

自20世纪50年代末西方现代化理论产生以来，由于学者所处环境的不同，学科与视角的不同，因而学者对现代化的理解也有所区别。由此西方现代化理论出现了不同的分类，主要有以下几种：

第一，经典现代化理论。经典现代化理论是现代化的早期理论，以经典社会学理论为基础，兴起于20世纪50年代，美国社会学家T.帕森斯是其主要奠基

---

① 欧阳向英.俄罗斯经济社会形势分析[J].俄罗斯学刊，2017，(2).

人。经典现代化理论既反映了传统农业社会向现代工业社会的转变，也描述了欠发达社会向发达社会转化的过程。后来学者对社会现代化的研究，基本上是以帕森斯的理论为基础。需要说明的是，帕森斯的西方中心主义思想也成为后来学者批判的对象，西方学者在西方现代化理论发展进程中努力消除“西方”标签，以期获得更广泛的认同。经典现代化理论的主要代表人物和学派有 T. 帕森斯、马克斯·韦伯、芝加哥学派、A. 孔德、H. 斯宾塞、R. K. 莫顿、尼克拉斯·卢曼、列维·斯特劳斯等。主要理论观点和内容如表 6-1 所示。

表 6-1　经典现代化理论结构

类别	理论	内容
一般理论	元理论	基本规律和特征
分支理论	现代社会理论	现代社会理论、工业社会理论
	城市化理论	城市化的定义、过程、结构、动力和模式
	社会分化理论	社会分化理论、理性化理论
	分领域理论	教育现代化、卫生现代化、社会保障现代化、以工业化为核心的经济现代化、群体组织现代化、政治现代化、城乡社区现代化
相关理论	结构功能主义	社会的系统结构、功能、分化、适应和变迁
	社会系统理论	社会系统的类型、分化、整合、均衡、控制和进化
	社会进化论	社会从低级向高级进化
	社会发展理论	欠发达社会的发展、依附理论、世界体系理论
	其他相关理论	循环论、冲突论、互动论、转型论、扩散论

第二，后现代化理论。后现代化理论虽然与西方现代化理论的起源不同，但后现代化也是现代化研究中的一个领域，并且后现代化理论的某些目标也包含在西方现代化理论之中。

几乎与西方现代化理论研究同步，西方学者对发达工业国家未来的发展进行研究，并提出了许多新理论。例如，英国学者拉尔夫·达伦多夫在《工业社会中的阶级和阶级冲突》一书中提出“后资本主义社会”，美国学者丹尼尔·贝尔于 1973 年提出“后工业社会”，利奥塔、罗丝和格里芬分别于 1984 年、1991 年、1997 年提出“后现代主义”，柯鲁克和殷格哈特分别于 1992 年、1997 年提出“后现代化理论”，莱恩于 1966 年提出“知识社会”、信息社会、网络社会和数字化社会等。其中，后工业社会和后现代主义与经典现代化理论紧密相关，后现代化理论则与经典现代化理论相对应。

后现代化理论可以追溯到后现代主义。后现代主义是 20 世纪 60 年代兴起于欧美的一种艺术、社会文化、建筑与哲学思潮。后现代化理论是西方学者在此基础上提出的一种社会发展理论。丹尼尔·贝尔等提出的后工业社会着重论述的是后现代的经济理想，利奥塔的《后现代化状态》着重描述的是后现代的政治、经济、文化和社会等的状况。后现代化理论建立在对现代化进程中出现的诸多问题批判的基础上，着重批判了现代化带来的对物质财富盲目追求、精神缺失、人性冷漠、生态危机等问题。后现代化理论通过对现代化的批判来促进现代化发展，这种批判不仅是对西方现代化理论的批判，而且是对整个人类社会在现代化进程中出现的诸多问题的批判，不仅对西方现代化进程有着促进作用，而且对所有处于现代化进程中的国家都有借鉴意义。

第三，生态现代化理论。20 世纪 80 年代，针对当时社会中出现的现代化过时的观点，西欧一批学者认为现代化并没有过时，但现有的现代化模式存在缺陷，进而提出生态现代化予以补充。生态现代化的首倡者仍有争议，并且由于不同学者的理论出发点和观点的不同，且提出时间相差无几，难以明确甄别。阿尔伯特·威尔认为，对于生态现代化这一概念，目前并没有公认的权威论述，生态现代化是多种学术观点的综合。① 德国学者耶内克于 1982 年提出生态现代化概念②，同年，胡伯在《生态学失去清白》一书中提出了“绿化工业”理论，也使用了生态现代化概念。二者都属于德国“柏林学派”的环境政策学者。学界一般认为，两人共同提出了生态现代化理论，或者说是“柏林学派”提出了生态现代化理论。

生态现代化理论前期主要是关于工业的生态现代化。依靠科技创新，带来以低碳技术和环境友好技术为主导的、知识密集型的工业革命，以此来实现工业的生态现代化。耶内克认为，生态现代化是一种通过转向绿色技术而节约资源

① Albert Weale. The New Politics of Pollution[M]. Manchester：Manchester University Press，1992，p. 75.

② 郇庆治，[德]马丁·耶内克. 生态现代化理论：回顾与展望[J]. 马克思主义与现实，2010，(1).

和成本的改变，它满足环境破坏修复、末端治理与结构改变方面的需求，提供了生态与经济相互作用的模式，生态现代化这种驱动革新改变技术进步方向，成为一种服务于环境的力量，达到生态与经济双赢的可能性结果。同时，这种双赢离不开政治现代化，政治现代化是生态现代化中末端治理与结构改变的重要保证。① 在生态现代化理论的发展进程中，荷兰学者亚瑟·摩尔提出了有别于工业生态现代化的整体性生态现代化概念。他认为，生态现代化首先是一个处理现代技术制度、市场经济体制和政府干预机制之间关系的概念。这一概念在与环境改革有关的其他社会理论（如风险社会理论、结构化理论、后现代社会理论等）的经常性争论中得以发展和提纯。亚瑟·摩尔的生态现代化理论在强调科技创新重要性的同时，也强调了政府的重要性，生态现代化的实现不仅是工业的生态现代化，还应该包括市场、经济、社会的生态现代化，并且使生态现代化的注意力集中到发达国家，促使发达国家走向生态转型。在生态现代化理论的发展进程中，还有许多学者对这一理论进行了细致研究。如荷兰学者马腾·哈杰尔论述了“技术一组合主义生态现代化”与“反思性生态现代化”的区别②，澳大利亚学者彼得·克里斯托夫论述了“强生态现代化”与“弱生态现代化”的区别③，亚瑟·摩尔等学者着重论述了生态现代化中经济技术与制度文化两个方面④。生态现代化理论是对当前愈加严重的生态问题的切实反映，诸多学者在对生态现代化理论的探索过程中由于理论背景和视角的不同，形成的观点也不尽相同，但其本质都是为了推进人类社会的现代化进程。

第四，再现代化理论（反思性现代化理论）。再现代化是德国学者乌尔里希·贝克于 1986 年出版的《风险社会》一书中提出的。贝克认为，在现代化的进

① 参见 Martin Jaŭnicke，“On Ecological and Political Modernization，” in Arthur P. J. Mol，David A. Sonnenfeld and Gert Spaargaren，eds. Ecological Modernisation Reader：Environmental Reform in Theory and Practice，London：Routledge，2010.

② Maarten Hajer. The Politics of Environmental Discourse-Ecological Modernization and the Policy Process[M]. Oxford：Oxford University Press，1995.

③ Peter Christoff，“Ecological Modernisation，Ecological Modernities，” Environmental Politics，vol. 5，no. 3，1996.

④ Arthur P. J. Mol and David A. Sonnenfeld，eds. Ecological Modernisation Around the World：Perspective and Critical De-bates[M]. London and Portland：Frank Cass，2000.

程中出现了一种断裂，这种断裂存在于现代性和工业社会、工业社会和风险社会之间。工业社会自身产生反现代化因素，加剧了现代社会的风险，我们需要反思现代化，对工业的风险社会中的现代性原则进行辨认，进而达到再现代化。① 乌尔里希·贝克1999年出版的《世界风险社会》将目光集中于工业的风险社会带来的生态和技术问题。在再现代化理论中，关于国家间的政治和民主需要重新定义。② 此外，还有学者对再现代化理论进行了探究。如芭芭拉·亚当和约斯特·房·龙认为，工业社会在带来风险的同时也会产生新的技术，新的技术给再现代化的未来带来一系列可能性，对现代化的反思、物化的行为艺术和虚拟现实的创建等都是我们可以控制的对再现代化的未来进行探索的手段。③ 伊丽莎白·贝克-格伦歇姆认为，技术进步导致人类的健康和责任观念不断发生变化，这一变化正是在传统社会向现代工业化社会转型过程中产生的，而现代的健康和责任观念又为技术进步奠定了文化基础，如何规避其中的风险需要对观念与技术进步之间的关系进行讨论。④ 迪尔德丽·博登通过对全球期货市场的分析，论证了在晚期现代性中信息和即时性扮演的角色，其中金钱承载了更多的意义，这些都在消解着以世界资本主义体系为基础形成的现代工业化社会。⑤ 再现代化理论是在对现代工业社会的批判基础上建立起来的，但以乌尔里希·贝克为代表的学者将再现代化理论架构于风险社会，并认为现代工业社会消解之后产生的风险社会即是再现代化的社会，然而对现代工业社会消解的结果是，带有更多负面或消极因素的风险社会并不是人类社会所期望达到的，或者说并不是社会进步的终点。关于这一问题，再现代化理论的研究者尚未深入涉及。

第五，多元现代性理论。2000年，以色列学者艾森斯塔特在《多元现代性》一文中对“多元现代性”进行了论述。“‘多元现代性’观念应当被视为对20世纪50年代流行的‘工业社会趋同’理论的驳斥。”⑥艾森斯塔特认为：“理解现代世界，事

① [德]乌尔里希·贝克.风险社会[M].何博闻，译.南京：南京译林出版社，2004：4-9.

② [德]乌尔里希·贝克.世界风险社会[M].吴英姿，孙淑敏，译.南京：南京大学出版社 2004：7-22.

③ [德]芭芭拉·亚当，乌尔里希·贝克，约斯特·房·龙.风险社会及其超越：社会理论的关键议题[M].赵延东，马缨，等译.北京：北京出版社，2005：1-16.

④ 同上：182-200.

⑤ 同上：178-296.

⑥ Eisenstadt S. N.，“Multiple modernities，” Daedalus，vol. 129，no. 1，2000，pp. Ⅴ-Ⅻ.

实上也是解释‘现代性的历史’的最佳途径，就是把它看作一个现代性的文化纲领和文化样式以多样性的方式不断建构和重构的过程。”①多元现代化理论的一个基本观点是，“现代性与西方化是不相同的；西方式的现代性不是唯一‘真实的’现代性，尽管他们喜爱标榜自己是历史先驱并继续为他者提供一个基本参照”②。

（三）资本主义现代化标准的全球化

资本主义现代化模式随着西方国家的殖民扩张，在世界传播开来，在以资本主义国家引领世界发展潮流期间，主要资本主义国家的现代化标准也成为各国现代化发展的参照物。但资本主义现代化并不是固定模式，因各主要资本主义国家的现代化模式并不相同，在资本主义现代化发展过程中也未形成统一标准。为了便于衡量各国的现代化发展进程，世界学者在研究现代化的进程中，试图制定一个统一的现代化量化标准。随着现代化进程的推进，出现了不同的现代化指标体系，至今仍未形成统一认识。

1960 年，日本箱根会议上，来自日本、美国和英联邦国家的 30 多位专家讨论了现代化问题，首次提出了经典现代化的 8 项标准③，被称为箱根模型。1962 年，美国学者列维提出了现代化社会的 8 个特点④。1966 年，布莱克教授用 10 项指标来衡量现代化社会发生的变化。这 10 项指标是：人均 GNP（以 1973 年美元计算）；能源消费；劳动就业比例；各部门占 GNP 比例；终极用途占 GNP 比

---

① Eisenstadt. S. N.，“Some Observations on Multiple Modernities，” in Reflections on Multiple Modernities：European，Chinese and other Interpretations，edited by Dominic Sachsen maier and Jens Riedel with Shmuel N. Eisenstadt，Leiden；Boston；K. In：Brill，2002，p. 27.

② Eisenstadt. S. N.，“Multiple modernities，” Daedalus，vol. 129，no. 1，2000，pp. 2-3.

③ 8 项标准是：1. 人口比较高度集中于城市，整个社会越来越以城市为中心；2. 使用非生命能源的程度比较高，广泛的商品流通和服务设施的增加；3. 社会成员在广大空间的相互作用，以及在经济和政治事务中的广泛参与；4. 村社和代代相传的社会群体普遍解体，导致个人有更大的社会流动性，个人在社会中的行为具有更广泛和多种不同的范围；5. 全面推广文化知识以及随之而来的个人对其周围环境传播的世俗的和越来越科学化的倾向；6. 广大和深入的大众交流网络；7. 政府、商业、工业等大规模社会机构的存在以及这些机构中日益增多的官僚组织；8. 在一个大的民众团体控制下，各大民众团体加强统一（国家），这些单位之间的相互作用日益增强（国际关系）。

④ 8 个特点是：1. 政治组织、经济组织、教育组织等诸单位的专业化程度高；2. 诸单位是相互依存的，功能是非自足的；3. 伦理具有普遍主义性质；4. 国家权力是集权但不是专制；5. 社会关系是合理主义、普遍主义、功能有限与感情中立；6. 发达的交换媒介与市场；7. 高度发达的科层制组织；8. 家庭向小型化方向发展，其功能也在缩小。

例；城市化（10 万人以上城市中人口的百分比）；教育；健康状况；交流；收入分配。20 世纪 70 年代，美国学者英格尔斯在前人已经研究的基础上，提出了他对现代化度量的 10 项标准。① 但是，以上标准由于指标不够精确，可操作性不强，一般只是作为文献被引用，并没有成为衡量现代化进程的有效标准。2000 年 9 月，联合国首脑会议上由 189 个国家签署的《联合国千年宣言》中，提出了"千年发展目标"，这一目标由 8 个总项 18 个分项 48 个具体指标构成②，该计划由联合国主导实施，预计于 2015 年完成，2015 年的最后一份发展报告表明，千年发展目标取得的成绩是不均衡的，许多领域还存在差距。③ 这一发展目标虽然只制定了近期的标准，但切实付诸实践，并取得了巨大的成效。

此外，也有学者和机构从不同方面提出了现代化标准。如联合国开发计划署（UNDP）在《1990 年人文发展报告》中提出了人类发展指数，用以衡量联合国各成员国经济社会发展水平指标。人类发展指数的 3 个计算指标是：1. 预期寿命为 25 岁和 85 岁；2. 成人识字率为 0%和 100%；15 岁以上识字者占 15 岁以上人口比率；3. 实际人均 GDP 为 100 美元和 40 000 美元。这一指标一度被用来衡量人类现代化发展程度。世界银行在《1982 年世界发展报告》中提出了人均收入划分标准，以界定低等、中等、高等收入国家。该标准随着现代化的发展进程在不断更新指标数据。这一划分标准至今仍被世界各国家、地区参照使用。"中国社会管理评价体系"课题组于 2012 年提出了中国社会治理评价指标体系，该体系共包括 1 个一级指标即中国社会治理指数，6 个二级指标即人类发展、社会公平、公共服务、社会保障、公共安全和社会参与，以及 35 个三级指标。其中，三级指标包括 29 个客观指标和 6 个主观指标。④ 中国科学院"中国现代化战略研究

---

① 10 项标准：1. 人均国民生产总值 3 000 美元以上；2. 农业产值占国民生产总值比例低于 12%～15%；3. 服务业产值占国民生产总值的比例在 45%以上；4. 非农业劳动力占总劳动力的比重在 70%以上；5. 识字人口的比例在 80%以上；6. 大学入学率在 10%～15%以上；7. 每名医生服务人数在 1 000 人以下；8. 平均寿命在 70 岁以上；9. 城市人口占总人口的比例在 50%以上；10. 人口自然增长率在 1%以下。

② 千年发展目标[EB/OL]. http://www.un.org/zh/millenniumgoals/bkgd.shtml.

③ 千年发展目标报告——2015 年[EB/OL]. http://www.un.org/zh/millenniumgoals/pdf/MDG%202015-C-Summary_Chinese.pdf.

④ "中国社会管理评价体系"课题组，俞可平. 中国社会治理评价指标体系[J]. 中国治理评论，2012，(2).

课题组”提出了第一次现代化评价指标体系和第二次现代化评价指标体系。第一次现代化评价指标体系包括 2 个大类即经济指标和社会指标，10 个具体指标即人均 GNP(国民生产总值)、农业劳动力比重、农业增加值比重、服务业增加值比重、人均 GNP(国民生产总值)、农业劳动力比重、农业增加值比重、服务业增加值比重。第二次现代化评价指标体系包括 4 个大类即经济质量、生活质量、知识传播、知识创新，16 个具体指标。① 以此为标准，世界上还没有国家完全实现第二次现代化，所以第二次现代化评价指标体系的标准值尚未固定，以上一年世界高收入国家的有关指标平均值为评价标准，第二次现代化评价指标体系自 2001 年提出以来，根据最新的统计数据每年进行更新。随着现代化进程的推进，中国各省(自治区、直辖市)及部分地区也纷纷制定了相应的现代化指标体系。2003 年，国家统计局制定了全面建设小康社会统计监测指标体系，2007 年根据党的十七大提出的新要求对指标体系做了重要修订。该指标体系包括经济发展、社会和谐、生活质量、民主法制、文化教育、资源环境等 6 个方面 23 个指标，以 2020 年预期数据为标准值。② 还有如世界银行组织自 1999 年开始提出的治理体系评价指标“The worldwide governance indicators”③、联合国下属的联合国大学提出的治理评价指标“World governance survey”④，等等，但由于诸多因素并未被世界各国广泛采用。

从现代化标准的变化来看，过去现代化标准立足于现代工业社会，以西方发达国家为蓝本和参照，无论是政治、经济、文化还是科技标准，都是如此。以此为基础，无论是箱根模型，还是列维、布莱克、英格尔斯等学者提出的现代化标准都未能应用于实践。能够应用于实践的量化标准则逐渐细化、专业化，如人均收入划分标准。联合国提出的“千年发展目标”并不能算作完全的、完整的现代化量化标准，这一标准是站在全人类高度提出的反贫困计划。技术进步带来的是所有可量化标准的变更，而现代化进程中表现最为明显的就是一些可量化指标，如

---

① 中国现代化报告课题组. 中国现代化报告 2001[M]. 北京：北京大学出版社，2001.

② 国家统计局. 全面建设小康社会统计监测方案，(国统字[2008]77 号).

③ The World Governance Indicators, 2013 Update[EB/OL]. http://www.govindicators.org.

④ Governance Indicators: A users' Guide[EB/OL]. http://www.undp.org/oslocentre/docs07/undp_users_guide_online_version.pdf.

城市人口比例、城市规模、工业指数、经济增长速度、人均GDP等。虽然并未有完整、统一的现代化标准去衡量现代化进程,但世界各国往往用这些可量化指标来衡量自己国家某一方面的现代化进程。这些量化指标大多是建立在资本主义现代化基础上的,其制定之初便受资本主义国家影响,先天带有缺陷,大部分指标以各主要资本主义国家的现代化既有成果或预估成果为参照对象,并不能作为通用的参考标准。并且,在较长时期的现代化标准制定中,将资本主义现代化发展的对立面或副作用摒弃在标准之外。这也造成了现代化进程中的全球性危机和风险,如生态危机、全球治理危机、精神文化缺失等难以解决的通病。

三、资本主义现代化与世界现代化发展的趋势

资本主义现代化在世界现代化发展中占据着绝对优势地位,其影响已经渗透到世界各国现代化发展的方方面面。自工业革命以来,生产力的快速发展创造了前所未有的财富。资本主义现代化也在此期间有了巨量积累,奠定了其优势地位。各发达国家的资本主义现代化引领着世界各国现代化的发展方向,各发展中国家的现代化与其形成了密布世界的网络,这与其优势地位形成互补,使其在未来一段时间内仍保持优势地位。资本主义现代化实践表明,其发展道路并不是一成不变的,资本主义现代化模式从最初的工业化走向多元化,其发展特点也在不断改变。世界各国在对本国现代化模式探索中逐渐认识到,只有实行与本国国情相结合的现代化模式,才能适应本国现代化发展的需要,并且资本主义现代化道路并不具有唯一性,世界现代化趋向多元化发展。

(一)资本主义现代化的自我修正与完善

资本主义现代化进程自英国开启之后,便开始了其自我修正与完善的道路。资本主义现代化在欧洲扩张时期,欧洲各国走出了不同的资本主义现代化模式,丰富了资本主义现代化的实现形式。资本主义现代化发展不仅推动了人类社会的进步,而且产生了诸多问题。从其发展进程中,资本主义现代化在将与其所适应的“全部生产力发挥出来以前,是决不会灭亡的”,反而会随着人类社会的进步而逐渐自我完善。我们可以从以下四个方面认识资本主义现代化的自我修正与完善。

第一，以私有制为基础的资本主义现代化迫使其不断进行自我完善。私有制并非现代独有，封建社会私有制是现代私有制的直接来源。封建社会，依赖于土地的“长子继承权，就是私有财产的最高级形式，是独立自主的私有财产”①，“君王权力就是私有财产的权力”②。现代社会的私有制最初表现为个人对工业资本的占有，其中利益因素成为推动社会发展的重要动力。工业革命是“现代英国各种关系的基础，是整个社会的运动的动力”③，在私有制基础上对利益的追求成为资本主义现代化发展的动力。正是这种对利益的不断追求，迫使资本主义现代化不断进行自我完善。在这一完善过程中，私有财产完成了对人的统治，这种统治最初表现为资本家对工人的残酷剥削和殖民者对殖民地的疯狂掠夺。其中最重要的是“资本发现并促使人的劳动代替死的物而成为财富的源泉”④，由此形成了严重的社会阶级对立，资产阶级依靠延长劳动时间、减少工人工资、雇佣童工等手段来获取更多的私有财产，这是资本主义现代化发展的最初形式，也是资产阶级和工人阶级矛盾表现最为明显的时期。此时，由资本与劳动、有产与无产之间的矛盾延伸而来的，是资本工业化与劳动社会化的矛盾，工人对工厂机器的破坏是这种矛盾的直观表现。利益驱使资产阶级占有更多的私有财产，原始的工业生产方式无法满足这种需求，更为先进的管理方法和对技术进步的追求由此产生。阶级矛盾也随着剥削的逐渐隐蔽而弱化。随着资本主义现代化的发展，中产阶级的大量出现缓和了资产阶级和工人阶级的矛盾，也使得资本主义现代化发展有了相对稳定的社会基础。

第二，对生态环境态度的转变。自然科学“通过工业日益在实践上进入人的生活，改造人的生活，并为人的解放作准备”，“工业是自然界对人，因而也是自然科学对人的现实的历史关系”。⑤ 资本主义现代化发展初期，工业化对自然环境造成了极大破坏，但此时工业污染不仅没有得到遏制，反而被视为文明的象征。多瑙河两岸耸立的工厂和伦敦上空弥漫的浓雾被视为工业发达的标志，即使被

---

① 马克思，恩格斯．马克思恩格斯全集(第 3 卷)[M]．北京：人民出版社，2002：124．
② 同上：136．
③ 同上：544．
④ 同上：287．
⑤ 同上：307．

严重破坏的环境给人民生存带来了极大威胁，仍未能阻止工业化前进的步伐，或者说无法阻挡人们对私有财产的追求。当单纯的工业化无法满足人们对私有财产的追求时，多元化的资本主义现代化发展之路被开启。工业污染的恶果不再单纯地由工人阶级承受，整体环境的恶化影响到了全体人民，也阻碍了资本主义现代化的进一步发展。由此，西方国家开始了生态现代化之路，即先污染后治理的发展模式。

第三，民主化进程。“在资本主义制度下，剥削者与生产者双方对市场的依赖性意味着他们受制于竞争、资本积累和不断提高的劳动生产率等法则的强制；以竞争性生产为生存基本条件的整个资本主义制度正是受这些强制性法则的驱动。”①这种竞争性法则与阶级对立共同激化了社会关系的紧张状态，对权力形式上的释放则成为缓解这一紧张状态的利器。普选权被下放至社会底层人民，形式上满足了人民对民主权利的渴望，但“经济民主与政治民主的分离，也就是政治功能本身的分化，分化出来的功能被分配到私人经济领域和国家的公共领域，直接与榨取剩余劳动相联系，从而导致了经济领域的不平等”②。这种形式上的政治民主正是资本主义现代化发展中的自我修正与完善。形式民主在稳定社会关系的同时，将政治民主与经济民主分割开来，以私有制为基础的阶级关系并未改变。

第四，拿来主义的实践。“现代国家的自然基础是市民社会以及市民社会中的人，即仅仅通过私人利益和无意识的自然必然性这一纽带同别人发生联系的独立的人，即为挣钱而干活的奴隶，自己的利己需要和别人的利己需要的奴隶。现代国家通过普遍人权承认了自己的这种自然基础本身。”③单纯从这方面出发进行的资本主义现代化必然陷入发展定式，无法认识到自己的固有缺陷，或者无法找到应对问题的方式、方法。拿来主义在资本主义现代化的自我修正与完善中起到了重要作用。随着世界现代化发展的多元化，其他现代化道路在发展过程中也取得了不菲的成绩。其他现代化道路与资本主义现代化道路的立足点不

① [美]艾伦·伍德.资本的帝国[M].王恒杰，等译.上海：上海译文出版社，2006：1.

② 冯旺舟.民主幻象、制度内爆和政治乌托邦——“政治马克思主义”对资本主义的批判[J].国外理论动态，2018，(2).

③ 马克思，恩格斯.马克思恩格斯文集(第1卷)[M].北京：人民出版社，2009：312-313.

同，发展基础不同，发展模式也有差异，面对问题的解决方式、方法也不尽相同。对于其他现代化道路中行之有效的策略，资本主义现代化在发展进程中积极借鉴。如社会主义现代化道路中的国家宏观调控，坚守自由市场的资本主义现代化在无法应对经济危机时果断借鉴，行之有效后，资本主义国家将宏观调控确定为长期政策。资本主义现代化道路的自我修正与完善延长了其生命力和世界现代化进程中的优势地位。

（二）资本主义现代化的长期性与优势地位

资本主义现代化通过西方国家的殖民扩张在大多数发展中国家奠定了基础，从封建社会私有制到现代社会私有制之间完成了自然过渡，封建地主转化为资本家，农民转化为工人，私有制的本质并未改变。各发展中国家的资本主义现代化进程，在西方国家殖民扩张时期建立的工业化基础上顺利开始。西方国家在资本主义现代化进程中长期保持领先地位，为发展中国家提供了发展参照。世界范围内长时期单一的现代化道路树立了其“正确性”；西方国家资本主义现代化建设阶段性的成就稳固了其“正确性”；在多元化现代化时期，资本主义现代化道路仍然保持着现代化建设的领先地位与世界现代化发展中的优势地位。这使得各发展中国家坚信资本主义现代化道路的“正确性”，在资本主义现代化建设的领先地位没有失去之前，在其对世界现代化发展的优势地位没有被打破之前，资本主义现代化道路将继续作为现代化道路的重要组成部分引领现代社会向前发展。

资本主义现代化发展进程中，对生产力的发展远未达到极限。从工业革命开始，现代社会已经进行了四次技术革命，即第一次以蒸汽技术为主的工业革命，第二次以电力技术为主的工业革命，第三次以原子能、电子计算机、空间技术和生物工程技术为主的科技革命，第四次以人工智能、清洁能源、机器人技术、量子信息技术、虚拟现实和生物技术为主的科技革命。四次技术革命的间隔时间递次减少，对现代社会的影响则越来越大，而资本主义现代化始终处于科技创新的前沿。尽管资本主义现代化有先天缺陷，但在一定时期内，科技创新足以弥补这种缺陷，使其继续前进。例如，资本主义现代化发展中产生的周期性经济危机，作为资本主义现代化引领的西方国家，为了使自身从危机中走出，采取了不同的方式，科技创新在其中发挥了重要作用。在工业生产领域中，足够雄厚的科技积累，使得在危机来临时，通过加快工业技术淘汰的频率，实现危机的转嫁。新技术的应用保证其绝对的领先地位，被淘汰的次等技术则被转卖或授权给发展中国家，伴随的是诸如就业岗位、贸易协定、技术扩散范围等不平等要求。西方国家以此短期内获取大量资本，并缓解国内就业压力。此外，阶梯式的技术更新换代，引发了更大规模的社会效应，这成为资本主义现代化的又一前进助力。

以此为基础，资本主义现代化保持着其在世界范围内的优势地位。这种阶梯式的转嫁使我们在一定程度上区分了各资本主义国家的现代化发展程度。凭借这种层层绑定、控制的手段，资本主义现代化模式占据着世界现代化发展的优势地位。随着经济全球化的加速，不同模式之间的现代化国家必然发生交流，且联系逐渐紧密。资本主义现代化模式无论是发展水平还是体量上都占据着优势地位，在这样的情况下，其对世界现代化发展有着巨大影响。不仅影响着世界整体现代化的发展方向，也影响着其他现代化模式的发展。例如，资本主义现代化标准的全球化，无论是走何种现代化模式的国家，在衡量本国整体或某一方面的现代化进程时，都会自觉或不自觉地采用资本主义现代化标准，或以资本主义现代化某一时期的发展水平为参照。资本主义现代化利用其优势地位，在经济全球化进程中，单方面以自身标准为通用标准，进而形成世界标准。如通信行业的标准制定，由于技术优势，通信行业的技术标准被长期垄断，第二代移动通信技术即 2G，主要包括 TDMA 和 CDMA，这两种技术标准被认定后，其他国家必须按照其规定进行通信技术研发，以达到入网标准。最初标准的单方面规定性主导了通信技术的发展方向，后来国家不得不以其为标准进行科技研发和实践应用。这种情况使得资本主义现代化的影响渗透到世界的各个角落，也使得其在世界现代化发展中的优势地位更加稳固。

（三）各国现代化模式的多样性与现代化道路的多元化

各发展中国家的资本主义现代化模式在发展初期大多以西方国家为标准，作为西方国家产业链的下游，各发展中国家的现代化模式也尽可能地向西方国家靠拢，以配合其现代化发展。随着实践的发展，各发展中国家的资本主义现代化模式逐渐与本国国情相结合，不再局限于西方国家的固有模式。从实现发展中国家向发达国家转变的例证中，我们可以明显地看出现代化模式的多样性。第二次世界大战后，最先崛起的日本成为资本主义现代化发展的一个典型，其现代化模式既综合了本国国情又与当时的国际形势密切相关。“冷战国际形势，给日本提供了一个有利的条件。西方阵营当时为了跟东方社会主义阵营进行冷战，把日本看成是东亚的战略枢纽，看成是东亚的反共前哨和基地，所以对日本加以扶植。朝鲜战争、越南战争给日本带来了大量的特需供应。”[①]同时，日本在战前工业化遗产的基础上，制定了以政府为主导的市场经济模式，面对主要资源缺乏的状况，日本重视科技创新，通过加强教育、提升国民素质、提高劳动者技能、加强科技研发等方式，与外在因素合力，使日本经济重新崛起。在20世纪80年代末，成为世界第二经济强国。同处东亚地区的韩国，并没有日本崛起时那样优渥的外部环境，韩国经济崛起初期的现代化模式可以被视为集权统治下的政府主导型市场经济发展模式。“有些学者把它叫做威权主义，就是利用政治上的专制来保护经济上的自由和发展”，“把经济发展作为压倒一切的中心任务和国家目标”。[②] 韩国的现代化发展战略也开始从进口替代向出口导向转变，韩国经济的快速发展被称为“汉江奇迹”。韩国由军人政权起步的现代化进程，其现代化模式更具特殊性，“韩国的发展道路是先实行经济的现代化，再转向政治的民主化。韩国发展模式的特点是政府和财阀相互依赖”[③]。除此之外，尚未进入发达国家行列的诸多发展中国家，其现代化模式也脱离了西方现代化模式的束缚。随着国际交往的日益密切，各发展中国家纷纷将现代化发展与本国国情相结合，如矿产资源较为丰富的国家，在科技水平不足的情况下，利用工业原材料的出口或对原材料粗加工后的工业半成品的出口来推动现代化发展；矿产资源比较匮乏的国家，或利用人口优势发展劳动密集型工业，或重视科技研发，以技术创新推动现代化发展，或挖掘本国的自然、文化资源，形成以第三产业为主导的现代化模式，等等。

在资本主义现代化模式向全球扩展时，以苏联为代表的社会主义现代化模

---

① 复旦大学亚洲研究中心.亚洲的现代化道路：历史与经验[M].上海：复旦大学出版社，2012：33.
② 同上：34.
③ 同上：34.

式也开始了实践探索，除此之外的第三条现代化道路也被应用于实践。社会主义现代化模式在苏联的探索以失败告终，但苏联现代化模式的失败并不意味着社会主义现代化模式的终结，仍有少数国家对社会主义现代化的实践模式进行探索，并取得了不菲的成绩。中国对社会主义现代化模式的探索，从最初的"北京共识"到现在的"中国模式"，宣告了中国现代化模式的阶段性成就。"中国模式"中诸多可被借鉴的发展经验，也扩大了社会主义现代化模式在世界范围内的影响。同时，越南、老挝等东南亚国家，在国际劳动密集型企业集中转移时期，发挥自身优势，将粗放型经济作为现代化发展的阶段性策略，初步形成了具有本国特点的现代化模式。第三条现代化道路则是对除资本主义、社会主义现代化模式之外的发展道路的统称，主要包括政教合一国家的现代化模式和君主专制国家的现代化模式。走这两种现代化模式的国家按照发展水平可以粗略地分为两类：一类是依靠丰富的自然资源进入发达国家行列的国家；另一类是缺乏各种资源、生产力水平较低，仍处于发展中国家乃至贫困国家行列的国家。按照国土面积、国家人口、发展潜力等诸多因素的综合比较来看，这些国家可以分为三类：第一类是如汤加等国，因国土面积较小、人口较少，并不具备形成完整现代化模式的基础，其现代化发展并不具备重要的参考、借鉴价值；第二类是完全依靠自然资源发展起来的国家，其现代化模式具有不可复制性，自然资源的不可再生性也使得这些国家的现代化模式未来必然要进行转型；第三类是各方面较为均衡的国家，其现代化发展可以参照、借鉴现有国家的现代化发展经验，并且这些国家自身的现代化发展经验也具有重要的参考、借鉴价值。走第三条现代化道路的国家因其本国国情的特殊性，短时间内难以实现现代化道路的更换，走第三条现代化道路的国家涵盖了发达、发展中、贫穷国家三个行列，处于不同行列国家的现代化发展经验都是对世界现代化发展的有益补充。随着沙特阿拉伯等发达国家对现代化模式转型的探索和摩洛哥等发展中国家现代化的稳步推进，第三条现代化道路在世界现代化发展中的影响也逐渐增大，对宗教、种族、民族问题冲突严重国家的现代化发展有着重要的参考、借鉴意义。

四、资本主义现代化的新发展及其劣根性

以第三次科技革命为界限，资本主义现代化模式出现了与之前工业化时期

大相径庭的特点。第三次科技革命使资本主义现代化模式不再局限于工业化，而是走向了多元化发展，工业标准不再是衡量现代化的唯一标准。随着国际形势和生产力的不断发展，资本主义现代化模式在不同因素主导下呈现出不同的发展特点。但是，资本主义现代化模式在发展过程中呈现出的新特点并不能掩盖、改变其劣根性，资本主义现代化模式的劣根性在资本主义现代化模式的新发展中表现得更为明显，并造成了较之以往更为严重的影响。

（一）两极对立时期的资本主义现代化：经济全球化与隐蔽剥削

第二次世界大战后，两极对立的世界格局改变了资本主义现代化的发展方式。以私有制为基础依靠资本增殖本性推动的资本主义现代化遭遇了前所未有的危机。在第二次世界大战结束后的短暂时期内，即 1945 年至 1948 年期间，在东欧各国的选举中，“共产党组织和他们的追随者得到了预期的压倒多数的选票”。① 以工人阶级为主导、以消灭私有制为目标的社会主义国家的建立，使得资本主义现代化产生了迥异于之前发展时期的特点。

第一，在世界范围内建立了系统化、规模化的联系紧密的经济体系。意识形态的对抗使各资本主义现代化国家加强了政治、经济、军事、文化联系，其中经济联系最为紧密。“政治上的去殖民化本身几乎没有改变相关地区与宗主国之间的经济关系，虽然它可能影响到以前统治殖民地的国家的具体地位。”②这种经济关系促进了经济全球化的发展。战争时期开始的第二次工业革命，在战争结束后，诸多技术迅速转为民用，成为经济发展的重要动力。如核能从核武器制造转为核能驱动、电力、生物医学等；半导体和晶体管技术从对火炮的传导与计算转为广泛普及的民用计算机；作为纯军事武器的火箭发射系统，也开启了人类的航天探索之路。这使得资本主义现代化有了足够的技术支持以建立阶梯式的经济体系。以殖民时期宗主国与殖民地的经济联系为基础，单个经济联系以工业产品的输出、初级工厂的输出、技术上的垄断、经济上的援助和绑定等方式逐渐加

① [美]菲利普·J. 阿德勒，兰德尔·L. 波韦尔斯. 世界文明史（第四版）[M]. 林骧华，庄彩云，等译. 上海：上海社会科学院出版社，2012：985.

② [英]埃里克·霍布斯鲍姆. 如何改变世界：马克思和马克思主义的传奇[M]. 吕增奎，译. 北京：中央编译出版社，2014：332.

强。西方国家在资本主义现代化进程中形成了具有不同侧重点的现代化模式，冷战时期的外部压力加强了西方各国的合作，位于资本主义现代化发展第一梯队国家的合作使单个的经济联系逐渐系统化。第二次世界大战后的20多年是资本主义现代化发展的黄金时期，虽然世界处于两极对立状态，但整体环境趋于稳定，被战争压制的经济迅速回转。“世界工业和世界贸易在这些年中分别以5.6%和7.3%的前所未有的年增长率增长。”①跨国公司使得这一经济体系的联系愈发紧密，规模也逐渐增大。不同行业的跨国公司将发展中国家的经济进行分割，大量工业体系中下游工厂在发展中国家建立，进口工业产品占据了这些国家的主要市场。以此为基础，大量基础性产业被跨国公司垄断，国民经济命脉被跨国公司把控。由此，资本主义现代化在世界范围内建立起了系统化、规模化的联系紧密的经济体系。经济全球化系统的初步形成，增加了资本主义现代化对世界的影响，同时也使资本主义劣根性造成的危机波及全世界。

第二，工人阶级被极度剥削压迫的状态有所改善，工人阶级的阶级意识被削弱。这首先表现为工人阶级权力的变化。工人阶级受到的权力影响大致呈以下三种形态，即：“对一个人的肉体直接行使有形的权力，例如监禁或处死”；“以赏罚为诱导手段，例如雇用或解雇”；“对于一个人的意见施加影响，也就是进行最广义的宣传”。② 在基本的权力统治形式无法改变的情况下，从形式权力出发改变工人阶级的阶级意识成为重点，选举权则是改变的起点。工人阶级取得选举权和工人阶级政党参与国家政治并不是从冷战时期开始的，但工人阶级整体社会地位、生活状态、政治权力的根本性改变则是发生在冷战时期。关于工人阶级选举权问题，资产阶级是这样认为的，“政府真正担心的不是选举计算，而是工人阶级明显的阶级意识，这种阶级意识在全新的和绝对‘红色’的阶级政党中表现出来”。③ 随着工人革命的屡屡失败和资本主义现代化的蓬勃发展，资产阶级的这种担心逐渐被消除，工人阶级自身也逐渐弱化了阶级意识的外在表现。“事实

① [美]斯塔夫里阿诺斯.全球通史：从史前史到21世纪(第七版修订版)(下册)[M].吴象婴，等译.北京：北京大学出版社，2005：768.

② [英]伯兰特·罗素.权力论[M].吴友三，译.北京：商务印书馆，2012：26-27.

③ [英]埃里克·霍布斯鲍姆.如何改变世界：马克思和马克思主义的传奇[M].吕增奎，译.北京：中央编译出版社，2014：370.

上，在1900年后，即使主要资本主义国家的马克思主义工人运动也毫不尴尬地与资本主义处于共生的关系之中。”①这种和谐关系随着社会主义国家的成立而终结，两次世界大战结束后，国际主要矛盾转变为两种意识形态的对抗，资本主义现代化面临前所未有的威胁。此时，如何改变国内工人阶级的阶级意识，稳定资本主义现代化的社会基础成为重要问题。在无法消灭工人阶级的情况下，分化、瓦解、消除工人阶级的阶级概念成为这一时期资本主义现代化建设的重要工作。由此，工人阶级也改变了以往那种被极度剥削压迫的状态。其次表现为工人阶级收入水平的变化。思想上对工人阶级进行分化的同时，工资收入的改变成为扭转工人的阶级意识的最直接手段。随着生产力水平的提高和资本增殖方式的多样化，传统的依靠剥削工人剩余价值的资本增殖方式被抛弃，同时工人工资的增加也能带动国内消费市场的扩大。随着资本主义现代化发展进入黄金时期，工人的收入也得到了大幅增加。以工资收入为标准，工人阶级被分化为中产阶级和工人阶级，并且通过对行业专有名词，如“白领”“蓝领”“灰领”等的强调，进一步弱化了工人阶级概念。最后表现为工人阶级生存状态的改变。“实际工资大幅提升，为周末短途旅行、一年一度的假期旅游以及私人住宅、轿车和其他耐用品的赊账购置提供了足够的钱。”②更为隐蔽的剥削手段和工人生活状态的好转，弱化了工人的革命意识，暴力革命也转变为普遍性的罢工运动。但是，随着资本主义社会内部工人阶级的分化、瓦解，如何从工人阶级身上榨取更多的价值成为资产阶级的新任务。愈发繁重的剥削，必然会引发工人阶级新的反抗。尽管这种反抗的形式逐渐温和，但对资本主义现代化的发展仍然具有一定的迟滞作用。在无法消除资本剥削属性的前提下，这种矛盾无法被根除，随着资本限制的逐渐减少，这种矛盾则愈发尖锐，对资本主义现代化发展的影响也愈发恶劣。

第三，科学技术创新优先应用于军事领域。冷战时期军备竞赛的压力影响了资本主义现代化的发展方向，科技创新向军事方面倾斜。第二次工业革命使

---

① [英]埃里克·霍布斯鲍姆.如何改变世界：马克思和马克思主义的传奇[M].吕增奎，译.北京：中央编译出版社，2014：371.

② [美]斯塔夫里阿诺斯.全球通史：从史前史到21世纪(第七版修订版)(下册)[M].吴象婴，等译.北京：北京大学出版社，2005：768.

农业生产发生改变。第二次世界大战期间对粮食需求的大幅增长和粮食价格的迅速上升引发了农业革命。“主要谷类植物的各种新的杂交品种连同灌溉、肥料和农药一起，大大增加了作物产量。”①这使得基本粮食需求得到满足，人们的基本生存有了保证。整体经济形势的好转和国内社会的稳定，使得意识形态的冲突成为主要矛盾。在第二次世界大战结束不久，世界人民的反战情绪高昂，在核威慑下，世界性的战争难以发生。为了保证自身安全和威慑力，高科技武器的研发应运而生。最新科技的军事应用正是其外在表现。例如，在航空航天方面，卫星技术的成功研发最先应用于军事领域，军事通信、军事导航、军事侦察和军事天气卫星等。20 世纪 50 年代，美国的伯纳德・施里弗将军将军事卫星和弹道导弹技术相结合，对太空武器的开发进行了实验。1958 年，美国霍默・博什伊将军提出在月球上部署核弹。随着航空航天技术的不断发展，月球军事基地、载人军事太空站、太空导弹防御体系、空天军事飞机和诸多太空武器计划被相继提出并进行研发。最新的科学技术并未用于改变人类社会的生活方式，科技创新的方向也被扭转到军事方面，这迟滞了生产力水平的提高，影响了资本主义现代化的发展进程。

（二）和平与发展主题时期的资本主义现代化：不对称发展与国际霸权

随着世界现代化的不断推进，国际形势有了巨大变化，资本主义现代化也衍生出了诸多新特点。资本主义现代化转变了对外侵略与扩张的形式，工业化不再是其唯一的发展重点。同时，它对其他现代化模式发展进程中的有益发展方式也进行了借鉴。

第一，单方面的生态现代化。随着工业技术的发展，工业生产对环境的破坏逐渐加重，已经严重影响到了人类的整体生存环境。作为最新开始工业化进程的西方各国，环境问题也是其突出问题，生态现代化理论也是在 20 世纪 80 年代，最先由西欧学者提出。以改善人类整体生存环境为基础的生态现代化，并未被西方国家完整执行，从自身利益出发，资本主义现代化进程中出现了单方面的生态现代化。西方国家在现代化进程中实行先污染后治理的方式，通过对落后

① [美]斯塔夫里阿诺斯. 全球通史：从史前史到 21 世纪(第七版修订版)(下册)[M]. 吴象婴，等译. 北京：北京大学出版社，2005：767.

工业产业的淘汰和高污染产业的转移，以及对有毒垃圾的国外处理等方式，实现了本国的环境安全，通过对国内环境的治理实现了本国环境的有效改善。但这种生态现代化是以其他国家环境污染加剧为代价的。“据统计，欧盟每年向亚非拉 68 国出售有毒垃圾 1.1 亿吨。美国就有 400 条船专门运输有毒垃圾。波兰在 1992 年曾接收了 1 332 船西欧的垃圾。”①西方国家还通过向战乱地区倾倒工业、生活垃圾的方式，减少国内治理环境的成本。在国际环境治理方面，西方国家单方面生态现代化思想暴露无遗。同实体垃圾的排放和其对环境污染的可视化不同，气体，尤其是非有毒性气体的排放对环境造成的影响是整体性的，对局部地区的影响极小，西方国家高度发达的工业化对温室气体的排放量远超国际平均水平，但在国际环境治理上，西方国家的生态现代化对此毫无体现。以旨在减少温室气体排放量，避免人类遭受剧烈气候变化的威胁而制定的《京都议定书》为例，至 1999 年，共有 84 国签署该协议，但于 1998 年签署该协议的美国，2001 年宣布拒绝执行《京都议定书》中规定削减 7%的二氧化碳废气排放量，布什给出的理由是，由于限制温室气体排放将导致能源使用从煤转向天然气，势必引起能源价格提升，因此他将不会像竞选期间所承诺的那样，要求美国热电厂减少二氧化碳等有害物质的排放量。② 2011 年，加拿大也宣布退出了《京都议定书》。西方国家单方面的生态现代化思想暴露无遗。

第二，对他国实行“颜色革命”。“颜色革命”是指以和平示威游行等方式颠覆他国政权的活动。“颜色革命”的由来是因为这类示威游行活动大多手持不同颜色的花朵，例如格鲁吉亚的“玫瑰色革命”、乌克兰的“橙色革命”和吉尔吉斯斯坦的“郁金香革命”。“颜色革命”的理论基础是“民主和平论”，“这种理论鼓吹国家的政治结构同国与国之间的和平存在着因果关系：实行同属民主制度的国家之间通常不会打仗，因而它就把输出和推广西方的自由民主制度当作维护世界和平的前提和保证”③。在无法进行军事战争或贸易战争时，“颜色革命”成为西方资本主义现代化国家排斥异己、颠覆敌对国家的重要手段。这已经超出了正

① 短期利益蒙蔽双眼　谁在向第三世界倾倒毒垃圾[EB/OL]. http://www.cnr.cn/caijing/gjcj/200609/t20060918_504291721.html.

② 美国拒绝执行《京都议定书》惹众怒[N]. 北京晨报，2013-03-31.

③ 徐崇温. 中国道路是对资本主义现代化道路的超越[J]. 中国延安干部学院学报，2016，(1).

常现代化发展的范围，是新殖民主义的另类表现。“颜色革命”的短暂成功并未达到同化他国现代化发展方式的目的，在不考虑他国具体国情的基础上，强行照抄照搬所谓的民主制度，注定以失败告终，也使其他国家的现代化发展陷入停滞乃至倒退。以乌克兰的“橙色革命”为例，2004 年，通过“橙色革命”上台执政的尤先科，并未注重本国的现代化发展，反而对历史遗留问题进行清算，以进行政治斗争。尤先科在执政期间，同时任总理季莫申科发生了剧烈冲突，国家现代化发展陷入停滞乃至倒退。虽然乌克兰按照西方模式建立起了基本的市场结构，并于 2008 年加入了 WTO，但乌克兰的经济并未好转。同时伴随的还有乌克兰货币的大幅度贬值、失业人数激增、腐败横行等情况。2010 年大选中，尤先科以 5%的选票落选。2014 年，新一轮的“颜色革命”在乌克兰爆发，克里米亚加盟共和国全民公投决定加入俄罗斯，顿涅茨克州和卢甘斯克州全民公投宣布独立。“颜色革命”中断了乌克兰的现代化进程，并引发了乌克兰长期的战乱与动荡。资本主义现代化在短期内依靠剥削、掠夺其他国家的资源来支撑其发展，但这种不对称发展模式凸显了其国际霸权思想，同时也加剧了经济危机的强度和烈度。

第三，有限度的国家调控。自由市场是资本主义现代化经济发展的重要基础，市场的作用被无限夸大。亚当·斯密在《国富论》中指出：“确实，他通常既不打算促进公共的利益，也不知道他自己在什么程度上促进那种利益……在这场合，像在其他许多场合一样，他受着一只看不见的手的指导，去尽力达到一个并非他本意想要达到的目的。也并不因为事非出于本意，就对社会有害。他追求自己的利益，往往使他能比在真正出于本意的情况下更有效地促进社会的利益。”①无限制的自由市场与资本的无节制发展使资本主义现代化陷入了周期性的经济波动之中。纯粹的自由市场在资本主义现代化发展初期确实起到了促进生产力发展的重要作用，“(20 世纪)30 年代前，英美长期盛行自由放任的政治经济理论，强调市场作用，限制国家干预，对释放市场经济的生产力有不小作用”②。但逐渐加重的经济危机迫使西方各国开始采取局部的调控政策。与此同时，社会主义现代化采取了高度指令性的计划经济发展模式。马克思对于国民经济发

---

① [英]亚当·斯密. 国民财富的性质与原因研究：下卷[M]. 北京：商务印书馆，1983：27.

② 吴必康. 20 世纪英美国家调控机制历史发展初探[J]. 世界历史，1998，(3).

展的认识是这样的："要想得到与各种不同的需要量相适应的产品量，就要付出各种不同的和一定量的社会总劳动量。这种按一定比例分配社会劳动的必要性，绝不可能被社会生产的一定形式所取消，而可能改变的只是它的表现方式……在不同的历史条件下能够发生变化的，只是这些规律借以实现的形式。"① 由此，完全计划式的经济发展成为社会主义现代化发展初期的特点，但僵化的发展方式迟滞了社会主义现代化的发展，纯计划的方式在当时生产力水平条件下难以在生产和分配领域长久地实行。1921 年，俄共第 11 次代表大会提出："必须从市场的存在出发并考虑市场的规律，掌握市场，通过系统的、深思熟虑的、建立在对市场过程的精确估计之上的经济措施，来调节市场和货币流通。"②在完全自由市场造成的危机越来越严重的情况下，社会主义现代化发展中的国家宏观计划方式切实有效地促进了社会主义现代化的发展。由此，资本主义现代化在对市场经济局部调整的基础上，将国家宏观调控与市场经济并行作为长期政策。美国的重要调控法令从 1900—1909 年的个位数增加到 1930—1939 年的 50 个和 1970—1979 年的 140 个。当然，这种国家调控仍然是以市场经济为主，对市场经济发展产生的副作用进行补救。这种国家调控从属于资产阶级的利益，或者说政府用国家财政为资本增殖造成的恶果买单。最为明显的是 20 世纪中期美国政府应对经济危机的方式，以重复性的基础设施建设解决就业危机，以此带动经济复苏。国家财政为这一行为买单，国家基建项目的资金投入大多被资产阶级获取，最大的获利者是资产阶级。经济危机的根源则是资本主义的劣根性，有限的国家调控并不能消除其劣根性，只是在弥补其劣根性造成的恶劣影响。

（三）第四次工业革命时期的资本主义现代化：科技、资本主导与全面危机

第四次工业革命开始于 21 世纪，其核心是"在数字革命基础上互联网变得更加普及和无所不在，移动性大幅提高；传感器体积变得更小、性能更强大、成本也更低；与此同时，人工智能和机器学习也开始崭露锋芒"③。有外国学者认为，

---

① 马克思，恩格斯．马克思恩格斯选集（第 4 卷）[M]．北京：人民出版社，2012：473.

② 中共中央马克思恩格斯列宁斯大林著作编译局．苏联共产党代表大会、代表会议和中央全会决议汇编：第 2 分册[M]．北京：人民出版社，1964：137.

③ [德]克劳斯·施瓦布．第四次工业革命：转型的力量[M]．世界经济论坛北京代表处，李菁，译．北京：中信出版社，2016：11-12.

“第四次工业革命规模极大、范围极广，将引发经济、社会和文化多个领域的变革，其影响非比寻常，我们(至今仍)几乎无法预判”①。但其与第三次工业革命的成果相结合，已经使资本主义现代化产生了新的特点，或者说加剧了资本主义现代化之前发展阶段存在的问题，主要表现在以下几个方面：

第一，科技的迅速发展与经济金融化相结合，加剧了本土工业空心化。西方国家的本土工业空心化并非第四次工业革命造成的，但第四次工业革命将在经济金融化进一步发展的基础上加剧这种趋势。西方现代化理论认为，工业革命开启了现代化之路，但西方国家在工业化初期的原始积累是后来国家无法学习也不能学习的。在工业化的发展道路上，西方国家出现了严重的环境污染，当时城市中矗立的一排排烟囱被看作“文明”的标志。工业污染导致的环境恶化，也是最先在西方国家出现。在现代工业社会基础上产生的金融行业发展起来之后，西方国家找到了出路，这并不是说为了解决工业化带来的诸多问题而选择金融化，只是因为工业化的资本增殖速度远远比不上金融化的资本增殖速度。工业化系统中需要经历产品从原料到出售的一个较长周期才能完成资本的一个循环，而金融化系统中充斥的是虚拟货币，一个交易就是一个资本循环周期。资本主义的性质决定了西方国家必然会完成工业化向金融化的转变，事实也是如此。金融化的转变也确实给西方国家带来了繁荣，但随之而来的却是更大的灾难。自 1637 年的郁金香泡沫出现以后，西方国家出现了数十次金融危机，有的甚至波及全球。愈发严重的金融危机也使西方国家开始正视金融化带来的问题，部分西方国家开始重建本国的实体经济，以削减金融化带来的危机。但第四次工业革命为金融化的发展注入了强劲动力。以虚拟现实、人工智能和量子通信技术为代表的第四次工业革命，创造了全新的市场，为资本提供了更广阔的增殖领域，传统工业技术阶梯式的国际环境也得到了巩固。以这些技术为代表的工业生产对技术具有高度依赖性，高额的附加值和工业生产的自动化、智能化对固定资本高额投入的要求，以及发展中国家对高科技产业的需求、生产成本低廉和诸多优惠条件，使得西方各国将工业生产大量转移到发展中国家，国内只保留研发

① [德]克劳斯·施瓦布.第四次工业革命：转型的力量[M].世界经济论坛北京代表处，李菁，译.北京：中信出版社，2016：35.

基地和关键零部件的生产线。这使得西方各国的本土工业进一步空心化。

第二，科技发展、经济增长与就业危机。第四次工业革命以来的科技进步速度相较于第三次工业革命时期的技术发展更为迅速，德国学者克劳斯·施瓦布对2025年技术展望中论述的某些技术，当下已经开始影响人类社会的生活，例如3D打印技术与制造业和消费品，克劳斯·施瓦布对3D打印的某些设想[①]已经实现，并且远超想象。3D打印技术已经应用于制造业，并控制了质量问题；3D打印技术在航空航天领域中也得到了实践，航空航天关键零部件的制造也在3D打印机上得到了证明；在医疗行业中，3D打印的人体器官也开始应用于治疗；等等。3D打印技术已经开始进入人类的生活领域，3D打印技术的快速发展，使得技术的更新换代时间大大缩短，3D打印机低至数千元的价格使其迅速完成了从技术到市场的过渡。由此，3D打印技术对经济增长起到了巨大的推动作用。但是，技术发展对经济增长的推动作用并没有为西方国家带来更多的就业机会。科技研发消耗了大量资本，研发取得的成果最先表现在金融领域，而不是工业生产。例如，新科技成果的公布最先带来的是股市的繁荣和高额的外来投资，在研发投入得到高额资本回报后，开发者对工业生产的考虑更加理性，或者说期望从工业生产环节得到理论上最大化的收益。在本国劳动力、工业基础设施、工业原材料、税收、销售等方面成本居高不下时，生产环节向国外转移成为必然趋势。同时，产业与产业之间的带动作用，也使得有关产业或属于同一公司的产业将生产环节向国外转移。“许多工种已经实现了自动化，尤其是那些需要机械重复、精准操作的体力工作。许多其他工种也会逐步实现自动化，因为计算能力在持续快速增强。即便是像律师、金融分析师、医生、记者、会计师、保险承保人、图书管理员等各种不同的职业，也可能部分或全部实现自动化，而且这一天会比大多数人的预期来得早。”[②]科技发展在推动经济增长的同时，以上述方式加剧了西方国家的就业危机。

第三，科技在引发经济、社会、文化变革的同时，削弱了资本主义现代化发展

---

① [德]克劳斯·施瓦布.第四次工业革命：转型的力量[M].世界经济论坛北京代表处，李菁，译.北京：中信出版社，2016：173-180.

② 同上：40.

中普通群众的意识形态性。现代化极大地改变了人们的生活方式，无论走何种现代化道路，现代化发展对人类生活方式的改变具有共性，这种共性正是削弱人们意识形态性的基础。以人工智能为例，虽然真正意义上的人工智能技术尚未完全开发出来，但“人工智能正逐渐模糊学科和产业边界，各项技术创新成果在多学科多产业的协同应用将形成更丰富的创新体系”①。并且，关于人工智能的各项技术成果已经逐渐应用于实践，并日益改变着人类社会的生活方式。人工智能对经济发展的推动作用毋庸置疑，其引发的社会、文化变革也在潜移默化中进行。人工智能分为强人工智能和弱人工智能，强人工智能又分为两种：一种是类人的人工智能，即机器能够像人类思维一样进行思考和推理；另一种是非类人的人工智能，机器以迥异于人类的思考和思维方式进行推理。弱人工智能认为机器不会拥有真正的人类智慧，也不会有自主意识。当前世界的主要研发方向集中在弱人工智能上，并取得了诸多科研成果，如机器视觉、指纹识别、人脸识别、视网膜识别、虹膜识别、自动规划、智能搜索、博弈、自动程序设计、智能控制、语言和图像理解等。这些成果已经逐渐改变了人类的生活方式。如指纹识别已经被广泛应用于手机、家居等方面，与手机支付软件相结合实现了无现金消费；人脸识别不仅被应用于手机，也被应用于社会安全方面，极大增加了犯罪案件的破获率；自动规划和智能控制则被应用于汽车自动驾驶，为人类的安全出行提供有效支持。人工智能对现实社会的种种改变并未因为现代化模式的不同而有所差异。随着不同现代化模式科技发展的趋同，不同现代化模式下，人类生活方式趋向一致。全球化加速了国际交流，不仅是国家与国家之间的交流，而且加速了世界人民的交流，生活方式的同质化无形中削弱了意识形态的影响，既减少了西方国家人民对自身生活的优越感，也减少了其他国家人民对西方国家生活的向往。随着各国现代化进程中科技发展水平的差异化，各国人民的生活方式在某些方面会呈现差别，这也将进一步弱化人们思想中的意识形态性。

---

① 吕文晶，陈劲，刘进.第四次工业革命与人工智能创新[J].高等工程教育研究，2018，(3).

第七章

主权国家多元化现代化模式
和以土地公有制为基础的
社会主义现代化模式的优越性

随着资本主义现代化的全球扩展，世界各国纷纷被卷入现代化浪潮之中，但资本主义现代化道路已不再是各国现代化的唯一选择。随着第二次世界大战的结束，各主权国家纷纷取得独立，和平与发展成为世界的主题，因地理、文化、经济、宗教、社会等诸多因素的影响，各主权国家的发展进程并不一致，其现代化道路呈现出双重的一般性和特殊性。资本主义现代化道路随着资本主义的全球扩展影响了大部分国家的道路选择，但资本主义现代化道路并不是一个简单、僵化的模式，不同主权国家的资本主义现代化模式具有附带本国国情的特殊性。社会主义国家的出现打破了资本主义现代化的单一模式，世界上第一个社会主义国家苏联开始探索社会主义现代化模式。此后，世界其他社会主义国家也纷纷开始了对本国社会主义现代化模式的探索。除了这种以意识形态命名的现代化道路之外，还出现了另一种特殊的现代化道路，即该主权国家的性质既不属于资本主义也不属于社会主义，如实行政教合一制度的伊朗、君主制的沙特阿拉伯和阿拉伯联合酋长国等，这些国家的国情决定了其既不能走资本主义现代化道路，也不能选择社会主义现代化道路，只能走与本国体制相符的特殊现代化道路。这也是世界现代化进程中出现的第三种现代化模式。

一、各国对社会主义现代化模式的探索与实践

十月革命的胜利为苏联走向社会主义现代化开辟了道路，苏联也率先进行了关于社会主义现代化建设模式的探索。苏联的社会主义现代化模式在一段时期内成为各社会主义国家进行现代化建设的标杆。东欧剧变、苏联解体，世界社会主义运动陷入低潮，但社会主义国家并未放弃对现代化模式的探索，中国、越南、老挝、朝鲜、古巴等国，在苏联的社会主义现代化模式失败之后，纷纷开始了对本国社会主义现代化发展模式的探索之路，并取得了一定成就。

（一）苏联对社会主义现代化模式的探索

1. 列宁对苏联社会主义现代化模式的设想和实践探索

十月革命胜利后，列宁对苏联社会主义现代化提出了发展国家大机器工业，改变小农经济的中心建设任务。这个任务的第一步就是实现全国的电气化，“社会主义的物质基础只能是同时也能改造农业的大机器工业。但是不能停留在这

个一般的原理上。必须把它具体化。适应最新技术水平并能改造农业的大工业就是全国电气化”①。同时，列宁还提出，大工业的实现是以“实行国家强制”“保持工人阶级对农民的领导”②为基础的。电气化不仅涉及工人阶级，而且影响着农民阶级，电气化对农民的改造以这样的方式进行：“改造小农，改造他们的整个心理和习惯，这件事需要花几代人的时间。只有有了物质基础，只有有了技术，只有在农业中大规模地使用拖拉机和机器，只有大规模电气化，才能解决小农这个问题，才能像人们所说的使他们的整个心理健全起来。只有这样才能根本地和非常迅速地改造小农。”③这成为苏联社会主义现代化建设初期政策制定的基础。根据当时国内外形势的变化，苏联具体的现代化建设方式也在不断调整。第一，战时共产主义政策影响下的社会主义现代化。战时共产主义政策主要包括国内贸易国有化、余粮收集制、实物配给制、劳动义务制和全部工业国有化。战时共产主义政策主要是为了应对国内战争时期的特殊情况，保证国家对整个国民经济的高度控制，为战争的胜利提供物质保障。同时，也为工业化发展奠定了基础。第二，新经济政策对现代化的促进作用。以实物税代替余粮收集制是新经济政策的重要内容，这一转变是基于苏联当时国情的改变，“在一个拥有工业、而且工业正在运转的农民国家里，如果有一定数量的商品，那是可以采用实物税和自由流转的制度作为一种过渡办法的”④。不仅如此，长时间的战争使战时共产主义政策濒临崩溃，迫切需要改变经济发展方式。对此，列宁认为：“经过七年战争之后，工人——他们作出了空前的牺牲——和农民群众都处于极端疲惫的状态。这种极端疲惫状态，已经是接近于完全不能工作的状态。现在需要有一个经济上的喘息时机。”⑤国有企业通过租借和租让的形式部分转变为国家资本主义企业，个人资本和外国资本的进入，切实地推进了工业化的发展进程。在农业生产方面，实物税代替余粮收集制提高了农民生产的积极性。“由于实物税的总额将要比征粮数量少，而且规定得更明确，他们就有可能多播种一些，就

---

① 列宁.列宁全集(第42卷)[M].北京：人民出版社，2017：7.

② 列宁.列宁选集(第4卷)[M].北京：人民出版社，2012：368、797.

③ 列宁.列宁全集(第41卷)[M].北京：人民出版社，2017：53.

④ 同上：63.

⑤ 同上：61.

有可能相信余粮将用来改善他们的经营。”①同时，允许农产品的自由买卖也促进了市场经济的发展；义务劳动制度转变为有偿劳动增加了农民的收入；私人资本进入农业生产领域，推动了农业合作化的发展。新经济政策的实质是“在很大程度上转而恢复资本主义”，“全部问题在于农民跟谁走”②。新经济政策在促进农业生产和工业化两个方面推进了社会主义现代化进程。第三，农业合作社的发展。1919 年制定的《俄共(布)纲领草案》在谈到无产阶级的革命任务时，土地问题被单列出来，农村的现代化也由此开始。《俄共(布)纲领草案》提出，农业向现代化过渡的主要方式有“国营农场、农业公社和共耕社(以及协作社)”，并强调，在过渡过程中要“注意发动农民自愿参加这些新式共耕组织的方式，组织劳动农民实行自下而上的监督和同志纪律”③。在工业发展未改变农业生产方式之前，“由国家动员一切农艺人才来大力提高农业经营水平”④。在过渡过程中，农村一度出现了强迫入社的做法，这极大地打击了农民生产的积极性，并通过虚报农民入社的做法增加了基层代表名额，扰乱了正常的代表制度。国家在强调重工业发展的同时，一定程度上忽视了合作化的发展，延缓了农村经济的发展，就此，列宁提出：“在政策上要这样对待合作社，就是不仅使它能一般地、经常地享受一定的优待，而且要使这种优待成为纯粹资财上的优待。”⑤对于强迫农民入社的问题，列宁认为，“为了使全体居民人人参加合作社的业务，并且不是消极地而是积极地参加，我们还须要完成在一个‘文明的’(首先是识字的)欧洲人看来并不是很多的工作……就是要使我国居民‘文明’到能够懂得人人参加合作社的一切好处，并参加进去”⑥。

2. 斯大林执政时期的苏联现代化模式

列宁执政时期实行的新经济政策模式被斯大林推翻，斯大林转而实行了以高度集权的政治体制、高度集中的经济制度为特点的斯大林模式。这与相对稳

① 列宁. 列宁全集(第 41 卷)[M]. 北京：人民出版社，2017：72.
② 列宁. 列宁全集(第 42 卷)[M]. 北京：人民出版社，2017：195、196.
③ 列宁. 列宁选集(第 3 卷)[M]. 北京：人民出版社，2012：731.
④ 同上：751.
⑤ 列宁. 列宁全集(第 43 卷)[M]. 北京：人民出版社，2017：367.
⑥ 同上：367-368.

定的国内外形势相结合，使得斯大林执政时期的苏联现代化具有完全有别于前一时期的特点。第一，高度集权的政治体制强化了党对国家的控制，使斯大林具有至高无上的权威。这与斯大林的暴力控制方式相结合，完全扭曲了社会主义政治现代化。对于这种高度集权的政治体制，我们应当有着清醒的认识，虽然因为这种体制造成了诸多问题，但也应当看到其积极作用。正如列宁所说："如果从事实的全部总和、从事实的联系中去掌握事实，那么，事实不仅是'胜于雄辩的东西'，而且是确凿的东西。如果不是从全部总和、不是从联系中去掌握事实，而是片段的和随便挑出来的，那么事实只能是一种儿戏，或者甚至连儿戏都不如。"①第二，高度集中的计划经济体制。这一体制为苏联的工业化发展作出了重大贡献，在各方面发展水平均较为落后的情况下，苏联依靠这一体制集中发展了重工业和国防工业，使其工业化水平位居世界前列。苏联工业的现代化是以赶超资本主义国家的工业发展水平为目标的，对于工业化，斯大林是这样认为的："不是发展任何一种工业都算做工业化，工业化的中心。工业化的基础，就是发展重工业(燃料、金属等)。"②"仅仅用 12 年时间就完成了资本主义国家花了 50 年到 100 年时间才完成的工业化任务，凭借本国的经济实力和军事实力打败了法西斯德国。这些历史性事件证明了当时实行的计划经济体制有其历史的由来，并起过历史的积极作用，不容否定。"③但是，随着经济增长方式的转变，僵化的计划经济体制已然不能满足生产力发展的要求，严重阻碍了生产力发展，计划分配的方式也无法满足人民对生活水平的要求。同时，激进的农业合作化拉低了农业产量，这与过于向重工业倾斜的经济发展方式相结合，造成了重工业高度发达和农业生产无法满足国民基本需求的状况。第三，现代社会福利制度。政治上的集权和经济上的集中，以及计划分配制度，使得遍及全体国民的福利制度得以迅速建立，苏联的福利制度涵盖了教育、医疗卫生、农业生产、劳动保障等诸多方面。教育以免费的文化扫盲为主，"在 1918—1928 年受到中等教育，或者受过完全和不完全的普通和职业教育的人有 73.8 万人(每年约 6.7 万人)，在

---

① 列宁.列宁全集(第 28 卷)[M].北京:人民出版社,2017:364.

② 斯大林.斯大林全集(第 8 卷)[M].北京:人民出版社,1954:112-113.

③ 周新城."斯大林模式"辨析[J].求实,2005,(2).

1929—1932年达到57.7万人(每年约14.4万人),1933—1937年达到110.9万人(每年约22.2万人),1938—1940年达到140.5万人(每年约46.8万人)”①。基本的医疗卫生在底层的集体农庄得到普及,覆盖了绝大多数的农民;农业生产以农业机械的免费使用为主;劳动保障更多地惠及城市工人。大多数留居国外的侨民承认,苏联时期的社会发生了如下变化:医疗保健(社会各阶层代表都提到了这一点,从68%的集体农庄庄员,到90%的知识界代表)、扫除文盲(从83%的集体农庄庄员,到97%的知识界代表)、农业经济机械化(从78%的工人、80%的集体农庄庄员,到96%的知识界代表)。绝大多数被调查者(在各类社会阶层中从76%到93%)赞同国家劳动保障权,甚至在布尔什维克主义被替代后,还推崇保留苏联体制。社会各阶层中,50%～60%被调查者对苏联的教育和卫生体系称道不已。②

对于斯大林时期的现代化建设成就,明确反对斯大林的赫鲁晓夫作出了积极的评价:“苏联工业化是工人阶级、全体人民的伟大功勋,他们不惜人力物力,自觉地忍受困苦,使国家摆脱落后面貌。”③虽然斯大林模式被后来学者从不同角度进行了诸多批判,但其对苏联现代化的发展作出了重要贡献是不可否认的。

3. 斯大林体制的逐渐崩溃与苏联现代化改革

斯大林逝世后,虽然其继任者努力消除斯大林模式对苏联现代化建设的影响,但在具体政策的实行过程中仍然沿用原先的发展模式。赫鲁晓夫和勃列日涅夫在执政时期,并未对苏联现代化的发展方向进行大的变革,苏联的现代化进程仍然在继续推进,并取得了一系列卓越成就。如:1954年建成世界上第一座核电站;1957年成功发射世界上第一颗人造卫星;1957年下水,1959年首航的世界上第一艘核动力破冰船;1961年成功发射了世界上第一艘载人宇宙飞船;等等。但苏联现代化在科学技术上的成就并不能掩盖其他方面现代化的停滞乃至倒退。在消除斯大林影响的过程中,地方权力逐渐集中并弱化了中央对地方的影响,

① 吴恩远.十月革命与俄国现代化进程——兼评当前十月革命研究中的争论[J].历史研究,2007,(5).

② [俄]阿·弗·格鲁别夫.苏联时期现代化若干特征[J].张广翔,译.北方论丛,2010,(3).

③ 苏联共产党第二十二次代表大会主要文件[M].北京:人民出版社,1961:172.

腐败滋生；城市化的迅速发展进一步弱化了农业在现代化中的地位，粮食产量的大幅降低和基本轻工业品的大量短缺成为其现代化建设迫切需要解决的问题。

安德罗波夫执政时期，对苏联的现代化模式进行了尝试性改革，但因为执政时间较短，改革初见成效便因安德罗波夫的逝世而终止。安德罗波夫对之前领导人提出的苏联发展阶段的划分进行了修正，“盲目冒进，意味着提出实现不了的任务”①。这“有助于人们更清醒地认识苏联所处的社会发展的性质，为调整各种政策，推进经济、政治改革奠定了理论基础”②。安德罗波夫的改革最先从政治方面着手，反对腐败，整顿党风。他在担任总书记的就职讲话中提出：“向任何违反党和国家的纪律以及劳动纪律的行为作更加有力的斗争。”③法律体系的完善助力了政治上的反腐败斗争，“据不完全统计，从 1982 年 11 月至 1983 年底，仅党中央、政府部长以及州党委第一书记以上职务的高级领导干部，因贪污受贿或“不称职”而被撤换的就有 70 多起，涉及 90 多人”④。在经济方面，农业上实行家庭承包制，提高农民生产积极性，促进农村经济发展；工业上推广承包队模式，将工业生产和工业建筑等一线生产承包给工人，以增加工业生产效率，提高工人收入；对于国有企业和集体企业则增加其经营自主权，减少计划体制对经营发展的限制。安德罗波夫的改革在短时间内取得了显著的成效，政治体制能够更好地运转，改变了经济发展速度不断下降的状况，改善了人民的生活。安德罗波夫的改革是苏联历史上“非常重要而富有启迪意义的治理时期”。⑤ 1984 年，安德罗波夫的逝世使改革中断，苏联的现代化重新回到原有模式之中。政治上的专制与腐败、经济上僵化的计划体制，越来越不适应生产力发展的要求，随着 1991 年苏联解体，苏联对社会主义现代化模式的实践探索也宣告结束。

（二）以中国为代表的现存社会主义国家现代化道路的实践

在当下现存的 5 个社会主义国家中，中国的现代化发展位居五国之首，中国

---

① 座谈会.安德罗波夫时期的苏联经济问题[J].苏联东欧问题，1984，(4).

② 周尚文.苏联兴亡史[M].上海：上海人民出版社，1993：669.

③ [俄]格·阿·阿尔巴托夫.苏联政治内幕：知情者的见证[M].北京：新华出版社，1998：372.

④ 李华.安德罗波夫执政与苏联社会变迁[J].当代世界社会主义问题，2002，(3).

⑤ [俄]罗伊·麦德维杰夫.人们所不知道的安德罗波夫——前苏共中央总书记尤里·安德罗波夫的政治传记[M].徐葵，等译.北京：新华出版社，2001：425、422.

有14亿多人口、56个民族，地理环境复杂，经过70多年的现代化建设，形成了具有中国特色的社会主义现代化模式，即中国模式。相对于其他四国来看，中国的现代化发展经验更具借鉴意义。

1. “以苏为师”的现代化发展之路

中国在革命时期与苏联有着密切联系。在中国人民未取得国家独立时，苏联已经开启了现代化进程，并形成了相对固定的现代化模式，取得了一定的现代化建设成就。在新民主主义革命时期，毛泽东指出：“十月革命一声炮响，给我们送来了马克思列宁主义。十月革命帮助了全世界的也帮助了中国的先进分子，用无产阶级的宇宙观作为观察国家命运的工具，重新考虑自己的问题。走俄国人的路——这就是结论。”①中华人民共和国成立前夕，毛泽东在《论人民民主专政》中指出：苏联“已经建设起来了一个伟大光辉灿烂的社会主义国家，苏联共产党就是我们最好的先生，我们必须向他们学习”②。中华人民共和国成立后，苏联的现代化模式是世界上唯一的社会主义现代化模式，国际两大阵营的对立，也使得中国只能向苏联寻求借鉴。1947年，苏联共产党将苏联模式向各社会主义国家强制推广，“各国共产党、各社会主义国家，是否以俄为师，效仿苏联的模式，成了是否坚持科学社会主义的原则，是否遵循国际共产主义运动中的正确路线的大是大非问题”③。这些国家在革命时期与中国都接受了苏联的大量援助，率先建立社会主义国家的东欧各国在以俄为师的过程中，切实取得了较好的发展成绩。在中国的现代化建设问题上，毛泽东进一步明确指出：“我们要进行伟大的国家建设，我们面前的工作是艰苦的，我们的经验是不够的。因此，要认真学习苏联的先进经验。”④由此，便开启了中华人民共和国成立初期“以苏为师”的现代化发展之路。中国的第一个五年计划便是在苏联的指导和帮助下制定和实施的，在第一个五年计划期间，苏联援助了中国三千多名专家帮助中国设计了156个核心建设工程。通过成套引进工业设备和合资企业生产过程中技术的转移，

---

① 毛泽东. 毛泽东选集(第4卷)[M]. 北京：人民出版社，1991：1471.

② 同上：1418.

③ 韩荣璋. 从以俄为师到以苏为鉴——探索有中国特色社会主义建设道路的历史起点[J]. 党史研究与教学，1997，(4).

④ 毛泽东. 建国以来毛泽东文稿(第4册)[M]. 北京：中央文献出版社，1990：45.

中国建立起了比较完整的现代化技术和工业体系。中国对农业的改造也仿照苏联的合作社、集体农庄形式，开始了由农民的土地所有制向农村土地集体所有制的过渡。在向苏联模式学习的过程中，中国逐渐发现了苏联模式的弊端，同时苏联内部的变化也促使中国开始探索自己的现代化建设方案。

2. “以苏为鉴”：立足中国国情的现代化探索

中国现代化发展方向的转变不仅是因为中国在现代化建设中认识到了照搬苏联现代化模式并不能适应中国现代化发展的实际，而且也受到了苏联国内对苏联现代化建设中存在问题批判的影响。斯大林逝世后，苏联国内对斯大林的评价有了大幅转变，批判个人崇拜；对斯大林时期的某些现代化政策实践进行批判；对苏联现代化模式向其他社会主义国家推广过程中的教条主义进行批判。与此同时，随着中国社会主义改造的完成，苏联现代化模式在某些方面已经显露出不适应的问题。如在农业生产领域，苏联的集体农庄制度是在俄国农奴制的基础上，在极短时间内依靠强制命令过渡形成的。而中国因为新民主主义革命的性质，在新中国成立时确立了农民的土地所有制，在向集体所有制过渡时，更多地依靠农民自觉、自愿组成初级社，通过农业生产合作社范围、形式的变化逐步向农村土地集体所有制过渡。毛泽东在提出《论十大关系》时就曾想：“苏联和中国都是社会主义国家，我们是不是可以搞得快点多点，是不是可以用一种更多更快更好更省的办法建设社会主义。”①1956 年苏共二十大之后，毛泽东提出要“以苏为鉴”，探索自己的现代化建设道路。毛泽东认为，赫鲁晓夫“破除了那种认为苏联、苏共和斯大林一切都是正确的迷信，有利于反对教条主义。不要再硬搬苏联的一切了，应该用自己的头脑思索了。应该把马列主义的基本原理同中国社会主义革命和建设的具体实际结合起来，探索在我们国家里建设社会主义的道路”②。对于“以苏为鉴”的方式和方法，毛泽东指出：“我们的方针是：一切民族、一切国家的长处都要学，政治、经济、科学、技术、文学、艺术的一切真正好的东西都要学。但是，必须有分析有批判地学，不能盲目地学，不能一切照抄，机

---

① 毛泽东读社会主义政治经济学批注和谈话(上)，中华人民共和国国史学会，1978：44.

② 中共中央文献研究室. 毛泽东年谱(一九四九——一九七六)(第 2 卷)[M]. 北京：中央文献出版社，2013：550.

械搬运。他们的短处、缺点，当然不要学。”[①]“我们学习苏联，要包括研究它的错误。研究了它错误的那一方面，就可以少走弯路。”[②]

对于如何建设中国自己的社会主义现代化，以毛泽东为核心的党的第一代中央领导集体从经济、政治、思想文化三个方面进行了理论与实践探索，并取得了可喜的成果。[③] 经济方面，以农业为基础，以重工业为核心，适当向轻工业倾斜；正确处理中央和地方的关系，增加地方的自主性，发挥地方在经济发展中的积极性、主动性和创造性；在坚持计划经济的同时，引入市场机制，在陈云提出“三个主体，三个补充”之后，毛泽东提出“发展商品经济”的设想。政治方面，明确我国当时的基本矛盾，“基本的矛盾仍然是生产关系和生产力之间的矛盾，上层建筑的和经济基础之间的矛盾”[④]，以此为基础，决定将发展生产力作为党和国家的中心任务。苏联过度的中央集权促进了我国的民主化进程，毛泽东提出了中国共产党和民主党派之间“长期共存，互相监督”的方针，鼓励民主党派“唱对台戏”。同时积极发挥人大代表和地方政府的监督作用，在党的体制上也将党代会改成常任制，通过增设中央书记处、副主席、总书记的方式，加强集体领导，避免权力的过度集中。思想文化方面，纠正了对知识分子的错误判断，强调了知识分子的政治立场和在社会主义现代化建设中的重要性，提出了“百花齐放、百家争鸣”的指导方针。毛泽东指出：“艺术问题上的百花齐放，学术问题上的百家争鸣，我看这个应该成为我们的方针。”[⑤]

3. 中国模式：具有中国特色的社会主义现代化模式的形成

改革开放以来，随着中国改革成就的增多，西方国家率先展开了对中国模式的讨论。从中国实行改革开放伊始，西方就开始鼓吹“中国军事威胁论”“中国经济威胁论”“中国政治不确定论”。随着中国现代化建设成就的逐渐增多，西方国家又提出了“北京共识”，将其与“华盛顿共识”进行对比，由此引发世界范围内的

---

① 毛泽东. 毛泽东著作选读(下册)[M]. 北京：人民出版社，1986：740.

② 毛泽东. 毛泽东选集(第 5 卷)[M]. 北京：人民出版社，1977：473.

③ 彭波，郑德荣.“以苏为鉴”：探索中国特色社会主义道路的历史逻辑起点[J]. 天府新论，2016，(2).

④ 毛泽东. 毛泽东文集(第 7 卷)[M]. 北京：人民出版社，1999：214.

⑤ 中共中央文献研究室. 毛泽东年谱(一九四九——一九七六)(第 2 卷)[M]. 北京：中央文献出版社，2013：570-571.

大讨论。实际上，中国模式就是对中国社会主义建设经验的总结。中国模式从整体来看具有以下特点。

第一，注重对其他现代化模式经验教训的借鉴。中国从社会主义现代化建设之初就从“以苏为师”迅速转变为“以苏为鉴”，改革开放之后，更加注重对其他现代化模式成功经验的吸收和失败教训的警示。无论是欧美等大国的现代化建设经验，还是新加坡等小国的现代化建设经验，都是中国改革开放进程中吸收借鉴的对象。正如郑永年所说：“中国虚心学习国际经验，不管是像美国那样的大国还是像新加坡那样的小国，中国都愿意学习其长处。可以说，中国是当今世界最好学的国家。尽管很多国家尤其是西方经常对中国持批评态度，但这并没有影响中国向这些国家学习。”①

第二，现代化进程中始终坚持以人为本。人的全面发展是中国社会主义现代化的目标，无论是改革开放初期的基本矛盾，即人民日益增长的物质文化需要同落后的社会生产之间的矛盾，还是新时代新的主要矛盾，即人民日益增长的美好生活需要和不平衡不充分的发展之间的矛盾，都以满足人民的需要为根本。中国现代化的发展历程也证明了这一点。“三个代表”重要思想、科学发展观、习近平新时代中国特色社会主义思想都表明了以人为本在中国现代化发展中的重要地位。中国对农村土地制度的改革也是为了提高农民的收入和生活水平；当下正在进行的社会主义全面现代化建设更是为了提高人民群众的生活水平。“海外学者普遍认为，人民群众是中国模式的建设主体，中国模式主要致力于维护人民群众的利益。”②

第三，始终坚持对外开放。全球化是世界现代化发展的趋势，中国自改革开放以来，始终将对外开放作为中国的基本国策。邓小平明确表示：“我们要有计划、有原则地引进技术和其他对我们有益的东西，但是我们决不学习和引进资本主义制度，决不学习和引进各种丑恶颓废的东西。”③1983 年，针对当时的改革开放进程，邓小平指出：“要扩大对外开放，现在开放得不够。”④随着世界现代化形

① [新]郑永年. 国际发展格局中的中国模式[J]. 中国社会科学，2009，(5).

② 曹景文. 海外视阈下的中国模式及其世界影响[J]. 南京政治学院学报，2017，(1).

③ 邓小平. 邓小平文选(第 2 卷)[M]. 北京：人民出版社，1983：168.

④ 邓小平. 邓小平文选(第 3 卷)[M]. 北京：人民出版社，1993：32.

势的改变，“十四五”规划建议指出：“坚持实施更大范围、更宽领域、更深层次对外开放，依托我国超大规模市场优势，促进国际合作，实现互利共赢。”习近平也指出：“中国开放的大门永远不会关上。”2023 年《政府工作报告》提出，扩大市场准入，加大现代服务业领域开放力度；积极推动加入全面与进步跨太平洋伙伴关系协定（CPTPP）等高标准经贸协议，主动对照相关规则、规制、管理、标准，稳步扩大制度型开放；做好外资企业服务工作，推动外资标志性项目落地建设。[①] 这些举措进一步扩大了对外开放的范围和层次，以高水平的开放推动高质量的发展。

第四，始终重视科学技术对现代化发展的推动作用。在改革开放实行之前，邓小平就表示：“如果我们的科学研究工作不走在前面，就要拖整个国家建设的后腿。”[②]在改革开放之初，邓小平明确指出：“实行开放政策，学习世界先进技术”，“要引进国际上的先进技术、先进装备，作为我们发展的起点”[③]。随着中国现代化建设步伐的加快，对科学技术在现代化发展中的作用有了更深的理解。1988 年，邓小平提出：“科学技术是第一生产力。我们的根本问题就是要坚持社会主义的信念和原则，发展生产力，改善人民生活。”[④]进入 21 世纪，中国的现代化水平有了极大提高，党对科学技术有了新的认识。党的十八大明确提出：“完善科技创新体系。坚持创新在我国现代化建设全局中的核心地位。”[⑤]这强调了要坚持走中国特色自主创新道路、实施创新驱动发展战略。

第五，中国模式不仅是为了中国人民的发展，而且是为了造福世界人民。中国在推进本国现代化进程的同时，也在带动着其他国家的现代化发展。“自 2000 年起，中国取消了非洲 31 个国家超过 100 亿美元的债务，并且成立了价值 55 亿美元的基金会来支持非洲发展。”[⑥]尼日利亚《商业日报》阿克拉分社主任古德温·恩娜娜说：“非洲能从中国学到很多。中国的变化说明：我们能够对付贫困

---

① 李克强作的政府工作报告（摘登）[N]. 人民日报，2023-03-06.

② 邓小平. 邓小平文选（第 2 卷）[M]. 北京：人民出版社，1983：32.

③ 同上：132、133.

④ 邓小平. 邓小平文选（第 3 卷）[M]. 北京：人民出版社，1993：274.

⑤ 习近平. 高举中国特色社会主义伟大旗帜　为全面建设社会主义现代化国家而团结奋斗——在中国共产党第二十次全国代表大会上的报告[N]. 人民日报，2022-10-26.

⑥ [丹]李形. 中国崛起与资本主义世界秩序[M]. 林宏宇，译. 北京：世界知识出版社，2012：78.

问题，也能够消灭极端贫困。”“我们可以从他们那里学习如何组织我们的贸易政策，如何从低收入国家变成中等收入国家，如何在短短几年之内教会我们的孩子掌握技术、熟悉经营。”①中国在发展的同时并未对其他国家进行单方面的封锁和垄断，反而致力于提升其他国家的现代化水平，带动世界人民共同发展。中国模式虽然具有不可复制性，但某一方面具体的发展方式对其他国家来说具有很大借鉴意义。“从委内瑞拉到越南，对于所谓的中国模式，其吸引力随处可见。伊朗、叙利亚和其他中东国家邀请中国专家给高级官员和学者授课。”②“一带一路”的实行更是表明了中国模式造福世界人民的观点。“一带一路”沿线国家通过与中国的合作推进了本国的现代化进程，国内人民的经济收入、生活环境和生活水平得到了切实的提高。

二、其他形式的现代化模式

独立于资本主义和社会主义性质之外的主权国家受到世界现代化进程的影响，在取得国家独立之后，纷纷开始了对本国现代化道路的探索。这些国家主要分为政教合一国家和君主专制国家两种，但其现代化道路则具有各自的特殊性。

（一）以土地私有和国有为基础的政教合一国家的现代化模式

当前世界上现存的明确为政教合一的国家是梵蒂冈、文莱和伊朗。梵蒂冈国土总面积仅有 0.44 平方千米，总人口只有 800 人（2016 年），是天主教的领导中心，其国内没有任何工农业，财政收入主要依靠旅游、不动产出租、对外投资等。文莱人口较少、国土面积狭小，石油和天然气出口是国家收入的主要来源，占据国民生产总值的 67%，占据出口总收入的 96%。由于其现代化发展的单一性和特殊性，并不具有十分重要的参考价值，在此不再进行分析。伊朗作为亚洲主要经济体之一，拥有丰富的自然资源，其石油、天然气储藏量和开发量均位居世界前列，人口众多，是一个多民族国家。作为一个政教合一体制的大国，伊朗的现代化道路是对世界多元化现代化道路的一种有益探索，对其他国家的现代

① [尼]古德温・恩娜娜. 透过“非洲年”来看中国的境外投资[A]. 见王辉耀. 中国模式——海外看中国崛起[M]. 南京：凤凰出版社，2010：165.

② [美]里奥・霍恩. “中国模式”世界“独一无二”[J]. 海外经济评论，2008，(32).

化建设有着重要的参考价值。

伊朗的现代化进程大致可以分为两个阶段,第一个阶段是1921—1979年的巴列维王朝时期,第二个阶段是1979年成立至今的伊斯兰共和国时期。

第一阶段,伊朗开始了由传统社会向现代社会的转变。这一转变主要从三个方面进行:第一,受19世纪西方殖民浪潮的影响,伊朗的现代化最先在工业领域内展开。与西方资本主义现代化的初始发展模式不同,伊朗的工业现代化最初是在政府主导下开始的。伊朗政府在工业领域内的投资比重,1928年仅占国家预算的1.1%,1941年迅速增加到24.1%;采用资本主义方式运行的工厂,1925年不到20家,1941年超过了300家。① 但是,此时现代工业的发展仅作用于城市,并未改变农村的封建土地私有制和封建制度,巴列维王朝在改革后期,也仅仅实现了部分土地的国有,但土地私有制仍然是农村社会的主流。巴列维王朝仅仅依靠工业自身的发展不断削弱、瓦解传统的自然经济结构。

第二,为了发展现代工业,削弱封建地主,加强君主权力,伊朗开始了土地改革。白色革命之前,伊朗的农村人口占全国人口的70%,伊朗实行的仍然是封建制度,全国1900万公顷的耕地中,将近90%的所有权都归属于地主阶级,绝大多数由无地农民租种。② 地主和土地除了所有权之外,并没有十分紧密的关系,依靠地主阶级或社会自然发展推动现代化进程显然是不可取的。“这些地主因为通常不住在自己的领地上,自然就不会注意开发这些土地,也不想进行农业改革来改善他们的社会状况。”“多数大地主在土地耕作和经营管理上依然使用古老的、陈旧的方法,而不愿拿出现代化农业所需要的大量资金,结果是,当此发达的国家不断为开垦更多土地而努力的时代,我们的农业却几乎仍处在数千年前的状态。”③由于土地革命的主要任务是削弱地主与土地、农民的关系,强化君主权力,“伊朗的白色革命体现了一种新的尝试,其目的是采用自上而下的改革,最终维护传统的权力模式。通过土地改革,国王将贵族限制在城市的范围内,切断他

① J. Foran, Fragile Resistance: Social Transformation in Iran from 1500 to the Revolution[M]. Boulder: Westview, 1993, pp. 223-234.

② A. Farazmand. The State, Bureaucracy and Revolution in Modern Iran[M]. New York: 1989: 67.

③ [伊朗]穆罕默德·礼萨·巴列维.“白色革命”[A].见[法]热拉德·德·维利埃.巴列维传[M].张许苹,潘庆舲,译.北京:商务印书馆,1986:389、391.

们与乡村的联系"①。所以,土地革命的成果并未真正、完全地改变农村的土地关系。完成土地改革后的伊朗,约有 100 万户家庭每户拥有的土地不足 2 公顷,约 140 万户家庭每户拥有的土地在 2 到 10 公顷,约 4.5 万户家庭每户拥有的土地超过 50 公顷,地产总面积占总耕地面积的 47%。② 虽然如此,但是土地革命瓦解了封建土地所有制。在继承了巴列维王朝的遗产之后,伊朗仍然保留了部分土地国有权,在承认农民对土地私人所有权的同时,对地主仅作出了极少的限制,封建地主在现代化进程中直接转变为农场主。但土地在改革进程中开始商品化,被土地束缚的人口得到了不同程度的解放,这有力地促进了工业现代化和城市发展。地主阶级失去土地获得大量资本后,不得不将投资方向转向现代工业,这使得部分地主开始向资本家转变;工业的发展吸引少地、无地农民进入城市,他们开始转为产业工人;国家将贵族束缚于城市,使得大量资本在城市里集聚,成为城市发展的重要推动力。

第三,民主与专制矛盾激化,宗教世俗化,政治现代化进程开始。君主专制的强化使君权与神权之间发生矛盾,同时资本主义的发展也使资产阶级开始谋求自身的政治权利。然而,由于伊朗传统宗教中阶级思想、封建思想、反世俗思想浓厚,资产阶级自身的力量也不够强大,在与君权的斗争中始终不能取得实质性的胜利。直到 20 世纪 60 年代,伊朗宗教理论开始改革,这为推翻君主专制奠定了基础。1977 年开始的伊斯兰革命最终推翻了君主专制,成立了伊朗伊斯兰共和国。伊斯兰革命最初是由资产阶级开始发动的,为了满足本阶级的政治诉求,以牺牲底层民众的权利为代价,主张与君权妥协,实现权力共享。宗教的沉默和底层民众的不支持,使得先天不足的资产阶级无力达到自身的革命目的。随着革命进程的发展,伊朗宗教开始参与革命,经过改革的伊斯兰教,革除了宗教思想中的陈旧部分,与封建专制站到了对立面,其平等、民主的核心思想被资产阶级、工人阶级和农民阶级所认同,并且其主张的重新分配财富、进行基础设施改革等主张也满足了工人和农民的需求。最终,民主的政治诉求得以实现,政

---

① A. Farazmand. The State, Bureaucracy and Revolution in Modern Iran[M]. New York: 1989: 104.

② J. Foran, Fragile Resistance: Social Transformation in Iran from 1500 to the Revolution[M]. Boulder: Westview, 1993, pp. 320—321.

治现代化取得了初步胜利。

伊朗第一阶段的现代化更大意义上是在重复资本主义现代化的发展进程。依靠丰富的石油资源，伊朗建立了石油工业体系，并形成了以石油经济为主导的国家经济体系。但是，长时间的殖民统治，使得伊朗的现代化更多地去模仿、对比资本主义现代化。20世纪中期石油价格的大幅提升，使伊朗财政收入极大提高，这使得伊朗提出了超越国家能力的目标，如发展成为世界第五大经济体、20年内赶超美国等。经济水平的提高与殖民统治的影响，使得伊朗除宗教外迅速地西化，在各个方面与西方对接。这种畸形的发展，使伊朗国内矛盾全面激化，导致了革命的爆发。如西化过程中，西方文化的涌入与民众的传统文化观念形成了极大对立，伊斯兰革命期间，带有明显西方文化色彩的商场、快餐店等成为民众破坏的主要对象。

1979年，伊朗伊斯兰共和国的成立，标志着伊朗的现代化发展进入了第二阶段。其宪法规定伊朗实行政教合一制度，神权统治高于一切。1989年，伊朗对宪法进行修订，突出强调伊斯兰信仰、体制、教规、共和制及最高领袖的绝对权力不容更改。这是伊朗现代化发展第二阶段的基础，随着现代化的发展，这一基础也逐渐发生动摇。第二阶段发展的四个时期可以清晰地反映其转变的过程。需要说明的是，除战争时期以外，其他四个时期均有不同程度的重叠。

第一，战争时期。长达8年的两伊战争严重阻碍了伊朗现代化发展，战争期间，除军事工业外，其他方面的现代化建设均受到了不同程度的影响。同时，战争造成了数以百万计的烈属和无家可归者，这使得伊朗的贫困人口迅速增加，战争也使得伊朗经济倒退回20世纪60年代初的水平。

第二，发展时期。以政治—宗教改革为基础，由于西方国家的经济封锁，伊朗经济开始了半计划式改革。战争结束后，伊朗迅速恢复了以石油工业为主体的工业生产体系，使得国家经济发展水平稳定增长；教育方面由第一阶段的精英教育转变为覆盖全国的大众教育；社会整体方面，重新开始与西方对话，积极与世界各国展开交流，极力融入世界现代化体系，在坚持传统文化特点的基础上，开始吸收外来文化，生活方式上也逐渐现代化。同时，伊朗向世界各国参考、吸收、借鉴现代化建设经验。如成立研究中国发展的机构，认为伊朗需要学习中国的现代化建设经验。2005 年拉夫桑贾尼竞选总统时，提出了向东看即向中国看的口号，并把《邓小平文选》翻译成波斯语。

第三，核问题时期。21 世纪，伊朗核问题曝光后，伊朗的现代化建设进入了特殊时期。核问题使伊朗受到西方国家的制裁，以石油出口为主的经济发展严重受挫，伊朗的整体发展速度下降。这也使伊朗现代化走向半封闭式发展。自然资源方面，除石油输出之外，伊朗拥有世界第二大天然气资源，基本用于国内；工业方面，受技术和资源限制，伊朗的大部分工业原材料和部分零部件依赖进口，但在工业制成品上，本地生产占据国内市场的大多数；农业方面，由于伊朗大部分地区干旱缺水，仅有少量土地适合耕种，伊朗大力发展现代农业，基本满足国内粮食需求。与伊朗核问题大致同时出现的劳动力富裕问题，成为困扰伊朗现代化发展的重要问题。伊斯兰革命胜利后，国家鼓励生育，伊朗人口由 1979 年的 3 700 万迅速增加到了 2016 年的 8 000 万，每年新增劳动力超过 100 万，这成为伊朗发展进程中要解决的重要问题。随着核问题的逐步解决，人口问题更加凸显。

第四，政治与宗教的冲突时期。这种冲突自伊朗确定政教合一体制后就开始逐步显现。伊朗总统是由全民选举产生的，被民众视为自身意志的代表，而宗教的最高领袖则具有一票否决制。这一制度在实际施行过程中，政治与宗教逐渐产生了分离，接受新式教育的年轻一代更崇尚自由、民主，虽然伊朗受到了西方国家的封锁，但全球化的进程仍然影响到了伊朗，外来文化和在现代化基础上产生的新文化时刻影响着伊朗，宗教的影响在这里被极大地削弱了，而宗教中一些保守、传统的思想和规定，则与现代社会的生活方式相违背。由于伊朗的特殊国情，其政策的外在表现在经济方面具有计划因素；社会方面具有社会主义因素；政治方面具有较为严格的限制性。随着现代化进程的推进，伊朗的政策也在不断调整，如长期实行的汽油、煤气、药品补贴逐步取消，经济方面向市场经济转型，等等。较之于宗教影响力的减弱，作为自由、民主代表的政府被更多民众认同。宗教的绝对权力被视为对自由、民主的违背。作为世俗化力量代表的政府与宗教之间再次出现冲突。伊朗现代化的第一阶段是世俗力量占主导地位，由于诸多因素的影响，伊朗现代化的第二阶段是宗教力量占主导地位，世俗力量在宗教的领导下对国家发挥管理作用。随着现代化的发展，二者之间的矛盾再次凸显，世俗力量与宗教力量之间如何再次达到平衡，成为伊朗现代化进程中面临的一个重要问题。

总的看来，伊朗经历了全盘西化、与西方对立、半封闭式发展等阶段，逐步走向了探索适合本国国情的现代化道路。当前伊朗的现代化道路呈现以下特点：经济上，从之前的以石油输出为主，转向石油、制造业、旅游业等多元化发展；政治上，实行政教合一制度，在坚持最高领袖绝对权力的基础上，实行多党制民主选举；思想文化上，在以宗教文化为主导的前提下，呈现多元化，西方文化的入侵成为影响伊朗思想文化发展的重要因素；整体上，形成了具有本国特色的、受外部因素生成的半封闭式的现代化道路。

（二）君主专制国家的现代化模式

当前世界上现存的君主专制国家主要有科威特、巴林、卡塔尔、阿曼、约旦、汤加、斯威士兰、摩洛哥和沙特阿拉伯。其中巴林、约旦、斯威士兰、摩洛哥和沙特阿拉伯实行二元制君主立宪制，科威特和卡塔尔是君主立宪制酋长国。科威特、巴林、卡塔尔、阿曼和沙特阿拉伯均属于依靠单一、丰富的自然资源发展起来的国家，与其他四国（约旦、汤加、斯威士兰、摩洛哥）相比，沙特阿拉伯是拥有人口最多，经济发展最快，现代化体系最完备的国家。汤加是由 173 个岛屿组成的岛国，仅有 10 万人口，国土面积狭小，不具有参考价值。约旦、斯威士兰和摩洛哥相比，约旦国土面积较小，人口较少，产业较为单一；斯威士兰情况和约旦类似，其国家经济严重依赖南非，被世界银行列为中等偏下收入国家，国内发展极度不平衡；摩洛哥国土面积约 44.6 万平方千米，2016 年总人口为 3 500 万，经济实力位列非洲第五，国内发展较为均衡，是君主专制国家中发展状况较好的国家之一。以下笔者将对摩洛哥和沙特阿拉伯的现代化道路进行详细论述。

1. 摩洛哥的现代化模式

摩洛哥扼守大西洋与地中海连接的通道，具有重要的战略地位。大西洋航道开辟之后，摩洛哥成为西方国家对亚非拉国家进行殖民掠夺的必经之处。西方国家的入侵开启了摩洛哥的现代化之路。由于摩洛哥重要的地理位置，使得摩洛哥受到了诸多列强国家的入侵，列强之间的冲突使摩洛哥直到 20 世纪初仍保持着名义上的国家独立。列强之间的矛盾也为摩洛哥营造了现代化发展的契机。这也是摩洛哥现代化发展的第一阶段。为了抵御列强入侵，摩洛哥的统治者最先开始的是对现代军事和有关军工制造业的改革。这一改革虽然未能抵御列强入侵，但却有效地镇压了国内的各种叛乱和起义，维护了王室的统治地位。同时，为了抵御外来资本的入侵，摩洛哥开始引进工业技术，保证基础工业建设的国有权，如铁路、公路、港口等；矿产资源也全部收归国有；农业上引种经济作物；向国外派遣留学生学习先进技术。以上种种改革都是在王室统治范围之内进行的，并未触及传统封建势力范围和宗教控制范围，改革成果有限，并未使国家发生实质性改变。

1912 年，摩洛哥被法国和西班牙瓜分，大部分领土被法国殖民，由此开始了摩洛哥现代化的第二阶段。长时期的殖民统治发展了摩洛哥的现代工业，也使摩洛哥的文化呈现多元性，削弱了宗教的影响力。为了从殖民地掠夺财富，殖民者建立了与被掠夺资源相配套的工业体系和基础设施，为摩洛哥工业现代化的进一步发展打下基础。法国的殖民统治不仅从经济上对摩洛哥实施掠夺，也从文化上对其进行输出。法国长时期的殖民统治使法语成为摩洛哥的通用语言。相应地，法国文化乃至西方文化也在摩洛哥广泛传播，强势的殖民统治为外来文化的发展营造了土壤，宗教的影响受到限制。这使摩洛哥成为一个多语言、多元文化的国家，主要有法语、英语、阿拉伯语、阿拉伯方言、柏柏尔语等。摩洛哥原来受到宗教影响，性别歧视严重，殖民统治则部分消除了这种歧视，部分女性脱离了宗教束缚，得以接受文化教育。摩洛哥原有语言体系和文化，将女性视为男性的附属，顺从是其本质，外来语言和文化则改变了女性对自身的认知。这使摩洛哥的妇女解放走在了阿拉伯国家的前列。多语言和多元文化也使摩洛哥在独立后的国家发展方面更具优势。

1956 年，摩洛哥获得独立，开始了第三阶段的现代化进程。首先进行的是政治现代化。王室在与政党进行斗争并取得胜利后，通过两部宪法的制定，确立了王权在国家发展进程中的主导性。在此基础上，摩洛哥实行多党制，共同执政。20 世纪 90 年代以后，摩洛哥加速了政治民主化进程，两院议会中的代表院议员由选民直接选举产生，参议院由地方行政机构、行业协会和工薪阶层代表选举产生。21 世纪，作为君主和宗教领袖的摩洛哥王室，主动放弃部分权力，将其移交给首相和议会，以推动政治现代化发展。与政治现代化的稳步前进不同，摩洛哥的工业现代化进程较为缓慢，国内工业产品无法满足国内需要，以单一自然资源磷酸盐为主的化学工业是其最重要的工业产业。虽然工业发展缓慢，但摩洛哥对科技创新十分重视，2001 年，成功发射了第一颗科学卫星，并于 2005 年加入欧盟“伽利略”卫星导航计划，也是第一个加入该计划的非洲国家和阿拉伯国家。摩洛哥的经济支柱产业是农业，农业现代化也是摩洛哥整体现代化进程的重要方面。摩洛哥独立后，将从殖民者手中收回的土地有偿分配给农民，并兴建大型水利工程，以保障农业生产。摩洛哥独特的地理位置决定了其农业生产受气候影响较大，尽管种植技术逐渐提高、农作物品种不断改良，仍然无法摆脱气候变化对其产量的影响。以农业为主的经济也随着气候的变化而不断波动。文化的多元化也使摩洛哥的文化现代化走出了一条独特道路。摩洛哥的主要种族是阿拉伯人和柏柏尔人，以阿拉伯方言和柏柏尔语构成了社会底层的两种文化，作为传统官方语言和宗教语言的标准阿拉伯语则形成了宗教文化，殖民统治带来了以法国文化为主的西方文化。外来文化打破了摩洛哥传统的文化结构，促进了人们思想的解放，同时传统文化强大的生命力在外来文化的压迫下逐渐发生变革，以适应现代社会需求。这种独特的多元文化使摩洛哥能够与西方国家、阿拉伯国家和传统非洲国家更好地交流，没有了语言和文化障碍，摩洛哥能够更快速地融入全球化，与国际接轨。

总的看来，摩洛哥已经逐渐走出了具有本国特色的现代化模式。在君主专制国家中，通过君主主动放弃权力以推进政治现代化，这些经验可以为其他君主专制国家参考借鉴。挣脱了殖民统治取得独立的摩洛哥，混杂了宗教文化、传统文化和外来文化，利用这些文化交融的优势，助力本国的现代化发展，为其他类似国家的现代化提供了经验参考。摩洛哥的经济以不稳定的农业为支柱，仅靠农业并不足以支撑国家的现代化发展，小众的磷酸盐化工产业仅能作为有益补充，为了改变这种畸形状况，摩洛哥实行多元化发展。为解决就业压力，使产业多元化，摩洛哥利用自身资源优势，大力发展以毛毯、皮革制品、木制家具等为主的手工业；利用本国丰富的自然、文化资源，发展旅游业；利用自身的区位优势，建设港口城市；优化经济结构，提倡贸易自由化，完善基础设施建设，吸引投资；

实行对外开放，与国际接轨，建设自由贸易区。

2. 沙特阿拉伯的现代化模式

沙特阿拉伯王国成立于1932年，在坚持宗教信仰的基础上，国王拥有最高权力，国内禁止政党活动，以《古兰经》和《圣训》为最高法律准则，没有宪法。1938年，大储量油气田的开采，改变了沙特阿拉伯的命运。随着世界现代化的发展，石油资源越发重要。沙特阿拉伯也依靠石油形成了另类的现代化模式。从经济的波动来看，沙特阿拉伯的现代化发展大体上经历了三个阶段。

第一，为石油经济腾飞奠定基础的初步工业化阶段。沙特阿拉伯是在各部落基础上建立的，受国内地理、气候环境影响，沙特阿拉伯成立初期，国内约半数人民处于游牧状态。石油资源的开发，最初并未影响到整体国民。1938年开始的石油开采，是以外国公司为主，政府少量的经济收入大多用于建设配套的工业基础设施，如炼油厂、道路运输等。20世纪50年代，沙特阿拉伯政府取得了石油利润50%的分配权，并于60年代发起成立了石油输出国组织。随着国家石油收入的增加，以石油开发为核心的现代化进程也飞速发展，“城市人口从1950年占总人口的15.9%猛增至1970年的48.7%；同年农业劳动力在全国劳动力中的比例下降到40.4%，工业分别占19.5%和41.1%”①。与之相应的教育、医疗卫生、社会保障等体系也初步建立起来，为现代化下一阶段的快速发展奠定了基础。

第二，依靠石油经济整体进入快速现代化阶段。随着石油价格的迅速上涨，沙特阿拉伯的经济收入也跳跃式增长，如石油收入从1970年的12.14亿美元增加到1981年的1 081亿美元。这彻底改变了沙特阿拉伯的现代化模式。石油开发过程中大多依靠机械，对劳动力需求较少。随着国际石油需求的增加，石油价格上涨空间较大，这使得该国进一步加强了对石油工业体系的控制。巨量的经济收入使沙特阿拉伯在短时间内完成了公路、机场、港口、通信、海水淡化等基础设施建设，同时进一步拓展了石油工业体系，如石化、炼油、化肥、天然气、冶金等工业的建设，以扩大石油经济的发展。对于其他方面的现代化建设，政府实行低税率补贴式发展。如对私人企业收取2.5%的税，免去工业原材料、医疗和食品

① 黄民兴.论沙特阿拉伯现代化的阶段及其特点[J].西亚非洲，1994，(6).

的进口税，国内需求实行低价补贴；农业方面，对购买化肥、饲料、农用机械等进行补贴，同时对粮食收购以高出国际市场价格的3～5倍进行收购。除此之外，石油经济的发展促进了城市化发展，建筑业成为除石油工业外的第一大产业。同时，政府进一步完善教育、医疗、社会保障体系。如"设立国家教育总署（后改为教育部），兴办新式学校，聘请外籍教师，引进自然科学和外语等现代教育课程"①，推进"免费教育和医疗、建立社会保险"②等。

第三，为摆脱对石油经济的过度依赖，开始进入现代化转型阶段。随着国际油价的剧烈波动，以石油经济为主的沙特阿拉伯开始出现种种问题。"丰裕资源对经济增长非但不是充分的有利条件，反而是一种限制"，"丰富的资源与资源产业的兴起，不但没有带来发展预期，反而产生了区域经济增长缓慢、区际贸易条件恶化、经济结构失衡、'反工业化'、收入差距扩大"③等问题。由此，沙特阿拉伯从现代化的各个方面开始了转变。政治上，虽然仍然坚持国王的最高权力，但开始成立协商会议，以便进行政治咨询；法律上，仍然以《古兰经》和《圣训》为最高法律标准，但于2007年，制定并颁布了《司法制度及执行办法》和《申诉制度及执行办法》，同时设立最高法院、上诉法院、普通法院，与申诉制度相结合设立了最高行政法庭、行政上诉法庭、行政法庭，以此为基础，建立了新的司法体系。经济上，强化制造业，大力发展第三产业，如旅游业、服务业等，转变石油经济在国家总收入中的占比，"制造业已经从沙特国民经济中的一个微不足道的产业，成长为国民经济的一个重要支柱产业，为沙特的产业结构多样化做出了重大贡献，提高了国家的经济现代化水平"④。同时，加强农业生产的多元化，增加农业产量，减少对进口农产品的依赖。沙特阿拉伯在2016年制定的《沙特2030愿景》，强调了其现代化未来发展以军事工业、矿产品加工、建筑材料、新能源等为主要方向。

沙特阿拉伯的现代化模式从完全依靠石油经济转变为多元化发展，利用石油经济的发展增加了环境保护、科技创新、基础设施等方面的投入，受地理、气候等因素影响，科学治理沙漠也成为其现代化下一步发展的重点之一。以石油经

① 王铁铮.现代沙特阿拉伯的奠基者：伊本·沙特政治活动探讨[J].西亚非洲，1989，(3).
② 黄民兴.论沙特阿拉伯现代化的阶段及其特点[J].西亚非洲，1994，(6).
③ 张复明，景普秋.资源型经济及其转型研究述评[J].中国社会科学，2006，(6).
④ 陈沫.沙特阿拉伯的工业化与中沙产能合作[J].西亚非洲，2017，(6).

济带动旅游业和服务业成为其短时间内现代化发展模式转变的一个重要方式。并且，“以现代金融和科技产业为新的经济增长点，符合石油繁荣时代以来沙特阿拉伯经济发展的总体目标，亦是石油价格低迷时期沙特阿拉伯经济复兴的战略决策”①。沙特阿拉伯的现代化改革也进入了关键时期。

三、以土地公有制为基础的社会主义现代化模式的优越性

与资本主义现代化模式和第三种现代化模式相比，社会主义现代化模式有着独特的优越性。由于第三种现代化模式起步较晚、发展水平较低、不具有一般推广意义，社会主义现代化模式的优越性主要是同资本主义现代化模式相比较显现的。社会主义现代化模式的优越性不仅表现为社会主义对资本主义的继承、对立和取代上，更具体地表现在社会主义现代化建设各方面成就与资本主义现代化的对比上。

（一）社会主义现代化模式的经济优越性

无论是从社会主义现代化对生产力的发展，还是对生产关系的发展，抑或是对经济制度的建设来看，社会主义现代化模式在经济方面都表现出了远超资本主义现代化模式的优越性。

首先是对生产力的发展，带动了经济的快速增长。邓小平指出：“如果在一个很长的历史时期内，社会主义国家生产力发展的速度比资本主义国家慢，还谈什么优越性？”②当下的社会主义国家本身就是从落后国家跨越式发展建立的，远落后于同时期的资本主义国家，在先进的社会主义制度下，社会主义现代化模式的优越性首先就表现在其生产力的发展速度上。邓小平对这个问题曾多次强调，“根据我们自己的经验，社会主义，首先就要使生产力发展，这是主要的。只有这样，才能表明社会主义的优越性”③。虽然当下选择社会主义现代化模式的国家只占极少数，社会主义国家的整体发展水平与资本主义国家仍有一定差距，但并不能就此否认社会主义现代化模式的优越性。通过与资本主义国家的对

① 吴彦.沙特经济改革进入攻坚期[N].21世纪经济报道，2018-01-08.
② 邓小平.邓小平文选(第2卷)[M].北京：人民出版社，1994：128.
③ 同上：314.

比，我们可以明显地看到社会主义现代化模式在生产力发展方面的优越性。中国在社会主义现代化模式下实现了生产力的快速发展。中国的现代化从20世纪50年代的"四个现代化"发展到了当下的全面现代化；生产力对社会生活的影响也从20世纪50年代"楼上楼下，电灯电话"的现代化目标，发展到了当下的无现金社会、智能社会；在代表最先进生产力的科技创新方面，中国也在几十年的社会主义现代化建设中极大地缩小了与资本主义国家的差距，甚至在某些方面实现了超越。例如，航空航天技术最初源于导弹火箭技术，资本主义国家在这方面有着深厚的技术积累，也最先开始了对航空航天技术的探索，但最先取得重要成果的则是苏联。1957年，苏联成功发射了世界上第一颗人造卫星，在航空航天技术发展的初期，以苏联为代表的社会主义国家和以美国为代表的资本主义国家先后取得了人造卫星、载人飞船、空间站和航天飞机等一系列的技术突破。苏联解体后，随着技术开发成本的增加、资金投入的增大、技术突破难度的增加、资本投入回报的低效率，资本主义现代化在发展进程中减缓了对航空航天技术的发展。2011年，美国停止了航天飞机的飞行，对于空间站的建设也走向了多国共同开发、建设同一空间站。在短期内无法获取足够利益的情况下，资本主义现代化模式必然会减少甚至放弃对有关技术的研发。中国的航空航天技术则在短短几十年间，从1970年发射第一颗人造卫星开始，到自主研发完成运载火箭技术、自行研制载人宇宙飞船，再到"天宫"系列载人空间站的运行，中国的航空航天技术取得了巨大进步。科技发展速度在一定程度上代表生产力的发展速度，航空航天技术则是最先进生产力的代表之一。资本主义现代化发展进程中，航空航天技术在一定程度上来说不仅没有发展，反而还在倒退。2018年10月11日，俄罗斯的联盟号飞船发生故障，俄罗斯暂停了所有的载人发射任务。至此，除了中国的载人太空飞船外，世界上所有国家失去了往返太空的途径。中国以不断发展的生产力带动经济快速增长，在经济总量上迅速走到了世界前列。由此可以看出社会主义现代化模式对生产力发展的优越性。

其次是对生产关系的发展。邓小平说："社会主义要表现出它的优越性，哪能像现在这样，搞了二十多年还这么穷，那要社会主义干什么？"[1]生活水平的提

---

① 邓小平. 邓小平文选(第2卷)[M]. 北京：人民出版社，1994：130.

高是社会主义现代化模式经济优越性的重要体现。从两个方面的实践对比可以明显看出社会主义现代化模式的优越性。一是东欧各国两种现代化模式的实践。20世纪末，东欧各社会主义国家纷纷从社会主义现代化模式转为资本主义现代化模式，转变之后的东欧各国，不仅没有提高人民的生活水平，反而较之以前有了大幅退步。二是中国的社会主义现代化模式实践。中国的社会主义现代化实践初期，曾秉持着"宁要贫穷的社会主义、不要富裕的资本主义"的错误观点，对此，邓小平指出："搞社会主义，一定要使生产力发达，贫穷不是社会主义。我们坚持社会主义，要建设对资本主义具有优越性的社会主义，首先必须摆脱贫穷。"①贫穷不是社会主义现代化模式的优越性，超越资本主义现代化模式的生活水平才是题中应有之义。这种超越不仅体现在某一社会阶层生活水平的提高，更多地表现为美好生活为全体人民共享，共同富裕。"社会主义最大的优越性就是共同富裕。"②以私有制为基础的资本主义现代化模式的生产关系，有着泾渭分明的层次区分，人们在生产中的地位、相互关系、分配方式等，充斥着不平等，并且这种不平等随着资本主义现代化的发展逐渐扩大。社会主义现代化模式中的生产关系则与其有着本质区别。马克思指出："目前'资本和地产的自然规律的自发作用'只有经过新条件的漫长发展过程才能被'自由的联合的劳动的社会经济规律的自发作用'所代替。"③当下社会主义现代化模式中的生产关系正是对这一替代过程的探索与实践。以公有制为基础的生产关系摒弃了私有制的弊端，尽管"早产"的社会主义现代化的生产关系仍然存在着部分私有制的弊端，但随着社会主义现代化进程的推进，生产关系逐渐走向平等，全面脱贫的成功、小康社会的全面建成、共同富裕的发展目标等，都是社会主义现代化模式优越性的有力证明。

最后是对经济制度的建设。以公有制和按劳分配为主体的基本经济制度是社会主义现代化模式的基本坚持，同时中国改革开放后又创造性地提出了社会主义市场经济制度。关于社会主义市场经济的特殊性，江泽民有过详细地论述：

---

① 邓小平．邓小平文选（第3卷）[M]．北京：人民出版社，1993：225．

② 同上：364．

③ 马克思，恩格斯．马克思恩格斯选集（第3卷）[M]．北京：人民出版社，2012：144．

“我们要搞的市场经济是社会主义市场经济,社会主义这几个字不能去掉。为什么呢?因为我们是社会主义国家,政治上坚持四项基本原则,坚持共产党的领导,绝不能搞多党制;坚持实行人民代表大会制度,绝不能把西方议会民主搬到我们这里来。经济上坚持公有制为主体的多种形式的所有制结构,绝不能搞私有化;坚持按劳分配为主体的多种分配形式,通过一部分人先富起来,最终达到共同富裕。这是我们的基本制度和基本政策。我们要搞的市场经济是同我们的社会主义制度紧密联系并结合在一起的,因而具有自身的本质特征,所以我们把它叫做社会主义市场经济。”①社会主义市场经济制度极大地激发了经济活力,尤其是随着我们对社会主义现代化建设实践认识的深入,市场与政府的关系被重新定义,市场对经济发展的积极作用得到了充分发挥,政府则在市场难以触及、力量薄弱的地方发挥重要作用,对市场经济的缺陷进行弥补、矫正。这种优势是资本主义现代化模式中完全以资本为主导的经济制度难以企及的。中国自确立了社会主义市场经济制度的短短几十年间,经济迅速发展,超越了世界上绝大多数的资本主义国家,2010 年中国超越日本,成为世界第二大经济体,随着经济的不断发展,逐步缩小了与美国的差距。与中国经济的迅速发展相反,资本主义国家的经济逐渐陷入停滞,乃至衰退。在亚洲,日本经济已经经历了近 30 年的停滞,经济增长缓慢,甚至负增长。在发达资本主义国家集中的欧洲,2022 年,欧盟 27 国的经济总量与中国相较约占 91.7%。中国经济的高速发展为世界所惊叹,中国的社会主义市场经济制度也成为资本主义国家研究的重要对象。中国经济快速发展的实践,证明了社会主义现代化模式的经济优越性。

(二)社会主义现代化模式的非经济优越性

社会主义现代化模式除了经济优越性之外,在政治制度、思想文化和整体性方面也表现出了诸多优势。这些优势是建立在社会主义现代化模式不断自我调节、完善、更新的基础之上的。

政治制度方面的优越性,主要表现为三点:一是党的领导。邓小平指出:“我们既不能照搬西方资本主义国家的做法,也不能照搬其他社会主义国家的做法,

① 江泽民.江泽民论有中国特色社会主义(专题摘编)[M].北京:中央文献出版社,2002:68.

更不能丢掉我们制度的优越性，比如共产党的领导就是我们的优越性。”①正是在共产党的领导下，社会主义现代化才能在资本主义现代化占据世界现代化发展主导地位的情况下稳步前进。二是更高层次的平等、公平、民主和自由。相对于资本主义现代化将民主和自由进行种种曲解和限定，以繁杂的实现形式来掩盖其被资本操纵的本质，社会主义现代化则为实现真正的平等、公平、民主和自由而不断努力。随着社会主义现代化建设的逐步推进，在社会主义现代化模式覆盖范围内，更大程度上保障了人民群众的人格平等、机会平等和权利平等；在人民群众参与社会主义现代化建设的过程中，通过法律法规的制定、道德水平的提高等，保障了人民群众在社会生活中的机会公平、过程公平和结果分配公平；保障人民当家作主，是社会主义现代化的基本坚持；民主集中制既保障了人民群众民主权利的实现，又以集中的方式保证了民主的有效、快捷性。邓小平指出：“民主集中制也是我们的优越性。”②三是维护和促进了民族团结和国家统一，为社会主义现代化建设提供了政治保障。与资本主义现代化建设中层出不穷的民族问题不同，社会主义现代化模式的政治制度能够极大程度上消解民族冲突、促进民族团结。中国是多民族国家，社会主义现代化建设过程中各民族共同发展始终是社会发展的主流。资本主义现代化模式则不同，无论是传统的资本主义现代化强国，还是新兴资本主义现代化国家，其民族冲突乃至国家分裂始终无法消除。如英国的北爱尔兰地区一直在谋求自治，俄罗斯的车臣地区谋求独立，转变为资本主义现代化模式的南斯拉夫最终分裂，等等。这些例证表明了社会主义现代化模式对民族团结和国家统一的重要作用，政治制度建设在这方面起到了重要的保障作用。

思想文化方面的优越性主要表现为三点：一是思想文化水平的提高对社会主义现代化建设有着重要的促进作用。邓小平强调：“不加强精神文明的建设，物质文明的建设也要受破坏、走弯路。”③更高水平的思想文化建设有助于人们清楚、正确地认识社会主义现代化，能够使人们更好地进行社会主义现代化建设。

---

① 邓小平．邓小平文选(第3卷)[M]．北京：人民出版社，1993：256.
② 同上：257.
③ 同上：144.

同时，能够更好地抵御资本主义的侵蚀。二是思想文化建设对社会主义共同理想的培育。邓小平指出："过去我们党无论怎样弱小，无论遇到什么困难，一直有强大的战斗力。因为我们有马克思主义和共产主义的信念。有了共同的理想，也就有了铁的纪律。无论过去、现在和将来，这都是我们的真正优势。"①共同理想是社会主义现代化模式优越性的重要内容，无论是政治制度的优越性还是经济制度的优越性，都离不开共同理想的支持。三是马克思主义指导思想自身的先进性和优越性。马克思主义并不是已经完成了的思想体系，与实践相结合不断创新发展是其重要特点。马克思主义对人类社会发展的深刻认识和对人类社会未来发展的目标指引是其先进性的重要表现。正是在马克思主义的指导下，社会主义现代化才能取得丰硕的成果。"一定要让我们的人民，包括我们的孩子们知道，我们是坚持社会主义和共产主义的，我们采取的各方面的政策，都是为了发展社会主义，为了将来实现共产主义。"②坚持马克思主义指导，在社会主义现代化建设中巩固其指导地位，塑造共同的理想信念，是社会主义现代化模式优越性的根本立足点。

社会主义现代化模式的整体性优势表现得最为明显，也正是这种优势使社会主义现代化取得了资本主义现代化无法达到的诸多成就。这种优势表现在两个方面：一是集中力量办大事，"社会主义同资本主义比较，它的优越性就在于能做到全国一盘棋，集中力量，保证重点"③。这一优势随着社会主义现代化建设的逐步推进，在同资本主义现代化对比之后表现得更加突出。在建设成就上，中国的高速铁路网已经四通八达，更是成为世界上的一张名片，而作为资本主义现代化建设标杆的美国，至今仍未建成一条高速铁路线；2018 年建成通车的港珠澳大桥获取了多项世界之最荣誉，最长、最重、最大、最精心、最精细、最精准等，世界前四的大桥中国就占据了三个，分别是港珠澳大桥、宁波杭州湾大桥、胶州湾大桥，这种多个庞大工程的持续投入在资本主义现代化建设中是不可想象的，社会主义现代化建设则创造了一个又一个奇迹。不仅如此，集中力量办大事还体现

① 邓小平．邓小平文选（第 3 卷）[M]．北京：人民出版社，1993：144．
② 同上：112．
③ 同上：16．

在救灾和灾后重建方面。1998 年抗洪救灾、2008 年汶川大地震和 2010 年玉树大地震的救灾和灾后重建等，在救灾过程中国家在短时间内集结、动员了数以十万计的解放军、武警官兵、医疗人员和志愿者，调集了大量的先进装备和救灾物资，全国各地更是体现了一方有难八方支援的精神，在救灾和灾后重建工作中提供了重要帮助。这充分表明了社会主义现代化建设中集中力量办大事的优势。二是以人为本，依靠人民群众，发挥人民群众的力量推动社会主义现代化发展。人民是国家的主人，社会主义现代化的发展目标是消灭剥削，消除两极分化，最终的受益者是广大人民群众。社会主义现代化发展进程中逐渐提高的福利政策是明显例证。资本主义现代化发展中的有条件的、盲目的高福利政策，在对福利政策的受众群体作出种种限定之后，制定较高的福利但却难以完全落实，如澳大利亚的免费医疗制度，病人需要等待数月乃至数年时间才能得到治疗。同时，这种不考虑国家实际状况，盲目制定的高福利政策往往成为国家财政的重要负担，希腊就是一个典型。社会主义现代化发展进程中，根据国家的实际发展状况，福利政策逐步调整，在国家财政许可范围内惠及全体人民。在教育方面，中国已经全面实施了九年义务教育，部分地区实施了十二年义务教育；在医疗方面，城市居民和职工有社保和医保，广大农村地区也普及了农村医疗保险，很大程度上解决了人们看病难、看不起病的问题；在养老保险方面，在原有的养老保险制度上增加了个人缴纳方式，同时针对农村的特殊情况制定了农村养老保险制度，对 60 岁以上的农村老人免费发放养老金。随着社会主义现代化的发展，人民群众将会享有更多的权益，全体人民也将更加积极踊跃地参加社会主义现代化建设。

第八章

农村土地集体所有制在社会主义优越性和中国特色上的基础地位和发展前景

社会主义与资本主义的争论由来已久，社会主义出现伊始，跨越式发展的社会主义与资本主义相比，除却制度优势外，并不具有明显的优越性。随着社会主义国家的实践发展，即使在相较于资本主义远远落后的情况下，社会主义国家依靠其制度优势，在实际建设中展现出了超乎寻常的发展速度，短时间内迅速缩小了与资本主义国家的差距。同时，在社会生活的诸多方面表现出了社会主义的优越性。社会主义优越性的诸多外在表现都与人民生活息息相关，农村土地集体所有制则是这些优越性表现的基础，或者说农村土地集体所有制为社会主义优越性提供了必要条件。不仅如此，农村土地集体所有制也是社会主义现代化模式中国特色的基础。中国在对社会主义现代化模式的探索中已经逐步形成了中国模式。中国模式既有社会主义现代化模式的共性，又有中国特色，中国特色表现在中国社会主义现代化建设的方方面面。无论是对诸多中国特色的横向对比，还是纵向追溯来看，都与农村土地集体所有制有着密切的关系。可以说，农村土地集体所有制是社会主义现代化模式中国特色中的特色、基础中的基础。但是，农村土地集体所有制并不是一成不变的，农村土地集体所有制在中国社会主义现代化变革的每一个关键时期都作出了相应的改革，以适应中国社会主义现代化发展的要求。随着中国社会主义现代化建设进入新时代，农村十地集体所有制所面临的现实境遇有了新变化，这既是挑战又是机遇。如何在新时代使农村土地集体所有制焕发出新的生机与活力，成为我国社会主义现代化建设亟须解决的重要问题。从以农村土地集体所有制为基础的社会主义现代化模式所取得的发展成就来看，农村土地集体所有制在其中发挥了重要的基础作用，超越了土地的界限，为整体社会主义现代化的发展作出了重要贡献，为世界各国解决土地问题和现代化发展提供了经验借鉴。

一、农村土地集体所有制在社会主义优越性上的基础地位表现

社会主义的优越性表现在社会生活的诸多方面，种种优越性的外在表现并不是孤立的，而是相互联系的。这些优越性也不是凭空产生的，而是在社会主义建设过程中逐步显现的。农村土地集体所有制则在社会主义诸多优越性建设产生的过程中起到了重要的基础作用。这种基础作用并不单一表现在与土地相关

的农业、农村、农民的发展上，而是表现在诸如政治、经济、人民生活等方面的发展上，这也是其基础地位所在。

（一）农村土地集体所有制对人民生活的基本保障作用

农村土地集体所有制对人民生活的基本保障作用可以从两个角度来看。纵向上，大致可以分为三个阶段。第一阶段是农村土地集体所有制的初步确立时期，即合作社时期。在生产力水平普遍较低、农业人口占比较大的情况下，以农村土地集体所有制为基础的农业合作化生产制度满足了人民基本生存的需要。随着社会主义实践的发展，僵化的计划经济体制和人民公社制度与社会主义发展要求逐渐背离，农村土地集体所有制对人民生活的基本保障进入第二阶段，即以农户为单位的家庭承包责任制时期。在生产力水平仍然不高、人口持续增长的情况下，家庭承包责任制极大地调动了农民的生产积极性，农业生产迅速摆脱衰退困境。随着生产力水平不断提高、生物科技迅速发展、农作物单位产量极大提升、城市化进程加快，使得农村耕地不断减少，农民劳动效率提高，土地对农民的束缚减弱，大量农村人口转移进入城市。伴随着这一过程的是，农民在满足基本的生存需要之后，进一步提升了对生活质量的要求，如对农作物的营养含量、种类和肉类品种要求的增加。由此，农村土地集体所有制对人民生活的基本保障进入了第三阶段，即家庭承包责任制的逐步解体时期。农民在粮食需求得到基本保障后，开始针对土地进行多元化经营，探索经济作物的种植，如水果、蔬菜、药材、花卉、苗木等。生产力的提升解放了大量农村劳动力，中国社会主义现代化的快速发展吸纳了大量农村剩余劳动力。这为农民的增收提供了机会。随着现代化的发展，城市居民的收入水平迅速提高，农民则向土地之外寻求增加收入的机会，以满足不断提高的生活水平的需要。现代化的发展使人民对生活的要求不再局限于温饱，一定水平的医疗卫生、文化教育、精神生活成为这一时期人民对生活的基本要求。在城市无法完全吸纳农村人口，或者说不能以城市化消灭农村的情况下，在农村土地集体所有制的框架内，农村实现了基本的医疗体系、教育体系全覆盖，以及一定水平的精神文化活动。医疗卫生方面，农村实现了以建制村（行政村，即原生产大队）为基点的医疗网络全覆盖。教育方面，农村土地集体所有制为农村的教育发展作出了重要贡献，在教育资源不足、交通不便、经费不足、居民相对分散的情况下，以生产大队为单位纷纷开办了队办小学乃至队办中学，以满足农村的教育需求。随着人口的集中、新生人口的减少、交通的便利、教育资源的增加，原有队办中学大多被取消、合并，队办小学则根据实际情况灵活调整，如适龄儿童相对较多的地区，队办小学保留 1～5 年级，6 年级转到乡镇中学，适龄儿童较少的地区，只保留 1～3 年级，4 年级以上转到乡镇小学。同时，国家大力推行的特岗教师计划，也为农村教育的发展提供了丰富的优质教育资源。精神文化生活方面，国家在整体上奠定了一定的物质基础之后，以村集体为单位，利用集体资源壮大集体经济，进而以多种形式反馈集体成员。如村集体以家庭承包责任制保留的集体用地进行多元开发，从简单的二次转租到自主开发、与企业共同开发，获得了数额不等的收益，这些收益更多地被用到集体成员精神文化生活水平的提升上。如开办公共的室内外活动场所、微型图书馆、网上文化教育、举办各种文化活动等。

横向上，可以简单分为两个部分，一部分的主体是农村居民，另一部分的主体是城市居民。农村土地集体所有制的最直接受益者，或者说最先保障的是农村居民，这种基础保障作用在纵向论述中有过详细表述。笔者在此直接对城市居民生活的基础保障进行论述。首先，在农村土地集体所有制确立初期，我国城市数量较少，城市规模较小，人口数量较少、密度较低，城市周边保留了大量耕地，这部分耕地分配给城市居民耕种，满足了城市居民的部分需求。在计划经济体制下，全国的物资统一调配，农业产出按照计划按比例分配给了城市居民。在以满足基本生存需要的情况下，农村土地集体所有制下的集体生产与计划经济体制相结合，保障了城市居民的基本生活需要。其次，家庭联产承包制与市场经济基本上是同步实施的，农业产量的增加保证了城市供给，农产品的丰富与市场的开放满足了城市居民多元化的需求。随着城市数量的增多、规模的扩大、人口的增加，对农副产品的需求迅速增长，以分散经营为主的农村土地集体所有制为满足城市需求，在市场的主导下开始了多元化生产。最后，农村土地集体所有制下分散经营与城市居民基本生活供给在政府调控下逐渐趋向平衡。纯粹的市场经济有其弊端，社会主义现代化发展进程中，国家更多的是对整体经济和主要产业进行调控，区域农业生产与城市供给之间大多依靠市场的自我调节，这种调节受诸多因素影响，暴露出了种种问题。如受市场和农业生产的不稳定性影响，以年或季度为单位周期性地出现菜贱伤农现象；依靠城市周边农民自发供应城市需求，经常出现小范围内供应不足或超量供应现象，城市居民的基本生活供给得不到长期稳定的保障；随着城市居民需求的迅速增长，农副产品受保质期、运输条件等限制，其供应周期逐渐缩短，分散、自由、无序供给情况下，受极端天气影响，供给极其容易中断。由此，各地以政府为主导，纷纷开展了涵盖大多数农副产品的“菜篮子”工程，与周边地区以集体为单位进行长期合作，不仅保证了城市供应的长期稳定性，而且在有计划的集体调配中保证了城市供应的合理可持续性。不仅如此，市场供求双方在一定程度上达到平衡之后，提升质量成为新的要求，而且多余的土地得到解放，各地依托其区位地理条件，引进外来品种，丰富产品种类，进一步增加了产品供应种类。农村剩余劳动力也进入城市，从事报酬相对较低、劳动强度较大的工作，如市容卫生、建筑、快递、服务等，为城市居民生活水平的提高提供了保障。

总的看来，农村土地集体所有制改革进程与人民生活水平的提高速度同步进行，在社会主义生产力水平较低的时期，农村土地集体所有制为人民的基本生存起到了基础保障作用；在社会主义生产力水平有了较大提升之后，农村土地集体所有制为人民逐渐丰富的社会生活奠定了基础。正是在农村土地集体所有制的基础上，社会主义优越性通过人民高水平的社会生活表现出来。

（二）农村土地集体所有制对社会主义经济腾飞的基础作用

中国土地制度变革是中国现代化建设的重要基础，技术进步、生产力发展，使得世界各国由传统农业社会纷纷向工业社会转变。“在现代生产力的推动下，世界各地区各民族都以不同的速度和不同的方式突破原来的农业社会形态，向某种形式的工业社会形态转变，或发生某种适应性的变化。这是人类自农业革命以来发生的又一次全球性大变迁，就其广度、深度与变革的速度而言，是人类历史上从来没有过的。”①工业社会的积累与发展最直观地以经济形式表现出来，社会主义经济从起步到腾飞，展现了社会主义在工业社会形态的发展成就，农村

① 罗荣渠.现代化新论——中国的现代化之路[M].上海：华东师范大学出版社，2013：324-325.

土地集体所有制的基础作用贯穿于社会主义经济发展的始终。

第一,农村土地集体所有制为社会主义工业的起步作出了重要贡献。工业化是社会主义现代化初期发展的核心之一,面对资本主义国家的封锁,中国的社会主义工业化在缺乏技术、原材料、资金等情况下艰难起步。农村土地集体所有制在其中主要发挥了三个方面的作用。一是为工业化提供了大量的原材料。在工业原料不足、国家缺乏足够的外汇用于购买工业原材料的情况下,农村集体化生产在保证农业生产的前提下,部分劳动力以人工的方式对生产资料进行加工,以满足工业生产对原材料的需求。二是为工业化提供了大量的外汇资金。由于意识形态的对立,中国综合国力不强,人民币无法在国际上流通,工业发展所需要的技术和设备只能通过外汇购买,外汇储备的不足严重影响了工业的发展速度。农村以集体为单位,生产了大量的农副产品,同时集体在保留基本生存需要的粮食后,与农副产品一同出口换取外汇,直接支援了工业建设。三是为工业发展提供了大量拥有一定技术水平的工人。集体生产模式下,为满足集体成员日常生活、基本农业生产和工业原材料初加工的需求,各地纷纷开办小型集体企业,企业生产不仅提供了人民需要的基本产品,而且培养了大批的初级工人。在工业化进程不断扩大的过程中,农村集体企业培养的工人与国家工业发展形成了小型的工人培养体系,即国家工业发展需要大量高端技术工种,在对原有工人进行培训之后逐步满足这一需求,低端工种缺口更为庞大,农村集体企业的工人适时地弥补了这一缺口,为工业发展进程中基础工人的需求提供了保障。

第二,农村土地集体所有制对社会主义经济的快速发展发挥了基础作用。改革开放后,社会主义经济的快速发展表现在各个方面,以三大产业为对象,农村土地集体所有制为其产业规模的快速扩大、产值的迅速增长起到了重要作用。第一产业与农村土地集体所有制有着直接联系,家庭承包责任制提升了农民生产积极性,农业产量迅速增加,市场经济的实行繁荣了农村市场,尤其是沿海经济发展较快的地区。"在东南沿海及东部地区,改革开放后中国农村传统市场向现代市场的转型发展速度较快,特别是江苏、浙江、广东和福建省等沿海地区,在乡村工业化的推动下,农村现代化市场迅速发展起来。"①第一产业的繁荣带动了

① 陆益龙.制度、市场与中国农村发展[M].北京:中国人民大学出版社,2013:10.

农村经济的发展，在与城市经济联动后产生了巨大的推动作用。第二产业以工业为核心，城市化进程的加快一定程度上消灭了部分农村，尤其是东部和东南沿海地区。工业发展和城市扩展需要大量劳动力，农村从土地中解放或半解放的农民满足了这一需求，甚至因其廉价，吸引了大批外资在国内建厂，促进了国内经济发展。第三产业以金融业、服务业等非物质生产部门为主，除了金融业等对从业人员的学历、专业、知识水平要求较高外，以服务业为代表的行业容纳了大量农村劳动力。随着义务教育的落实和人们教育意识的增强，农村劳动力的平均受教育程度也在逐步上升。农村耕地的减少和生产力水平的提高解放了更多的农村劳动力，尤其是改革开放后的第二代农民和第三代农民，随着受教育程度的增加和外出务工机会的增多，农业生产大多由第一代农民负责，第二代和第三代农民更多意义上成为“农村市民”。这部分劳动力进入城市，更多地从事劳动强度较低、收入较高的服务业。这促进了服务业整体水平的提升，从侧面加快了服务业的发展速度，提升了服务业的服务质量，为服务业等产业的发展奠定了良好基础。

第三，农村土地集体所有制对社会主义经济的稳定发展起到了基础保障作用。有学者对 21 世纪初中国农村劳动力的相关研究表明，户籍制度并未阻碍农村劳动力向城市转移，但工业化需求人口与年度实际转移的工业化人口数量有很大差距，大量农村劳动力进入城市，但并未转化为城市人口，这与不稳定的就业形势有关。① 这种不稳定则源于城乡户籍的差异，不同户籍之间在工资、保险、工种、工作机会等方面存在较大差别，其中户口的影响因素占据 30%左右。② 这就形成了中国独有的农村务工人员现象，“农村劳动力已经在城市实现非农就业了，但城市就业体制不予认可，仍将这些人认同为农民”③。正是这种特殊现象为社会主义经济的平稳发展起到了基础保障作用。这种现象的形成源于农村劳动力身份性质的非彻底转变，农村劳动力实际上是农村土地集体所有制的受益对象，在与土地没有完成切割前，其农村户籍仍然存在，这使得农民在生存上有着

① 肖文韬. 户籍制度保护了二元劳动力市场吗？[J]. 中国农村经济，2004，(3).

② 姚先国，赖普清. 中国劳资关系的城乡户籍差异[J]. 经济研究，2004，(7).

③ 陆益龙. 制度、市场与中国农村发展[M]. 北京：中国人民大学出版社，2013：77.

基本保障，不同户籍间的差异性对待自然产生，其中农村劳动力出卖价格的初始低廉和制度的不完善也非常突出。城市工作的不稳定性和从农村汹涌而来的大量农民冲击着劳动力市场。农村劳动力在这种冲击中，与最初的“半工半耕”状态相结合，自然形成了失业返乡的习惯。大量劳动力的失业并未给政府造成财政负担，城市失业人口大多习惯性返乡，返乡人口在城市工作期间的收益大多被带回农村消费，尤其是第二代、第三代农村劳动力更多地受城市消费习惯的影响，反而变相刺激了农村经济的短暂发展。

（三）农村土地集体所有制对社会主义的政治稳定作用

农村土地集体所有制在社会主义的不同发展阶段，对社会主义的政治稳定有着不同表现。

首先，农村土地集体所有制确立初期，对组织较为松散的农民起到了稳定作用。在解放战争中，中国共产党的控制区域随着国民党的迅速溃败而急速增加，伴随的是政工干部的极度缺乏，中国共产党的政策并不能及时有效地推行下去，基层组织建设也严重缺乏。通过农业生产合作社过渡而来的农村土地集体所有制，在干部严重短缺之际，以土地集体生产的方式使农民自发地选举出基层干部。在合作社进程中，最初只是作为农业生产带头人的队长成了农村基层组织的负责人，农村土地集体所有制的三级所有，实际上成为农村基层的三级管理组织。这一组织形式与土地紧密结合，具有双重性质。这一组织形式在形成过程中，充分发挥了民主，各生产队的负责人由村民直接选举产生。随着制度的完善，部分生产大队的负责人也实现了直接选举。村民的农业生产与政治管理相结合，迅速稳定了原先较为混乱的局面，为农村的政治稳定发挥了重要作用。与此同时，农村的稳定也影响了城市。这一时期，城市人口较少、规模较小，占少数的城市人口处于农村的包围之中，农村的政治稳定意味着全国绝大多数地区的稳定，城市居民大多与农村居民有着密切联系，农村的平稳发展保证了城市需求，在多重因素影响下，为城市的政治稳定奠定了基础。

其次，农村土地集体所有制对改革开放初期的政治稳定发挥了重要作用。家庭承包责任制的实施使农村更稳定，农民基本生存的需要迫使生产形式进行变革。农业生产的增收和分配方式的改变，满足了农民基本生存的需要，在一定程度上增加了农民的收入，保证了经济因素对政治稳定的正向作用。

最后，农村土地集体所有制对快速推进的社会主义现代化起到了政治稳定作用。政治不稳定有两个重要影响因素：一是经济因素。财富分配不均的经济不平等导致政治不稳定。中国在现代化进程中也出现了经济不平等，且贫富差距逐年增加。但是，中国并没有因贫富悬殊的两极分化造成严重的群体对立，在超高的基尼系数下，中国的政治稳定程度成为西方人眼中的奇迹。这种奇迹的基础则是农村土地集体所有制。随着中国现代化进程的推进，城乡差距、贫富差距、阶层分化等逐渐显现，社会的这些分化现象的共性是经济差异。在这一前提下，中国存在着若干个既相互联系又相对独立的社会群体，其存在基础则是城乡的相对独立。以土地集体所有制为基础的农村，形成了相对封闭的社会生活环境，农村的传统文化、生活习惯、宗族观念等，共同构成了其特殊的封闭性。城乡差距的扩大并未造成西方人想象中的恶劣影响，以土地集体所有制为基础的农村与城市是两个相对独立的群体，价值观的不同将这种经济收入差异的影响降到了最低。以此为基础，不同的群体之间也形成了具有各自特点的价值观，如城市中的高收入群体和低收入群体，尽管处于同一个城市，两个群体在日常社会生活中几乎没有任何交集，各自有着相对独立的社会生活范围，并且低收入群体与农村有着相对密切的联系，文化观念、思维方式等有着趋同性，这使得经济差距对政治稳定造成的影响降到了最低。二是制度因素。以农村土地集体所有制凝聚而成的集体意识是农民集体精神、思想的表现，对权力腐败有着一定程度的削弱，自发地维持了农村的政治稳定。除此之外，还有一个重要的影响因素，即巨量的流动人口。长期流动人口中的大多数为农村人口，在短期内无法实现就业的情况下，这部分人群的去向基本是返回农村等待就业机会，而不是滞留城市，成为不稳定因素。正是农村土地集体所有制使城市流动人口大多选择返家待业。客观上对城市的政治稳定起到了重要作用。

（四）社会主义优越性中农村土地集体所有制的基础地位

在世界交流愈发密切、不同社会形态之间的竞争愈发激烈时，社会主义优越性不是自说自话的空洞理论，而是通过不同社会形态、社会发展阶段的对比形成的共识。

农村土地集体所有制保障了人民基本生活，并且对日益增加的生活需要提供了基本保障。正是人民群众基本生活需要的满足和日益提高的生活水平展现了社会主义的优越性。中国在短短几十年的社会主义建设中，使占据全世界一半的贫困人口完成了脱贫，这种发展速度是其他社会制度无法达到的，尤其在高速发展中惠及底层人民的社会制度，更是其他社会制度难以企及的。中国日益提高的生活水平在某些方面已经追平乃至超出了发达资本主义国家，中国日益提高的生活水平逐渐成为外国人艳羡的对象。这一优越性的基础则是农村土地集体所有制，无论是人民基本生活的需要，还是对各方面的生活质量有一定要求的需要，农村土地集体所有制都为其需要的实现奠定了基础。由此，社会主义人民生活的优越性得到展现。

农村土地集体所有制为经济的快速发展奠定了基础，在经济发展波动时期起到了基本保障作用。自改革开放以来，社会主义经济连续高速增长创造了奇迹，在高速增长结束后，继续保持中低水平的增长。在全球化进程中，即使受到资本主义经济危机的影响，中国的经济仍保持良好的增长态势，社会主义的经济优越性由此显现。不仅如此，在中国经济发展几个重要时期的变化也展现了社会主义优越性。资本主义工业化进程中，为了满足工业发展对劳动力的需求，大批农民被强制破产，国家之间的战争、殖民、掠夺，为工业发展提供了劳动力、原材料、市场等。中国的工业化并没有采用以上方式，而是以和平为基础发展而来的。改革开放后，农村土地集体所有制为粗放型经济增长方式保证了廉价劳动力供给，在经济发展方式向集约型转向的过程中，农村土地集体所有制又容纳了多余的劳动力。同时，以农村土地集体所有制为基础，农村土地的再次开发成为中国经济新的增长点。社会主义经济优越性的种种表现都与农村土地集体所有制有着密切联系。

农村土地集体所有制对中国社会主义发展进程中的社会安定、政治稳定起到了重要作用。中国有 14 亿多人口，社会安定和政治稳定问题成为治理难题。即使在人口相对较少的发达资本主义国家，这一问题仍未得到完善的解决。在中国社会主义快速发展进程中，尽管滋生了诸多问题，但中国的社会安定状况和政治稳定程度，在世界诸多国家中名列前茅。社会主义优越性由此得到显现。

以土地集体所有制为基础的农村社会吸纳了大量城市中的不稳定因素，并使其稳定下来，保障了城市的社会稳定，进而保障其政治稳定。同时，以农村土地集体所有制为基础的基层治理体系，保障了农村的政治稳定，影响着城市中数以亿计的流动人口，与日益完善的国家治理体系和适应性政策相结合，共同缔造了社会主义稳定、繁荣的局面。

社会主义诸多优越性表现并不是一次性的，而是随着社会主义的发展进程不断显现的，农村土地集体所有制为社会主义诸多优越性的发展奠定了基础，并且在其发展进程中发挥了重要的辅助作用。农村土地集体所有制在社会主义优越性中的基础地位由此而来，随着农村土地集体所有制对社会主义发展进程影响的加深，其基础性地位也愈发巩固。

二、农村土地集体所有制是社会主义现代化模式中国特色的基础

近代以来，中国人民就开始了对中国现代化模式的探索，经过近百年的艰辛探索，中国共产党带领中国人民走上了社会主义道路，由此开始了对中国社会主义现代化模式的探索。中华人民共和国成立初期，社会主义改造使中国完成了由新民主主义向社会主义的过渡，在此基础上，中国人民开始了对社会主义现代化的实践探索。在探索过程中，中国逐步形成了特定的行为方式，即中国模式。习近平指出："我们始终认为，各国的发展道路应由各国人民选择。所谓的'中国模式'是中国人民在自己的奋斗实践中创造的中国特色社会主义道路。"①关于中国模式的内涵与特点，学界也进行了诸多研究。有学者认为中国模式有三个特点："一是我国社会公平的政策方针始终以高质量发展为基础，并随着经济发展水平提高，促进社会公平和共同富裕的系列配套政策也随之跟进；二是通过政策手段促进居民收入结构从金字塔型向橄榄型积极转变，形成 4 亿中等收入群体，平抑贫富差别、促进社会收入更趋合理；三是消除绝对贫困，实现了农村贫困人口全部脱贫，完成了实现共同富裕最核心最关键的问题。"②有学者认为中国模式

① 中共中央文献研究室.十八大以来重要文献选编(上卷)[M].北京：中央文献出版社，2014：111.
② 韩康.共同富裕的中国模式[J].行政管理改革，2022，(4).

包含了中国的经济、政治、社会、文化和外交等方面的发展模式。① 虽然学界诸多研究的出发点和侧重点不同，但中国的社会主义现代化模式的形成是建立在坚持以经济建设为中心，坚持四项基本原则，坚持改革开放基础之上的，其在改革开放的不同阶段所表现出来的特征也不尽相同。农村土地集体所有制在中国模式的不同发展阶段均发挥了重要作用，是社会主义现代化模式中国特色的基础。

第一，改革开放的初始阶段，党的十一届三中全会明确指出，党在新时期的历史任务是把中国建设成为社会主义现代化强国，国家工作重心转移到了经济发展上。中国经济发展在这一阶段的成就被称为"边缘革命"②，这一革命实行的基础和对象正是农村土地集体所有制。中国社会主义现代化实践最先进行的改革就是农村土地集体所有制的确立。1978 年，邓小平在全国科学大会开幕式上的讲话指出："四个现代化，关键是科学技术的现代化。"③这要求全国人民提高生产力水平，改革与生产力发展不相适应的生产关系和上层建筑。这种改革最先在农村、农民、乡镇企业、城市个体户中进行，对外开放则以经济特区为主要实现形式。在以上几个改革主体中，农村、农民、乡镇企业本身与土地集体所有制发生直接关系，深圳经济特区的最初划定范围也大多位于农村。这一阶段改革的核心策略是"增量改革"，尽量在不触及原有体制的前提下对中国的现代化模式进行探索。以土地集体所有制为核心的农村是中国改革开放的基础，农村、农民的稳定是中国稳定的基础，农村土地集体所有制实现形式的改革，满足了农民的改革要求，提高了农业生产效率，稳定了农民，发展了农村经济，为进一步的改革开放奠定了基础。同时，以家庭承包责任制为实现形式的农村土地集体所有制也成为社会主义现代化模式里中国特色的表现形式之一。

第二，在中国模式的初步形成阶段，农村土地集体所有制为国有企业改革、非公有经济发展和市场体系的建设提供了助力。党的十四届三中全会通过了《关于建立社会主义市场经济体制若干问题的决定》，提出了中国改革开放下一阶段的总体规划，主要包括：国有企业改革，建立现代企业制度、调整国有经济结

---

① 胡键. 争论中的中国模式：内涵、特点和意义[J]. 社会科学，2010，(6).

② [美]罗纳德·哈里·科斯，王宁. 变革中国：市场经济的中国之路[M]. 北京：中信出版社，2013：70.

③ 邓小平. 邓小平文选(第 2 卷)[M]. 北京：人民出版社，1993：86.

构，加快非公有经济发展、初步建立宏观管理体制框架、基本确立社会保障制度、加快市场体系建设、行政管理体制改革，等等。[①] 这些改革规划不仅包含社会主义经济，而且涉及政治、社会等方面，初步形成了中国模式的基础框架。而这一阶段改革的基础则是以家庭承包责任制为实现形式的农村土地集体所有制改革的成功。农村土地集体所有制接纳了乡镇企业破产重组后多余的工人，为市场经济发展提供了丰富的土地和劳动力资源，该改革进程中出现的社会震荡起到了调节器、平稳器的作用。在非公有经济发展进程中，从土地中解放出来的劳动力形成了中国社会主义现代化建设中的农民工大军，非公有经济在大量廉价劳动力的帮助下迅速发展，并且这些劳动力自身也孕育产生了大批的农民企业家，丰富了非公有经济发展的形式。在市场体系的建设中，以土地集体所有制为基础的农村，成为整个市场体系建设的基本落脚点。从一般的产品市场体系建设来看，在产品生产领域，原材料的生产与供给、劳动力的供应大多与农村土地集体所有制下的农村发生关系，低端产品的销售同样离不开农村市场。市场经济波动下受影响最大的仍然是农村，在社会主义市场经济体制改革逐步深化的过程中，因制度体制建设不够完善，难免会受到市场经济自身弊端带来的影响，农村因其自身经济发展速度较慢，整体经济发展水平较低，且处于市场体系的下游，受市场经济弊端的影响也最深。但农村土地集体所有制基础上的农村和农民并未因此而阻碍改革发展的进程。相反，这些弊端的展现为社会主义市场经济体制改革的进一步深化提供了经验教训。同时，以农村土地集体所有制为基础形成的农村市场，是社会主义市场经济的重要组成部分，为其平稳发展起到了重要作用。

第三，在中国模式的逐步完善阶段，农村土地集体所有制成为改革的重要组成部分。二元制的社会模式是中国政治模式的基础，分散流动的家庭构成中国社会的基本单元；平等的社区和单位构成中国的社会网络；社会网络和行政网络天然重合，在基层彼此嵌入、相互依存，形成弹性开放的立体网络；家庭伦理观渗透社会组织和行政管理的逻辑，这四个方面共同构成了中国的二元制社会。[②] 农

① 潘维. 中国模式：解读人民共和国的 60 年[M]. 北京：中央编译出版社，2009：130-132.
② 同上：62.

村土地集体所有制则是其基础，无论是最基本的家庭单元，还是家庭伦理观念的形成，与中国的传统文化息息相关，对中国传统文化保存继承最多的则是农村文化。如何在对优秀传统文化继承的基础上，与社会主义现代化发展相适应，形成中国的社会主义文化模式，进而影响中国社会的发展，成为改革面临的重要问题。党的十六届三中全会通过的《关于完善社会主义市场经济体制若干问题的决定》，提出要进行深化行政管理体制改革、完善基本经济制度、农村税费改革、金融与投资体制改革。① 这些改革不仅涉及经济，而且完善了其他方面的现代化发展模式。行政管理体制改革和基本经济制度完善的落脚点都在乡村，只有深入乡村，行政管理体制改革才能达到全面覆盖，才能为中国的社会主义现代化建设发挥全部的推动作用；只有遍及乡村，惠及每一个农村人口，才能在社会主义经济发展进程中影响占据中国大部分人口的农村居民，基本经济制度才能更好地助力中国的社会主义现代化建设朝着共同富裕的目标前行。农村税费改革的主要内容大多是基于农村土地集体所有制进行的，2006 年农业税的取消进一步减轻了农民负担，成为中国社会主义现代化模式中的又一特色。在金融与投资体制改革中，农村市场成为改革的重要内容，在中国经济增速逐渐放缓、城市投资机会减少、投资额逐步增大的情况下，农村市场机会多、起点低、收益大，使其成为新的经济增长点。在坚持农村土地集体所有制的前提下，对土地的多元化开发成为改革的主要方向。

第四，在中国模式的深化阶段，农村土地集体所有制的基础地位愈发明显。党的十八届三中全会通过的《关于全面深化改革若干重大问题的决定》，提出要大力推进国家治理体系与治理能力现代化，指出深化改革的重点是经济体制改革，使市场在资源配置中起决定性作用，更好发挥政府作用，并处理好政府和市场的关系。国家治理体系与治理能力现代化建设的成功与否要经过实践检验，而覆盖人口最多、覆盖地域最广、面临问题最复杂的就是乡村，如何将国家治理体系与治理能力现代化建设与以农村土地集体所有制为基础的乡村相结合，是其建设过程中需要迫切解决的问题，只有将国家治理体系建设深入基层，做到有效全面覆盖，才能切实增强治理能力现代化建设。如何在经济体制改革中保护

---

① 潘维. 中国模式：解读人民共和国的 60 年[M]. 北京：中央编译出版社，2009：132.

好最广大人民群众的利益，使处于贫富差距底层、抗风险能力最弱、市场经济波动影响最大的农民切实受益，是改革需要解决的重要问题。社会主义市场经济体制已经成为中国社会主义现代化模式的重要标志之一，具有浓厚的中国特色，这一特色从形成之初就是以农村土地集体所有制改革下的乡村为基础的。在社会主义市场经济体制改革逐步深化的过程中，乡村重新成为改革的重点。中国模式的发展目标与社会主义的根本目的是一致的，最终都是为了达到共同富裕，而农村土地集体所有制实践于广大的农村地区，覆盖着全国绝大多数的低收入群体，中国模式的深化必然要面对低收入群体的增收问题，这一问题的解决也离不开农村土地集体所有制。无论是已经实行的社会主义新农村建设，还是处于实践探索中的乡村振兴，都是基于农村土地集体所有制进行的。

回顾中国模式的形成过程可以发现，中国模式不仅是一种有效避免、抵御金融危机的经济高速发展的方式，而且是在特定国情背景下中国进行社会主义现代化建设的有效路径。在社会主义市场经济体制建设中，农村土地集体所有制影响下的农村市场和农村人口，在改革初期对这一体制建设发挥了重要作用。中国社会主义现代化的实践发展与社会主义市场经济体制改革是同步进行的，农村人口在这一发展过程中成为“后富”角色。正在进行的社会主义市场经济体制深化改革的目的不仅是推动经济的持续发展，而且是帮助“后富”群体增收，朝着共同富裕的目标前进。中国独特的经济发展模式是由中国独特的政治模式促成的，中国的政治模式就是保证秩序和物质基础的政治安排。① 中国政治模式中的民主化建设，无论是“选举”与“选拔”的结合②，还是民主与集中的统一，都蕴含着丰富的中国元素。基层民主是民主化建设的重要内容，在特定国情影响下，中国的基层政治建设与农村土地集体所有制有着密切关系，基层民主也是如此。中国的社会发展模式与政治模式有着密切联系，中国社会在某种程度上是直接依附政治存在的，从封建时期的皇权与士绅共治，到农村土地集体所有制改革初期人民公社的“政社合一”，中国基层社会的发展与政治建设密不可分。在中国基层社会发展中形成的德治思想也成为中国法治建设中需要面对的重要问题。

① 郑永年. 国际发展格局中的中国模式[J]. 中国社会科学，2009，(5).

② 张维. 影响世界的中国理念[J]. 社会观察，2010，(3).

中国社会模式的变革,包括人民群众思想观念、社会行为习惯的改变等,除了依靠社会主义现代化建设过程中社会生活方式变革造成的自觉影响外,对基层社会的改变更多地依赖于农村土地集体所有制变革对农村社会造成的影响。以上模式的形成与改革,根源于中国独特的传统文化,中国在社会主义现代化建设中要结合优秀传统文化形成与中国现代化发展相适应的社会主义文化模式。在受西方诸多文化影响、优秀传统文化有所缺失的城市中,社会主义文化尽管具有多样性与包容性的特点①,其模式建设仍然面临重重困难。以农村土地集体所有制为基础的农村,更多地保留了中国的传统文化,尽管精华和糟粕混杂在一起,但在其遭受西方文化影响较小的情况下,更加适合社会主义文化模式的探索与建设。中国社会主义现代化诸多方面模式的形成与农村土地集体所有制息息相关,无论是在其初步形成阶段,还是在其深化改革时期,农村土地集体所有制都发挥着重要作用,社会主义现代化模式中国特色的基础就是农村土地集体所有制。

三、全面现代化进程中农村土地集体所有制原有实现方式的逐步解体

随着改革开放的不断深入,“中国特色社会主义进入新时代,我国社会主要矛盾已经转化为人民日益增长的美好生活需要和不平衡不充分的发展之间的矛盾”②。新时代,我国已经稳定解决了人民群众基本的温饱问题,全面建成了小康社会,社会生产力水平有了明显提高,社会基本矛盾发生了转变。由此,农村土地集体所有制面临的社会环境也有了巨大改变,这种改变比以往生产力发展所带来的改变更加深刻。这种改变最直观地表现为农村土地集体所有制存在基础的某些方面出现衰颓,给农村土地集体所有制带来了新的挑战。

1978 年,党的十一届三中全会深入讨论了农村问题,由此在全国范围内拉开了农业生产责任制的实践探索。1983 年,家庭联产承包责任制在全国大部分农

---

① 胡键.争论中的中国模式:内涵、特点和意义[J].社会科学,2010,(6).

② 习近平.决胜全面建成小康社会　夺取新时代中国特色社会主义伟大胜利——在中国共产党第十九次全国代表大会上的报告[N].人民日报,2017-10-28.

村地区开始实行。1998年,党的十五届三中全会正式将家庭联产承包责任制修改为家庭承包责任制。自此,家庭承包责任制作为农村土地集体所有制实现方式、作为一项基本制度被确立并实行至今。家庭承包责任制在中国现代化进程中发挥了重要作用,然而,随着中国全面现代化进程的加速,家庭承包责任制发挥的作用逐渐减弱,这种弱化表现在以下几个方面。

（一）家庭承包责任制对农业生产稳定作用的减弱

受生产力水平影响农业生产方式不够先进、受植物基因技术影响单位面积粮食产量较低,以家庭为单位的分散经营方式保证了农业生产的精耕细作,以尽可能地提高耕地利用效率、增加粮食产量。随着生产方式的更新和生物技术的发展,农业生产大部分实现了机械化,粮食单位面积产量也获得了大幅提升,与之前相较,少量耕地的粮食产出足以满足国内的基本粮食需求。尤其是随着植物基因技术的进步,如杂交水稻制种技术、海水稻技术等,极大提升了粮食产量和种植环境要求。农业生产更多地利用先进生产方式,而不是依靠大量劳动力进行人工耕作,以大量劳动力为实现基础的家庭承包责任制随着科学技术的进步,对农业生产的稳定作用越来越小。

（二）家庭承包责任制对农村发展的促进作用越来越小

家庭承包责任制实行初期,受生产力水平限制,农村的主要任务是发展农业生产,农村其他方面的发展大多也是依托农业生产进行的。如在生产力水平较低、农民对生活水平要求不高的情况下,农村市场从最开始一月一次的集会逐步发展为半月一次、一周一次、两天一次,直到现在的以乡镇为单位的没有限制时间。其中蕴含了农村各个方面的发展历程。在开放市场之后,农村集会中的商品大多为农民在农闲时手工制作而来,农村手工业产品成为农村市场发展初期的主要商品。农村市场的进一步发展与社会主义现代化发展基本同步,工业产品打败了手工产品,农村市场随后的发展更多地依靠外力,包括正在逐步进行的村村通、农村路灯亮化工程、农村文化活动工程等。

（三）家庭承包责任制对农民增收的帮助越来越小

家庭承包责任制最初的实行目标是满足农民的基本温饱需求,随着改革开放的不断深入,社会主义现代化大幅推进,人民群众的温饱问题已经得到了稳定解决。部分人群已经在改革开放进程中实现了“先富”，但大部分农民属于“后富”行列，并且单纯地耕作土地无法实现收入快速增长。有的地区受季节气候环境影响甚至出现了负增长。尽管国家取消了农业税，对农业生产进行补贴，但依靠耕作得来的收入依然跟不上社会整体收入增长的速度。

（四）家庭承包责任制对农民的约束效力逐渐减弱甚至消失

生产力水平的提高解放了大批农村劳动力，这些农村劳动力外出务工为现代化发展提供了基本的劳动力保障。这些农村劳动力随着改革开放的推进可以分为第一代、第二代、第三代农民工，家庭承包责任制随着农民工代数的递增，对其约束效力则递减。第一代农民工是从农民直接转变而来的，并未放弃农业生产，以农业生产为主的“半耕半工”是其主要工作方式。他们具有中国传统农民的全部特质，外出务工是以增加家庭收入为目的的，但其仍保留了农民的身份。第二代农民工在父辈影响下仍然从事农业生产，对家庭承包责任制的感情并不如父辈强烈，定期地返乡更多的是因为家庭因素，而不是为了农业生产。在工作和耕种之间，工作成为其主要选择，在耕地收入过低时，以第二代农民工为主导的群体大多选择土地流转或抛荒。其工作方式转变为以外出务工为主的“半耕半工”模式。第三代农民工基本上不从事农业生产，完全以外出务工为主，返乡次数也从第一代农民工的一年三至四次（两到三次的季节性收割、春节）减少为一年一次（春节）。随着文化水平的提高，他们对新事物有着更强的接纳能力，第一代和第二代农民工为其营造了优渥生活条件，基本生活水平大多与城市齐平。在缺少磨炼的情况下，他们丧失了农民传统的坚韧、吃苦耐劳等优秀品格，一些人奉行享乐主义。这从当下中国工种的缺口就可以看出，建筑工人的缺口最大，工资最高，但工作最辛苦，仍然坚守在一线的建筑工人大多是第一代和第二代农民工。家庭承包责任制在这种约束效力递减的情况下，与农民不再发生直接的农业生产关系，传统意义上的农民逐渐消失，更多的是不从事农业生产的农民。

（五）家庭承包责任制受城市化、经济等因素影响，其现实基础被不断削弱

中国在城市化进程中，城市人口迅速增加，其中大多是从农村人口转移而来的，这部分转移人口通过学历教育、自主就业、经商、城市扩张等多种方式完成了身份上的转变，家庭承包责任制的农村人口基数迅速减少。与此同时，城市扩张和工业发展也侵占了大量耕地。值得注意的是，在完成身份转移的过程中，部分原有农村人口承包的土地，在其转移户籍后，受到政策因素的影响，仍保留有土地承包权，但其土地无法由其家庭成员来耕种。因城市扩张和工业发展而被占用了耕地的农民，在获得一次性补偿后，永久地失去了土地承包权，这部分人口则流入城市寻求发展机遇。此外，部分农村人口虽然并未改变户籍，但因家庭成员收入增长、工作变动，举家迁往城市居住，其土地只能转由他人耕种。随着城乡差距的不断扩大，城市中工作机会较多、教育资源相对丰富、经济收入相对较多、医疗条件相对较好、社会保障程度相对较高等，使得农村人口在家庭收入达到一定水平后，大多选择迁入城市生活。家庭承包责任制的现实基础在种种因素的影响下被不断削弱。

（六）农村人口格局变化对家庭承包责任制的影响

为了稳定和完善农村土地承包不变的政策，在第一轮土地承包时间到期之后，自 1997 年开始了第二轮土地承包。第二轮土地承包延续了第一轮土地承包政策。由于第二轮土地承包面临的农村社会情况较为复杂，在实际土地承包过程中，与第一轮土地承包相较，有了些许不同。第二轮土地承包开始后，因农村集体土地面积的减少和农村人口寿命的提高，人均耕地面积逐年缩减，对新增人口不再分配土地。随着新增人口的成家立业，以原有家庭为单位的家庭拓展，即分家，使原有土地承包权的分配成为农村社会发展面临的矛盾之一。在人口大规模流动的情况下，因各种变故，少量农村家庭出现了整体销户的情况，这部分土地承包权的归属成为农村发展需要解决的问题之一。在土地承包权不变情况下，家庭土地承包权的实际分配与继承成为新成立家庭纠纷的一个主题。土地承包权实际分配的较大差异，严重影响了农民的稳定性，削弱了农民对农村的归属感。

（七）农村土地集体所有制在共同富裕和乡村现代化进程中承担的压力

在社会迅速发展的过程中，在“一部分人先富起来”之后，如何完成“先富带动后富”，实现共同富裕，成为社会主义现代化进程需要完成的重要任务。而这一任务完成的关键是实现低收入人群的财富增长。中国在基本实现全面脱贫的情况下，低收入人群中最大的主体仍然是农民，农民整体收入水平的提高，对于实现共同富裕有着重要作用。在社会主义现代化进程中，乡村现代化已经成为中国全面现代化进程中的一个短板，乡村现代化建设的关键是解决好“三农”问题，而“‘三农’问题最重要的是农民问题”①。如何解决农民问题成为乡村现代化建设和实现共同富裕的关键。

农民问题的解决需要直接面对以下问题：第一，如何使农民达到稳定的、一定水平的财富收入；第二，农民精神文化水平的提高问题；第三，农民增收与农业发展之间的关系问题；第四，农村的社会发展问题。此外，从这些问题延伸而来的，还有诸如农村社会的稳定问题、小农经济问题、土地问题、基层政权问题等。作为农村基本经济制度的农村土地集体所有制，是解决农民问题的关键。在坚持农村土地集体所有制的基础上，在农村土地集体所有制对现代化发展有着诸多积极作用的情况下，依托农村土地集体所有制解决农民问题，实现共同富裕和乡村现代化，成为社会主义现代化建设的一个重点。

当下，家庭承包责任制在农民增收、农村发展进程中起到的作用越来越小，进而对农民的稳定作用也越来越低，农村土地集体所有制的实现形式迫切需要改变。在中国经济发展由粗放型向集约型转变的情况下，对劳动力的需求减少，多余劳动力重新流入农村，家庭承包责任制无法满足这部分劳动力经济收入增长的需求。而在城市发展相对稳定的情况下，这部分人群的经济收入增长压力转移到农村，或者说转移到土地上。不仅如此，农民精神文化生活的丰富也是以集体为单位进行的。在财政资金有限的情况下，依托土地集体所有制的农村集体的收入的多少关系到农民精神文化生活是否丰富。从传统思维出发，农民收入的增长必然要脱离土地，分散经营的农业生产无法满足农民收入增长的需要，农业现代化则是以欧美的集体现代农业生产为标杆。中国仍然有数亿农民长期存在，大规模的现代农业生产短时间内难以实现，农民增收仍然要依靠小规模的农业生产。在农村无法提供像城市那样足够多的工作岗位、一定水平的劳动报酬的情况下，从土地中寻求收入增长成为实现共同富裕和乡村现代化建设的必然选择。能否在农村土地集体所有制的改革进程中完成这一任务，关系到乡村现代化建设的成功与否，关系到共同富裕目标能否实现。

---

① 贺雪峰.乡村治理与农业发展[M].武汉：华中科技大学出版社，2017：3.

四、农村土地集体所有制的发展前景

中国社会主义现代化进程中，与农村土地集体所有制相关的种种问题的出现，动摇了农村土地集体所有制存在的基础，但究其深层原因，这些问题并不是农村土地集体所有制带来的，而是各方面发展不平衡造成的，农村土地集体所有制在社会主义现代化中的基础地位并没有改变。我们要在社会主义现代化进入新时代之际，抓住改革契机，解决与之相关的问题，探索出农村土地集体所有制新的发展方式，助力社会主义现代化建设。

（一）农村土地集体所有制基础的动摇不是其制度自身的原因

与农村土地集体所有制相关的诸多问题的出现，不能完全归结于是其制度造成的。这些问题的出现更多的是由于社会各方面发展不平衡造成的。

首先，中华人民共和国成立后，我国的现代化之路就是农业支援工业，农村支援城市。在社会现代化的起步阶段，以农村土地集体所有制为基础的农业和农村所创造的价值更多地用于工业建设和城市发展，农业发展和农村建设并未与社会主义现代化发展同步。工业发展和城市建设取得一定成就后，城乡之间开始出现明显差距，随着改革开放的推进，农村为工业发展和城市建设又提供了大量廉价劳动力，在中国经济转型后，城市基础服务业的支柱仍然是农村进城务工人员。这极大削弱了农村发展动力。这些问题的出现并不能完全归结于农村土地集体所有制，相反，其制度本身对社会主义现代化建设仍然发挥着重要作用，当下仍然维系着农村基本的社会秩序，以家庭承包为基础，保证了基本的农业生产秩序。

其次，改革开放后，随着社会主义现代化进程的推进，有思想、有知识、有技术的农民大多脱离农村进入城市，削弱了农村发展的基础。城乡差距的扩大，无形中减少了农民在农村发展的机遇。而城市在迅速扩张的过程中，对各类人才的需求急剧增长。为了追求更好的生活、工作、教育等环境，有思想、有知识、有技术的农民开始通过考学、务工、经商等方式脱离农村。受传统宗族、亲族思想影响，在城市立足的农民通过不同方式将亲属带入城市，而不是反馈农村。并且，农村家庭举全家之力使某一家庭成员进入城市，实际上是在将家庭资源输送到城市。种种因素影响下，农民在向城市居民转变的过程中，不仅是个人身份的转变，更多的是以个人为核心的整个亲族、宗族从农村的脱离，这也是农村资源向城市再转移的过程。

最后，传统的城市化发展模式必然会造成农村的衰落。城市化进程无形中会压缩农村的发展，无论是城市数量增多还是面积扩大，都会减少农村的发展空间，城市对人口的吸纳则会减少农村的人口数量，城市发展也消耗了大量农村资源，并且区位因素也加剧了农村的衰落。东南沿海地区利用其区位优势率先发展起来。东南沿海地区农民的思想解放程度也比中西部地区的农民更高，更加善于寻求、把握发展机遇，成为率先富裕群体，甚至某些乡村直接转变为城市。沿海部分城市在扩张中也逐渐连为一体，出现了多个城市集群，城市成为区域发展的主力。城市扩张中大量农民被动转为城市居民，农村转变为城区。但中西部地区受区位限制，并没有得天独厚的发展条件，东中西部已经形成了人才、资源的输送链条，在大的输送链条之间，中西部农村还存在着双重输送链条。中西部地区的农民在向东南沿海输送资源的同时，也在向本区域的城市输送资源。在这种情况下，农村的衰落成为必然趋势。

总的看来，农业生产的衰落、农村土地价值过低、农村的荒芜等问题，虽然动摇了农村土地集体所有制存在的基础，但这些问题大多不是其制度自身造成的，更多的是由于社会主义现代化进程中各方面发展不平衡造成的。农村土地集体所有制仍然适应当代中国农村的发展形势，要解决这些问题，必须发挥农村土地集体所有制的优势。

（二）农村土地集体所有制在社会主义现代化中的基础地位没有变

社会主义现代化的快速发展，使得城乡差距越来越大，贫富差距越来越大，农村经济体量在社会主义经济总量中的占比越来越小，农村的衰落与城市的繁荣形成鲜明对比。但是，这并未改变农村土地集体所有制在社会主义现代化中的基础地位，并且随着社会主义现代化的发展，这种基础地位的重要性越发凸显。

首先，社会主义现代化进程中，城市化发展速度趋于稳定，难以像资本主义现代化那样通过城市化消灭农村。尽管我国在城市化进程中将数亿农民转变为城市居民，并且吸纳了数亿农民进城务工，但是在城市生活成本逐渐增长的压力下，大多数农民工难以落户城市，仍然要回归农村。在城市吸纳能力趋于饱和的情况下，现存的数亿农民必须依靠农村来发展。中国的社会主义现代化难以消灭农村，也不能消灭农村。

其次，中国的城市发展是以农村为基础的。农村在城市发展中的基础作用并不单纯地表现为在城市扩张过程中提供诸如劳动力、人口、建设资源等，在城市日常生活中，农村成为城市最大的基本消耗品供应商。城市规模越大，对农村的依赖程度越高，失去了农村的供给，城市的正常生活在短时间内都难以维持。每年各地时有发生的雪灾就是明显例证。雪灾发生后，城乡道路联系中断，城市日常储备物资消耗一空，城市居民生活难以为继。

最后，在农村仍存在数亿人口的情况下，社会主义现代化建设必然要解决农村的发展问题，解决数亿农民的致富问题。在城市趋于饱和的情况下，数亿农民的发展必然要在农村落实。从农村的发展现状来看，农村土地集体所有制是覆盖大多数农民并被农民所接受的制度。虽然以家庭承包责任制为实现形式的农村土地集体所有制对农民的约束越来越小，但其制度观念已经深入人心，人们更多的是在其制度基础上进行创新，而不是全盘否定。农村土地集体所有制仍然在社会主义现代化进程中发挥重要作用，农村作为社会主义全面现代化进程中的短板，还要依靠就地现代化来实现发展。农村的最大资源是人口和土地，农村土地集体所有制已经将农村最大的两块资源联结在了一起。农村土地集体所有制仍然是社会主义全面现代化进程中的一个关键因素，其在社会主义现代化中的基础地位也并未改变。

（三）中国社会主义现代化建设进入新时代为农村土地集体所有制提供变革契机

中国特色社会主义进入新时代，给农村土地集体所有制提供了新的发展机遇。这种发展机遇表现在新时代中国特色社会主义为农村土地集体所有制发展营造的良好环境上。

第一，新时代中国特色社会主义为农村土地集体所有制改革提供了稳定的社会、政治环境。党的十八大以来，党中央为解决“三农”问题进行了一系列实践探索，为新时代农村土地集体所有制改革提供了良好的社会、政治基础。不仅如此，其他方面的改革成果也在助力农村土地集体所有制改革。村村通工程和四通八达的公路网、铁路网建设，密切了农村与城市的联系，为农村土地集体所有制改革提供了便利的交通条件；基层文明执法建设和法律强制执行力度的加大，从法治层面稳定了社会秩序；农村社会保障体系的建立与健全、农村医疗卫生体系建设、农村精神文化建设，消除了农民的后顾之忧，丰富了农民的精神文化生活，促进了农村社会的稳定；反腐败斗争、国家治理体系和治理能力现代化建设，净化、纯洁了党的队伍，为农村土地集体所有制改革提供了稳定的政治环境和强有力的政治体系。

第二，新时代中国特色社会主义为农村土地集体所有制改革提供了良好的制度保障和平稳的政策支持。“已经成熟定型的制度，必须毫不动摇长期坚持；还不够健全的制度，必须与时俱进地完善；尚属空白的领域，必须大胆创新制度供给。”①农村土地制度改革成为新时代中国特色社会主义制度建设的重点。第二轮土地承包到期的后续延长政策，保证了土地政策的一贯性，为土地“三权分置”的后续实践探索提供了稳定的政策基础。“深入开展新型农业经营主体提升行动，支持家庭农场组建农民合作社、合作社根据发展需要办企业，带动小农户合作经营、共同增收”，“深化农村土地制度改革，扎实搞好确权，稳步推进赋权，有序实现活权，让农民更多分享改革红利”，“深化农村集体经营性建设用地入市试点，探索建立兼顾国家、农村集体经济组织和农民利益的土地增值收益有效调节机制”②，这些举措都为农村土地集体所有制基础上的农业发展提供了稳定的政策支持，为农民从农业生产中获取一定水平的收入提供了保障。此外，党中央还对土地制度此前未曾涉及、法律法规相对缺失之处进行了补充。如对于集体用地和宅基地的规定是：“推进房地一体的农村集体建设用地和宅基地使用权确权登记颁证。完善农民闲置宅基地和闲置农房政策，探索宅基地所有权、资格权、使用权‘三权分置’，落实宅基地集体所有权，保障宅基地农户资格权和农民

① 刘晓雪.新时代乡村振兴战略的新要求——2018 年中央一号文件解读[J].毛泽东邓小平理论研究，2018，(3).

② 中共中央国务院关于做好 2023 年全面推进乡村振兴重点工作的意见[N].人民日报，2023-02-14.

房屋财产权，适度放活宅基地和农民房屋使用权，不得违规违法买卖宅基地，严格实行土地用途管制，严格禁止下乡利用农村宅基地建设别墅大院和私人会馆。”①有关制度的完善保证了党中央对农村工作的连续性。长时期对有关制度进行补充与建设，为农村土地集体所有制改革提供了良好的制度保障和稳定的政策支持。

第三，新时代中国特色社会主义为农村土地集体所有制改革提供了充足的人才和科技支持。农村人口在现代化进程中迅速减少，并且流失人口中高学历的知识分子占据了相当大的比例，这使得农村在现代化进程中严重缺乏人才支持。中国特色社会主义进入新时代，工业反哺农业、城市反哺农村，为农村土地集体所有制改革提供了便利条件。针对农村土地集体所有制改革进程中农民文化水平较低、人才大量缺乏、科技水平不足的情况，党中央提出在优先发展农村教育事业的基础上，针对农民开展职业技能培训，培育新型职业农民，同时，对农村务工人员进行相应的技术培训，促进其多渠道转移就业；制定有效的激励机制和城市帮扶政策，吸引大量人才进入农村，以定期、定点交流合作的方式，使城市人才为乡村建设服务；以行政方式对农村发展需要的科学技术进行普及，针对各地农村不同的发展情况，以对口支援的方式帮助农村进行科技创新，制定农村科技创新新机制。新时代中国特色社会主义以反哺的方式为农村土地集体所有制改革提供了人才和科技支持，并探索建立农村本土人才培养和科技创新机制。

第四，新时代中国特色社会主义为农村土地集体所有制改革提供了充足的财政保障。农村土地集体所有制改革面临着农村自有发展资金不足、财政投入较少、本土资金外流、社会资本缺乏等情况。对此，党中央提出，“健全乡村振兴多元投入机制。坚持把农业农村作为一般公共预算优先保障领域，压实地方政府投入责任。稳步提高土地出让收益用于农业农村比例。将符合条件的乡村振兴项目纳入地方政府债券支持范围。支持以市场化方式设立乡村振兴基金。健全政府投资与金融、社会投入联动机制，鼓励将符合条件的项目打捆打包按规定

① 中共中央 国务院关于实施乡村振兴战略的意见[N]. 人民日报，2018-02-05.

由市场主体实施，撬动金融和社会资本按市场化原则更多投向农业农村”①。这从三个方面保障了农村土地集体所有制改革进程中的资金需要。一是加大国家财政投入，保证改革进程中关键节点的资金需求，同时以国家财政投入带动社会资本投向农村市场；二是创新投融资机制，以政府配置、担保的方式吸引金融资本进入农村；三是拓宽资金筹集渠道，土地出让资金向农村倾斜，土地增值收益在农村就地消化。这样可以带动农民参与建设的积极性，除农民亲身参与改革之外，使农民自发、自愿地将自有资金投入改革建设进程中来。

（四）以农村土地集体所有制为基础的社会主义现代化建设的新方略：乡村振兴

随着中国社会主义现代化建设进入新时代，以农村土地集体所有制为基础的“三农”问题的解决也被提上日程，乡村振兴战略应运而生。2018 年中央一号文件对乡村振兴战略的重要意义进行了详细说明：“农业农村农民问题是关系国计民生的根本性问题。没有农业农村的现代化，就没有国家的现代化。当前，我国发展不平衡不充分问题在乡村最为突出，主要表现在：农产品阶段性供过于求和供给不足并存，农业供给质量亟待提高；农民适应生产力发展和市场竞争的能力不足，新型职业农民队伍建设亟须加强；农村基础设施和民生领域欠账较多，农村环境和生态问题比较突出，乡村发展整体水平亟待提升；国家支农体系相对薄弱，农村金融改革任务繁重，城乡之间要素合理流动机制亟待健全；农村基层党建存在薄弱环节，乡村治理体系和治理能力亟待强化。实施乡村振兴战略，是解决人民日益增长的美好生活需要和不平衡不充分的发展之间矛盾的必然要求，是实现‘两个一百年’奋斗目标的必然要求，是实现全体人民共同富裕的必然要求。”②乡村振兴战略不仅对解决“三农”问题有着重要意义，而且为农村土地集体所有制指出了改革方向，纠正了人们的错误认识。

首先，乡村振兴战略改变了对现代农业的单一认知。资本主义现代化模式引领了人类社会上百年的发展方向，中国在社会主义现代化建设过程中，大多与发达资本主义国家的既有发展成果进行对比，或以其为追赶目标，如工业发展标

---

① 中共中央国务院关于做好 2023 年全面推进乡村振兴重点工作的意见[N].人民日报，2023-02-14.

② 中共中央国务院关于实施乡村振兴战略的意见[N].人民日报，2018-02-05.

准、经济发展指数、城市化建设等。农业现代化建设也是如此。在现代化进程中，随着土地分散经营方式表现出在农民增收上的微弱作用、在农业生产上的劣势，西方国家的土地大规模集中机械化生产成为中国现代农业发展的一个方向。中国农村的发展现状也给这种发展态势提供了错误的表象支持。城市化发展进程中吸纳了大量农村人口；大量农村人口仍在通过不同方式转为城市固定人口；大量农村劳动力在城市就业；农民对经营土地的兴趣逐渐减弱；土地流转速度加快、规模扩大。这些表象为土地的大规模集中经营提供了现实支持。然而，这些表象的背后有着更深层的社会现实。城市化扩张已经进入瓶颈，农村人口的转移速度迅速下降；随着生育政策的调整，农村人口在未来一段时间内将会实现小幅增长；在城市就业的大量农村劳动力的最终归宿仍然是农村，尤其在国家整体经济发展方式转变的情况下，农村劳动力将提前回流；农民收入增长的途径最终还要回归农村，回到土地；大规模的土地集约化经营在将大量农民驱离土地之后会使农村迅速凋零。乡村振兴战略的提出与实施，开辟了另一条发展道路。在现代化建设相对繁荣时期，农村仍然有存在的必要性，仍然是现代化的重要组成部分。现代农业发展并非只有一种模式，中国当下的国情也不适合走西方的现代农业模式。农民增收、农业发展仍然要依靠农村，实现就地现代化。

其次，乡村振兴战略为农村土地集体所有制指明了改革方向。农村土地集体所有制改革的目的是实现农村发展，助力社会主义全面现代化建设，乡村振兴战略则与其有着共同目标。乡村振兴战略提出的“产业兴旺、生态宜居、乡风文明、治理有效、生活富裕”五位一体指导思想，为乡村建设划定了发展重点。乡村振兴战略提出的“七个坚持”①，为乡村发展提供了基本框架。同时，也为农村土地集体所有制改革指明了方向。主要内容是：坚持党管农村工作；坚持农业农村优先发展；坚持农民主体地位；坚持乡村全面振兴；坚持城乡融合发展；坚持人与自然和谐共生；坚持因地制宜、循序渐进。坚持农民主体地位和坚持农业农村优先发展，为农村土地集体所有制改革指明了受益对象，提出了改革要求。惠及广大农民是对农村土地集体所有制改革的要求，农业农村优先发展与产业兴旺的建设目标相结合，使得农村土地集体所有制在改革进程中要走出传统的分散经

① 中共中央国务院关于实施乡村振兴战略的意见[N].人民日报，2018-02-05.

营定式,要实现小农经营和现代农业的有机结合,不能局限于单一的农业生产,还要在此基础上发展农村的第二、第三产业,与农业生产相结合形成完整的现代农业体系。坚持人与自然和谐共生和生态宜居的建设目标则对农村发展提出了新要求,“生态宜居”相比于社会主义新农村建设中的“村容整洁”更进一步,包含了整个农业生产领域。除了对原有农村生态环境进行治理外,发展绿色农业、生态农业也成为现代农业的重要发展目标。这与城乡融合发展相结合,通过生态产业的发展能够加强城乡联系。生活富裕是乡村振兴战略实现的重要标志,也是农村土地集体所有制改革成功与否的关键。生活富裕的核心是农民增收,在农村就地现代化进程中,农民增收的关键则在土地,能否从土地经营中获取足够的收入是实现农民增收的关键。正在进行的农村土地“三权分置”并不是农村土地集体所有制改革的终点,盲目的土地流转也不是实现乡村振兴的途径。但这些实践为农村土地集体所有制改革积累了经验,在有了改革指引的前提下,农村土地集体所有制必然能在新时代把握住改革的机遇,助力社会主义全面现代化的实现。

结　语

农村土地集体所有制是中国当下正在实行的农村土地制度，当下的农村土地集体所有制是从中华人民共和国成立之初的农民的土地所有制变革而来的，在变革过程中，公有制的土地制度为中国的社会主义现代化建设作出了巨大的贡献。无论是在四个现代化时期，还是全面现代化时期，以土地集体所有制为基础的农村，更多的是在支援其他方面的现代化建设，包括：中华人民共和国成立初期以大量的农副产品出口换取外汇以支援工业建设，改革开放进程中为粗放密集型工业发展提供大量廉价劳动力，工业发展方式转型升级后大量劳动力返回农村，等等。随着中国全面现代化进程的推进，农村现代化已成为全面现代化建设的短板，并且以土地集体所有制为基础的农村，在社会主义现代化建设过程中，不仅没有形成自身的发展特点，而且原有的发展方式也遭到了破坏。农村数千年来自发形成的小农经济模式大多在农村得到了保留，农村原先保有的自给自足的模式也在现代化的冲击下逐渐解体，但半解体的农村经济模式与现代化的其他方面相结合形成了较为松散的经济模式，这种模式并不能满足农村现代化发展的需要。如何加快农村现代化发展速度以适应全面现代化的要求成为当下需要解决的一个难题。农村的发展离不开土地，加速农村现代化建设离不开农村土地集体所有制，如何以农村土地集体所有制为基础探索出一种农村现代化的新模式成为当务之急。

现有农村土地集体所有制的实现形式确立于改革开放之初。改革开放 40 多年来，农村土地集体所有制在原有框架下并未进行大的调整，随着中国社会主义现代化的快速发展，农村形势也变得愈加复杂，如何进行农村土地集体所有制改革成为一个难题。随着城乡差距的扩大，越来越多的农村人口进入城市，成为永久性的城市居民或半固定的城市居民。在城乡人口的转化中，知识水平较高、学历较高、技能较丰富的农村人口为了寻求更多的就业机会、创业机会、更好的教育资源、医疗资源等，自愿脱离农村进入城市，这加剧了农村人才的流失。青壮年劳动力在单纯耕种土地无法满足家庭生活需要时，也纷纷进入城市寻找工作机会。如何使人才和青壮年劳动力自愿回流农村、扎根农村，需要进行新的制度设计。农村现代化进程极大改变了原有的农村生活方式，与农民生活息息相关的衣食住行发生了巨大改变，农民也在这种改变中逐渐脱离了传统的思想观念，更多地与现代接轨。但农民在思想观念转变的过程中，大多难以区分现代思想的精华和糟粕，对传统思想也是全面抛弃，并未保留其精粹部分。如何改变这种状况，不仅需要使农村的“闲”人忙起来，而且要在农民的日常生活中对其进行文化普及。针对当下普遍存在的逆反心理，要依托现有制度，在制度改革中使农民的思想观念潜移默化地转变，或使农民主动寻求改变。

农民最关心的两个方面是土地和收入。在土地方面，虽然农民从土地中获取的收益逐渐减少甚至成为负数，农村出现了大量的耕地抛荒，但是农民对土地的感情从未转变，尤其是在土地承包期限即将到期时，土地政策是否变动成为农民最关心的问题。选择将耕地抛荒的农户大多存在单位家庭劳动力不足、留守人口丧失耕作能力、外出务工人员季节性返乡耕地成本高、举家迁入城市等问题。选择将耕地抛荒的农户一旦有机会将土地复耕，或将土地进行流转，其表现尤为积极。现在农村仍然有大量农户将房前屋后的小块土地种满蔬菜，甚至对公共的小块土地进行平整、利用。这足可见农民对土地的态度。现有的农村土地集体所有制既满足了农民对土地的使用权，也保证了集体对土地的所有权，无论进行怎样的改革，短时间内都要以此为前提。除此之外，农民更关心收入的问题。随着我国经济发展方式的转变，农民进入城市获取工作机会的难度逐渐加大，更多的是进入建筑业、服务业等，工作、收入并不稳定，寻找新的收入来源成为多数农村家庭关心的大事。在外部机会减少的情况下，内生增长成为可能。农村就地现代化，农民就地就业，是农村发展、农民增收的一条新路。随着近年来国内外经济形势的转变，农村成为资本投入的最佳场所。这为农村发展提供了动力，也为农民增收提供了机会。与之密切相关的则是农村土地制度。

从脱贫成功全面建成小康社会，到实现共同富裕，涉及每一个人。农民的增收事关每个农村家庭，农村土地集体所有制将所有农民凝聚到了一起，从土地获取收入、增加收入是惠及所有农民最快捷的方式。农村的开发也绕不开土地，无论是规模农业开发经营、小规模土地流转，还是建立新的工业、农业企业，都牵涉到土地。如何利用好农村土地集体所有制助力农村就地现代化，是当前农村改革探索的一个重点。在农村土地集体所有制原有实现形式不能满足农村现代化发展需要的情况下，对其进行调整、改革成为必然。正在实行的土地流转和地权的“三权分置”都是为改革进行的探索，新农村则是为农村现代化发展进行得较为完整的改革探索，但一条行之有效、基本普遍适用的改革路径至今尚未成型。

在全面现代化进程中，农村土地集体所有制的改革牵涉到诸多方面，在本研究的基础上可以就土地制度改革与农民增收、农村文化建设、农民思想改造、基层治理体系建设、农村经济发展方式转变、农业生产方式变革、农村现代化路径等方面展开进一步的研究。

后记

中国是一个农业大国，“三农”问题是中国长期以来的一个重大发展问题。在全面建成小康社会、中国开启全面建设社会主义现代化之际，“三农”问题的解决有了新的时代背景。在推进社会主义全面现代化进程中，农村土地制度则是推动乡村振兴的重要基础。本书在对中国当代农村土地制度发展历程回顾、对社会主义现代化与资本主义现代化之下的不同土地制度进行比较、对当代各个社会主义国家的土地制度进行对比分析的基础上，对当代农村土地制度改革进行探究。

本书得以成稿要感谢众多师长的鼓励和帮助。本书的出版除了接受东华大学人文社会科学出版基金的资助外，还得到了上海市马克思主义理论学科研究生人才培养登峰计划的支持。最后还要衷心感谢东华大学出版社为本书出版付出的努力！

关于农村土地制度和社会主义现代化研究的史料和成果众多，受限于本人的学术能力，其中对于史料文献的梳理难免有疏漏，本书的一些观点和思考难免失之偏颇或者片面，许多问题还有待进一步深入探讨，恳请专家、学者、广大读者同仁批评指正。